Vorwort

Das vorliegende Buch entstand aus einer Vorlesung über Klinische Psychologie, die ich im Rahmen einer Lehrstuhlvertretung im Wintersemester 1996/97 an der Universität Bielefeld hielt. Ich habe meine Aufzeichnungen ausgearbeitet und niedergeschrieben, um eine Lücke zu schließen, nämlich eine Kurzdarstellung psychischer Störungen einschließlich biologischer und psychologischer Erklärungsansätzen und Therapien zu leisten. In Psychiatrielehrbüchern kommen oft die psychologischen Ansätze zu kurz; die Lehrbücher der Klinischen Psychologie, der Verhaltenstherapie beziehungsweise der entsprechende Band der *Enzyklopädie der Psychologie* sind meines Erachtens auch in ihren Einzelbeiträgen zu umfangreich, um rasches Orientieren über ein Störungsbild zu ermöglichen; zudem scheinen zuweilen die biologischen Aspekte zu wenig gewürdigt. Ähnliches gilt auch für die amerikanischen Lehrbücher Davison & Neale sowie Comer, deren Autoren mir häufig zu sehr ins Detail verliebt sind, so daß die Trennung von Gesichertem und unbedingt Wissenswertem einerseits, eher Spekulativem und teilweise Altbekanntem andererseits nicht immer gut gelungen scheint.

Die Verdienste aller dieser Werke hinsichtlich detaillierter Darstellung sind gleichwohl anzuerkennen, und ich habe mich insbesondere im Hinblick auf kognitiv-verhaltenstherapeutische Erklärungsansätze und Interventionen ausführlich auf die genannten Arbeiten bezogen, dies auch durch Quellenangaben – wie ich hoffe – deutlich dokumentiert. Bei der Wiedergabe biologischer Sachverhalte und medikamentöser Therapien bin ich hingegen in der Regel anderen Darstellungen gefolgt und mich bei der Darlegung psychoanalytischer Theorien so gut wie ausschließlich auf Originalschriften Freuds bezogen; für meine Begriffe werden sämtliche Darstellungen der psychoanalytischen Theorie in den erwähnten Werken – wenn diese überhaupt zur Sprache kommt – ihr inhaltlich nicht annähernd gerecht. Meine Hoffnung ist, hiermit eine handliche, preislich akzeptable Darstellung der Symptomatik psychischer Störungen und aller dazu augenblicklich ernsthaft diskutierten Erklärungsansätze geleistet zu haben, schließlich gängige Therapiemöglichkeiten aufgezeigt zu haben, ohne die eine oder andere zu ignorieren oder besonders zu favorisieren.

Für Anregung bin ich nicht nur den engagierten Studierenden der Uni Bielefeld verpflichtet, sondern auch meinen Hamburger KollegInnen, wobei vor allem ich Bernd Dahme, Jochen Eckert, Corinna Jacobi, Thomas Ritz, Frauke Teegen, Michael Wuchner nennen möchte, besonders aber Reinhold Schwab, der mir wertvollste Rückmeldung gegeben hat. Wie immer danke ich dem Lektorat des Kohlhammer Verlages, vor allem Herrn Dr. Beyer und Frau Müller, für gewissenhafte, geradezu liebevolle Betreuung und nützliche Anregungen. Wie immer folgt auch der Hinweis, daß ohne die Sachkenntnis und das Engagement von Susanne Elpel das Manuskript nie in eine druckfähige Form geraten wäre und daß meine liebe Freundin Carmen, insbesondere am Tag der Abfahrt nach Norderney, wieder einmal viel Geduld und Verständnis aufgebracht hat.

Hamburg, im Oktober 1997   Thomas Köhler

Inhalt

1. Grundlagen

1.1 Allgemeines zu Definition, Diagnostik und Klassifikation psychischer Störungen

Hier Definitionen von "psychischer Störung" eingehender zu diskutieren, erscheint wenig sinnvoll. Es sei nur kurz die der ICD-10 (S. 23) angeführt, nämlich als "klinisch erkennbarer Komplex von Symptomen oder Verhaltensauffälligkeiten", die "immer auf der individuellen und oft auch auf der Gruppen- oder sozialen Ebene mit Belastung und mit Beeinträchtigung von Funktionen verbunden sind." Hinzugefügt wird, daß "soziale Abweichungen oder soziale Konflikte allein, ohne persönliche Beeinträchtigungen" nicht als "psychische Störung im hier definierten Sinne" angesehen werden sollten. Daß einige Begriffe genauer reflektiert werden müßten (insbesondere: "Belastung" und "Beeinträchtigung von Funktionen"), sei zugestanden; der dazu notwendige Aufwand dürfte das zu erwartende Ergebnis nicht rechtfertigen. Daß solche Abgrenzungen bekanntermaßen historischen Korrekturen unterworfen sind, läßt sich gut an der Homosexualität zeigen, die in früheren diagnostisch-klassifikatorischen Systemen noch als Störung (beziehungsweise Krankheit) auftaucht, nicht aber in den aktuellen Ausgaben – wie sie übrigens bekanntlich auch aus dem Gesetzbuch als Straftat verschwunden ist. Diese historische Vorläufigkeit rechtfertigt aber sicher nicht, den Versuch einer Beschreibung und Systematisierung psychischer Störungen ganz zu unterlassen. Im Gegensatz zu den (zunehmend weniger populären) Auffassungen der Anti-Psychiatrie sei im weiteren davon ausgegangen, daß es bei allen Schwierigkeiten prinzipiell möglich ist, Empfinden oder Verhalten einigermaßen verbindlich als gestört zu bezeichnen und daß mit dieser Zuschreibung ein Erkenntnisgewinn verbunden ist, der letztlich den Betroffenen zugute kommt; die Ansicht der sogenannten labeling-Theorie, daß der betreffenden Person durch eine solche "Etikettierung" automatisch ein Schaden entstehe, scheint schwer zu teilen; gleichwohl mag es sinnvoll sein, diese Möglichkeit gelegentlich zu überdenken.

Die Stellung der Diagnose einer psychischen Störung erfolgt in der Praxis zumeist durch die *Befunderhebung im Gespräch*; mittlerweile sind zunehmend *strukturierte Interviews* entwickelt worden, mit denen das Vorgehen systematischer erfolgen kann; einige von ihnen finden sich bei Stieglitz & Freyberger (1996, S. 35 f.) dargestellt. Hinzu kommt die *Anamnese* (griechisch: Rückerinnerung), die Erforschung der Vorgeschichte der jetzigen und eventuell früher durchgemachter psychischer Störungen. Weitere Informationen können hilfreich sein, so die *Familienanamnese* (Erhebung psychischer Störungen in der Familie der Betroffenen) und *Information* über den *körperlichen Status*, insbesondere die mittels *neuroradiologischer Untersuchungen* (Computertomogramm, Kernspintomographie, Positronenemissionstomographie) erhaltenen Befunde zu strukturellen oder funktionellen Besonderheiten im Bereich des Gehirns. Zunehmend mehr berücksichtigt werden Daten aus *psychodiagnostischen Verfahren* zur Erhebung der klinischen Symptomatik. Letztere lassen sich in *Fremd-* und *Selbstbeurteilungsverfahren* einteilen. Bei den ersteren, beispielsweise der Hamilton-Depressionsskala, befragt und beurteilt ein geschulter Beobachter den Patienten hinsichtlich verschiedener Symptome der betreffenden Störung (hier etwa bezüglich Stimmung, Suizidneigung, Schlafstörungen) und protokolliert auf einer mehrstufigen Skala die Ausprägung der Symptome; diese gefundenen Ausprägungen werden mit Zahlen versehen (gescort), die üblicherweise über alle Fragen (Items) zu einem Gesamtmaß der Depressivität summiert werden. Bei den Selbstbeurteilungsverfahren, zu denen beispielsweise das Beck-Depressions-Inventar gehört, kreuzen die Patienten selbst das Ausmaß ihrer Beschwerden an; Auswertung geschieht in der besprochenen Form. Auch *Persönlichkeitsfragebogen* kommen zum Einsatz, zumeist nicht zur Diagnosestellung, sondern etwa zur Beurteilung der (prämorbiden) Persönlichkeit. Schließlich sind *Leistungstests*, etwa Intelligenztests und speziellere neuropsychologische Untersuchungsverfahren zu nennen (für die einzelnen Instrumente und ihre Einsatzmöglichkeiten sei auf den Sammelband von Stieglitz und Baumann 1994 verwiesen).

Anzumerken ist, daß die Diagnose einer bestimmten Störung (und damit üblicherweise die Einleitung einer Behandlung) im allgemeinen allein aufgrund der klinischen Befunderhebung ohne Zuhilfenahme der genannten Verfahren erfolgt; eine Ausnahme bildet hier lediglich die Intelligenzminderung (s. 9.2), deren Schweregrad anhand der Ergebnisse von Intelligenztests festgelegt wird. Jedoch wird für Forschungszwecke zunehmend der Einsatz standardisierter psychodiagnostischer Verfahren üblich, da aufgrund der Quantifizierung der Symptomatik der Verlauf und die Wirksamkeit von Interventionen genauer betrachtet werden können.

Die Stellung einer *Diagnose* ist bekanntlich bei psychischen Störungen mit größeren Schwierigkeiten verbunden als bei organischen Erkrankungen. Die Übereinstimmung der Diagnosen, welche von zwei unabhängigen Untersuchern gestellt werden (*Objektivität* oder *Inter-*

rater-Reliabilität), wurde in älteren Studien oft niedrig gefunden, wobei allerdings damals die Kriterien nur unzureichend festgelegt waren oder von vielen Untersuchern nicht genügend berücksichtigt wurden. Die neueren Ausgaben der klassifikatorisch-diagnostischen Systeme ICD (International Classification of Diseases) und DSM (Diagnostic and Statistical Manual of Mental Disorders) versuchen diesen Schwierigkeiten nicht zuletzt durch Angabe genauer Ein- und Ausschlußkriterien (operationalisierte Diagnostik) Rechnung zu tragen; wie sich gezeigt hat, konnte dadurch die Interrater-Reliabilität deutlich verbessert werden (s. Davison & Neale 1996, S. 78 sowie die in Stieglitz & Freyberger 1996, S. 30 zitierten Studien). Es ist zu erwarten, daß mit zunehmendem Einsatz der Systeme diese diagnostischen Kriterien weitere Präzisierung erfahren.

Auch die *Klassifikation psychischer Störungen* stellt größere Probleme als die organischer Erkrankungen; dies zeigt sich unter anderem darin, daß die erwähnten diagnostisch-klassifikatorischen Systeme raschen und gründlichen Veränderungen unterworfen sind. Erfolgte die Gliederung der Störungen früher weitgehend unter *nosologischen* Aspekten, wurden sie also weniger aufgrund von Ähnlichkeiten der Symptomatik als vielmehr angenommener Gemeinsamkeiten hinsichtlich Ursache (Ätiologie) und zugrundeliegender Prozesse (Pathogenese) zusammengefaßt, zeichnen sich die neuesten Versionen vor allem durch einen *deskriptiven*, weitgehend atheoretischen Ansatz aus: Zusammenfassung der Störungsbilder erfolgt nun vornehmlich nach der Ähnlichkeit der Einzelsymptome oder Symptomenkomplexe (Syndrome), auch wenn sie möglicherweise verschiedene Entstehungsbedingungen aufweisen. So wird heute ein depressives Syndrom, unabhängig welche Vorstellung der Untersucher über die Entstehung hat, einheitlich in die Rubrik "affektive Störungen" der ICD-10 eingeordnet, während es in den letzten Ausgaben dieses Klassifikationssystems entweder in die Gruppe der "affektiven Psychosen" einzureihen war oder – unter der Annahme einer gänzlich anderen Entstehung – in die der "Neurosen". Im ersten Fall wurde es damit in die Nähe zu anderen "Psychosen" gerückt, im zweiten sah man eine Verwandtschaft zu neurotischen Störungen wie Zwangsneurose oder Phobien. Nicht zuletzt die mehr und mehr deutlich werden unterschiedlichen Genesevorstellungen psychischer Störungen in einzelnen wissenschaftlichen Schulen legen eine zunächst *syndromatologisch-deskriptive* Zusammenfassung nahe.

1.2 Die diagnostisch-klassifikatorischen Systeme DSM-IV und ICD-10

Die gängigen diagnostisch-klassifikatorischen Systeme für psychische Störungen sind das DSM-IV und die ICD-10. Beide haben eine interessante Geschichte, die bei Davison & Neale (1996, S. 64 ff.) dargestellt ist und die das Verständnis ihres gegenwärtigen Aufbaus erleichtern sollte. Die *International Classification of Diseases* der *World Health Organisation (WHO)* ist der Versuch, einheitliche Bezeichnungen und Diagnosekriterien für Krankheiten zu schaffen, Bemühungen, die vor die Zeit des 2. Weltkriegs reichen. Nachdem das Kapitel über psychische Störungen jedoch auf Widerstand einflußreicher amerikanischer Psychiater gestoßen war, veröffentlichte die *American Psychiatric Association* 1952 ein eigenes Manual, das DSM-I (*Diagnostic and Statistical Manual of Mental Disorders*); diesem folgten weitere Ausgaben (DSM-II, DSM-III, DSM-III-R) und schließlich 1994 das DSM-IV (deutsche Ausgabe herausgegeben von Saß et al. 1996; im weiteren zitiert als DSM-IV). Ähnliche Revisionen erfuhr die *International Classification of Diseases*, die einschließlich des Kapitels V über psychische Störungen nun in 10. Revision vorliegt; 1991 ist die deutsche Version der letzten Fassung dieses Kapitels erschienen, die zwei Jahre später in korrigierter Neuauflage vorgelegt wurde (Dilling et al. 1993); etwas ungenau wird sie im weiteren aus Gründen der Einfachheit mit ICD-10 bezeichnet. Die konkurrierenden Klassifikationssysteme werden wohl auch in den nächsten Jahren bis Jahrzehnten nebeneinander bestehen bleiben. Grob kann man die Benutzerpopulationen so beschreiben, daß sich in der europäischen Psychiatrie weitgehend die ICD-10 durchgesetzt hat, in der amerikanischen hingegen das DSM-IV bevorzugt wird. In Psychologenkreisen scheint weltweit eher das DSM-IV favorisiert zu werden; man findet jedoch zunehmend die Tendenz, Störungen nach beiden Systemen gegenüberstellend zu klassifizieren. Dies ist in der Regel ohne allzu große Schwierigkeiten und Zusatzerläuterungen möglich, da beide Systeme im Laufe ihrer Entwicklung den erwähnten Übergang von einer nosologischen (auf die Entstehungsbedingungen der Krankheit ausgerichteten) Betrachtungsweise zu einer syndromatologischen vollzogen haben, also Bezeichnung und Gruppierung der Störungen vornehmlich anhand der Symptome vornehmen. Auch die einzelnen Störungsbilder entsprechen sich, oft bei unterschiedlicher Namensgebung, weitgehend von der Definition her (etwa hinsichtlich Ein- und Ausschlußkriterien); die einzelnen Kategorien sind jedoch verschieden, insbesondere im DSM-IV zahlreicher.

Die Darstellung der psychischen Störungen in den folgenden Kapiteln orientiert sich an der handlicheren, auch hinsichtlich des Kaufpreises zugänglicheren ICD-10; zuweilen schien es sinnvoll, zusätzlich die Diagnostik und Klassifikation nach DSM-IV zu erwähnen. Beide seien hier in ihrem Aufbau skizziert.

Das *Diagnostic and Statistical Manual of Mental Disorders* ist seit seiner dritten Auflage durch eine *multiaxiale Klassifikationsweise* charakterisiert, das gestörte Verhalten einer Person soll also (möglichst) mehrdimensional, nämlich auf bis zu fünf *Achsen* beschrieben werden. Achsen I und II sind Oberkategorien psychischer Störungen, wobei auf Achse I die zu nennen sind, die in der Regel bei der Diagnostik zuerst auffallen, also im allgemeinen die Klinikeinweisung oder den therapeutischen Kontakt begründen, beispielsweise eine affektive oder im Zusammenhang mit psychotropen Substanzen (etwa Alkohol) auftretende Störung; Achse I umfaßt dabei 15 Kategorien psychischer Störungen, etwa "Störungen im Zusammenhang mit psychotropen Substanzen", "Angststörungen", "Schizophrenie und andere psychotische Störungen" oder "Affektive Störungen", wobei dann weitere Subkategorien möglich sind, im letzten Fall beispielsweise "Depressive Störungen" und "Bipolare Störungen" (welche noch weiter unterteilt werden). Störungen von Achse II sind solche längerer Dauer, die allein oft nicht zu Diagnose und Therapie führen würden, etwa geistige Behinderungen oder Persönlichkeitsstörungen. So könnte, um ein Beispiel aus Davison & Neale (1996, S. 66) aufzunehmen, eine Person, welche wegen Alkoholabhängigkeit eingewiesen wird, auf Achse I diese Diagnose erhalten, auf Achse II zusätzlich die einer Persönlichkeitsstörung (beispielsweise "antisoziale Persönlichkeit"). Auf Achse III sind körperliche Besonderheiten aufzuführen, die Bezug zu den obigen psychischen Störungen haben, etwa ein alkoholbedingter Leberschaden; auf Achse IV sollen psychosoziale Probleme genannt werden, welche in Zusammenhang mit den Störungen wichtig sein könnten (beispielsweise Trennung von der Partnerin); auf Achse V ist der Grad der sozialen und beruflichen Anpassung zu protokollieren. Die auf den letzten drei Achsen gegebenen Informationen gehen also weit über die eigentliche psychiatrische Diagnose hinaus, sollten aber therapeutische Hinweise geben. Die einzelnen Diagnosen sind, wie in der ICD-10, mit Zahlen zu verschlüsseln, so daß im genannten Beispiel mit fünf Codenummern das Störungsbild in all seinen Aspekten wiedergegeben wäre.

In der ICD-10 findet man keine Unterteilung in Achsen, sondern zehn nicht weiter zusammengefaßte Kategorien psychischer Störungen, die mit Ausnahme der beiden ersten ("Organische, einschließlich symptomatischer psychischer Störungen" und "Psychische und Verhaltensstörungen durch psychotrope Substanzen") nicht nosologisch, sondern syndromatologisch ausgerichtet sind, sich also aufgrund des Erscheinungsbildes der Störungen definieren; eine Ausnahme bildet die letzte Kategorie "Verhaltens- und emotionale Störungen mit Beginn in der Kindheit und Jugend", in der Störungen aufgrund ihres frühen Erstmanifestationsalters zusammengefaßt sind. Die Verschlüsselung geschieht durch Angabe des Buchstabens F (entsprechend dem Kapitel F für psychische Störungen), die Nummer der Kategorie, beispielsweise 3 für "Affektive Störungen" und an weiteren Stellen die für die entsprechende Subkategorie, eventuell weiterer für Schweregrad oder Begleitsymptomatik; beispielsweise wäre mit F32.01 eine leichte depressive Episode mit "somatischem Syndrom" codiert; die Vorgehensweise wird im Lauf der folgenden Kapitel erläutert. Doppeldiagnosen durch Angabe zweier Codenummern, etwa zusätzlich für eine Persönlichkeitsstörung, sind möglich, werden jedoch nicht so herausgefordert wie im Achsensystem des DSM-IV.

1.3 Geschichte der Erforschung psychischer Störungen

Frühe Theorien psychischer Störungen, so die *Säftelehre* des Hippokrates, Platons *psychogenetische Theorie der Hysterie* oder die *dämonologischen Auffassungen* des Mittelalters bieten vornehmlich historisches Interesse. Ansätze, die auf die heutige Theoriebildung noch wirken, wird man im wesentlichen ab der zweiten Hälfte des 19. Jahrhunderts identifizieren können; dazu gehören die *nosographischen* Bemühungen Kraepelins und Charcots, weiter die *Rückführung psychischer Symptomatik* im Rahmen der *progressiven Paralyse* auf den *organischen Faktor* einer Spirochäteninfektion, schließlich die *erbbiologischen Degenerationstheorien* insbesondere der französischen Psychiatrie um Charcot. Mit Charcot und seinem Schüler Janet zeigen sich auch Ansätze *psychologischer Herangehensweisen*, so die Rückführung der Hysterie auf seelische Traumen, die Erforschung der Anlässe der Symptombildung in Hypnose, Beseitigung der Symptome mittels hypnotischer Suggestion; gleichwohl sind beide – anders als in der Literatur zuweilen dargestellt – noch weit von eigentlichen psychogenetischen Theorien entfernt; psychische Traumen werden in einer Reihe mit Infektionen, konsumierenden Erkrankungen und körperlichen Überforderungen als Anlässe genannt, die eine Schwächung des Nervensystems einer erblich degenerierten Person (hériditaire dégénérée) mit dem Resultat hysterischer Symptomatik bewirkten[1].

Das erste *systematische psychogenetische Modell psychischer Störungen* wurde in den 90er Jahren des letzten Jahrhunderts von Sigmund Freud im Rahmen seiner *psychoanalytischen Theorie* formuliert (s. dazu 6.6.2); er faßte zunächst die Symptome als *Ersatzbildungen* auf, die aus der *Verdrängung eines sexuellen Mißbrauchs in der Kindheit* resultierten, sah sich jedoch bald genötigt, diese "Verführungstheorie" aufzugeben und die Symptomatik über das Wirken weitgehend *unbewußter sexueller Wünsche* zu erklären. Die Therapie besteht nach Freud in der *Psychoanalyse*, der Aufhebung der Verdrängung, der Bewußtmachung des Unbewußten durch Überwindung von Widerständen und stellt somit gewissermaßen die Umkehr der Pathogenese dar. Freud ist eine hinsichtlich Differenzierungsgrad nie mehr erreichte Krankheitslehre zu verdanken, die für verschiedene psychische Störungen unterschiedliche Genesemodelle annahm, dabei jedoch im wesentlichen die grundsätzliche Annahme vertrat, daß die Ursprünge der Störungen auf die *frühe Kindheit* zurückgingen und mit der *Entwicklung der Sexualfunktionen* zu tun hätten. Spätere psychoanalytische Krankheitsmodelle, etwa die *objekttheoretischen* oder *ich-psychologischen*, rücken mehr und mehr von dieser *triebtheoretischen* Betrachtungsweise ab und sehen die Ursachen der Störungen vor allem in der defizitären Ausbildung von Beziehungen zu anderen Personen, insbesondere den Eltern. Anders als bei Freud ist das Interesse dort weniger auf die klassischen neurotischen Störungen wie Zwangsneurose, Hysterie oder Phobien gerichtet, sondern vielmehr auf die von Freud für psychoanalytisch untherapierbar erachteten narzißtischen Neurosen (etwa Schizophrenie) und die in der frühen Psychoanalyse wenig beachteten Persönlichkeitsstörungen. Auch die Therapie wandelt sich insofern, als die Aufhebung von Verdrängung relativ zur Durcharbeitung oft bewußter Konflikte und Verhaltensweisen in den Hintergrund tritt; die Behandlung ist häufig auch sehr viel direktiver als in der klassischen Psychoanalyse, schließt beispielsweise zuweilen Hilfe bei der Lebensgestaltung mit ein.

Nicht zuletzt der spekulative Charakter der psychoanalytischen Theoriebildung begünstigte die Entwicklung des *Behaviorismus*, der mit wenigen Annahmen, die auch tierexperimentell überprüft werden konnten, Verhaltensabweichungen zu erklären versuchte; berühmt ist der Versuch John Watsons, eine Phobie durch gleichzeitige Präsentation eines neutralen Objekts mit einem unangenehmen Reiz *klassisch zu konditionieren* (s. 6.2.2). Ein später hinzugekommenes Erklärungsprinzip ist das der *Verstärkung*, aufgrund welcher sich gestörtes Verhalten ausformen und aufrechterhalten sollte (*operante Konditionierung*). Aus diesen Annahmen abgeleitete Therapieverfahren strebten konsequent ein Rückgängigmachen der Lernprozesse an, etwa die Neuverknüpfung eines phobischen Stimulus mit einem nicht-aversiven Eindruck (*Gegenkonditionierung*) oder die Aufhebung von Konsequenzen, die das gestörte Verhalten aufrechterhalten sollten.

Spätere *verhaltenstheoretische* oder *verhaltenstherapeutische* Modelle psychischer Störungen sind von den rein lerntheoretischen im Sinne des Behaviorismus weit entfernt und sollten keineswegs mit ihnen gleichgesetzt werden. Insbesondere wird die Bedeutung von inneren Variablen wie Einstellungen, Erwartungen, Denkmustern für Genese und Aufrechterhaltung gestörten Verhaltens nachdrücklich anerkannt, während der Behaviorismus Watsons gerade den Versuch dargestellt hatte, Verhalten ohne solche mentalen Konstrukte zu erklären. Auch die Rolle biologischer, insbesondere genetischer Faktoren, die im frühen, extrem milieutheoretisch ausgerichteten Behaviorismus minimalisiert worden war, wird nun entsprechend den empirischen Befunden gewürdigt. Gleichzeitig hat sich der Charakter der Therapie von simplen mechanistischen Interventionen zu komplexeren Programmen wie *Selbstbehauptungstrainings* oder *Üben sozialer Fertigkeiten* gewandelt; auch werden nun nicht mehr Veränderungen ausschließlich von offenem Verhalten versucht, sondern ebenso von Einstellungen und Denkschemata (*kognitive Verhaltenstherapie*). Gleichzeitig ist es aber schwieriger geworden, Verhaltenstherapie zu definieren und im Einzelfall von anderen Verfahren abzugrenzen.

Die *biologische Richtung* der Psychiatrie geht bereits auf die organischen Genesevorstellungen Kraepelins zurück; sie hatte erwähntermaßen eine starke Stützung erhalten, als es gelang, die Progressive Paralyse mit weitgehend psychischer Symptomatik (Größenwahn, Demenz) als Spätstadium der Syphilis nachzuweisen und auf eine Infektion zurückzuführen. Eine hirnorganische Genesetheorie psychischer Störungen liegt ebenso den *psychochirurgischen Interventionen* zugrunde, die – wenn auch unter Inkaufnahme ernster und schwer zu rechtfertigender Nebenwirkungen – oft das Zielverhalten (Halluzinationen, Zwangsverhalten, deviante Sexualpraktiken) im gewünschten Sinne beeinflußten. Die 1938 eingeführte *Elektrokrampftherapie*, die Induktion eines epileptischen Anfalls mittels Stromstößen, war trotz aller damit assoziierter Probleme bei psychischen Störungen, etwa Depressionen, therapeutisch zweifellos erfolgreich; sie brachte aber wenig Erkenntnisse zur Grundlage der Störungen, da ihre Wirkweise bis heute nicht ausreichend geklärt ist. Größter therapeutischer Fortschritt der biologischen Psychiatrie war zweifellos die Entwicklung einiger Gruppen sehr wirksamer *Pharmaka*, so der *Neuroleptika*, der *Antidepressiva*, der phasenprophylaktischen *Lithiumpräparate* und der *Tranquilizer*, speziell jener vom Benzodiazepintyp. Auch wenn die erste Entdeckung nicht selten Zufall war[2], hat man heute genauere Vorstellungen vom Wirkmechanismus dieser Pharmaka, die gleichzeitig Modelle der den psychischen Störungen zugrunde liegenden biochemischen Prozesse nahelegen, nämlich als Veränderungen der *Neurotransmission*: Sehr verkürzt ausgedrückt, wird die elektrische Erregung einer Nervenzelle (eines Neurons) auf die nächste chemisch-physikalisch übertragen; die erste Nervenzelle schüttet an ihren Enden *Transmitter* aus, die durch den *synaptischen Spalt* zum anschließenden Neuron diffundieren und sich dort (in aller Regel) an *Rezeptoren* anlagern. Dies verändert die elektrischen Eigenschaften der zweiten (postsynaptischen) Zellmembran, zumeist in Richtung Erregung (Depolarisation); summieren sich die ausgelösten Veränderungen, sei es durch verstärktes Feuern des ersten Neurons, sei es daß gleichzeitig von anderen angrenzenden präsynaptischen Neuronen erregende Impulse eintreffen, so kann eine intensive Erregung der postsynaptischen Nervenzelle entstehen (Aktionspotential), das sich längst der Zelle fortpflanzt. Neben den "erregenden" Transmittern gibt es hemmende (der wichtigste wohl GABA), deren Ausschüttung eine Hyperpolarisation der postsynaptischen Nervenzelle bewirkt; diese neutralisiert die Wirkung erregender Transmitter zu gewissem Grade und wirkt so der Ausbildung eines Aktionspotentials entgegen, erschwert also die Informationsübertragung auf die postsynaptische Zelle. Nachdem jedes Neuron mit Tausenden anderer in Verbindung steht, ergeben sich komplizierte Formen von gegenseitiger Erregung und Hemmung. Die Grundlage der Symptomatik einiger Störungen wird nun darin gesehen, daß die Transmitterausschüttung oder Wirkung verändert ist, beispielsweise bei der Schizophrenie eine Dopaminüberaktivität angenommen wird, wahrscheinlich aufgrund erhöhter Rezeptorendichte an der postsynaptischen Membran (s. 4.2.7). Auch wenn diese Transmittertheorien im Laufe der Zeit im Detail noch einige Korrekturen erfahren dürften, ist in jedem Fall aber mit ihnen eine höchst fruchtbare Betrachtungsweise geschaffen worden.

2. Demenzen

2.1 Vorbemerkungen

Die erste diagnostische Kategorie F0 der ICD-10 umfaßt "psychische Krankheiten mit nachweisbarer Ätiologie in einer zerebralen Krankheit, einer Hirnverletzung oder einer anderen Schädigung, die zu einer Hirnfunktionsstörung führt" (ICD-10, S. 59). Als erstes der unter dieser Kategorie subsumierten Krankheitsbilder wird die *Demenz* aufgeführt, welche in diesem Kapitel 2 abgehandelt werden soll. Ein dem *dementiellen Syndrom* ähnliches, das *amnestische Syndrom*, wie es insbesondere als Folge chronischen Alkoholismus vorkommt, wird der Abgrenzung halber ebenfalls schon an dieser Stelle besprochen, daneben aber im nächsten Kapitel 3 (Störungen im Zusammenhang mit der Einnahme psychotroper Substanzen) noch einmal kurz skizziert. *Delir*, obwohl in der ICD-10 ebenfalls unter F0 rubriziert, soll am Beispiel des Alkoholdelirs im nächsten Kapitel behandelt werden. Andere Störungen, die im Rahmen der ätiologisch-diagnostischen Kategorie F0 des ICD-10 zur Sprache kommen, nämlich diverse psychotische, affektive und ängstlich-zwanghafte Symptombilder, die ebenfalls eine nachweisbare organische Ursache haben, werden zweckmäßigerweise im Rahmen der einzelnen einschlägigen Störungen besprochen.

2.2 Symptomatik

Bei der *Demenz* handelt es sich um ein Syndrom, welches bei verschiedenen Krankheiten beobachtet werden kann; vielen ist gemeinsam, daß sie zu mehr oder weniger ausgeprägter *Hirnatrophie mit Degeneration von Cortexzellen* führen. Häufig finden sich neben dem dementiellen Syndrom auch noch andere, zumeist neurologische Symptome, die die eigentliche Diagnosestellung zu erleichtern pflegen; die Art der Demenzsymptomatik ist hingegen bei den verschiedenen Grundkrankheiten oft recht einheitlich.

Beim *dementiellen Syndrom* findet sich eine mehr oder große Anzahl von *Beeinträchtigungen kognitiver Funktionen*, die – anders als bei der Intelligenzminderung (s. 9.2) sich zuvor auf normalem Niveau befunden hatten. An erster Stelle stehen Störungen des *Gedächtnisses*; typischerweise finden sich zunächst *Beeinträchtigungen der Merkfähigkeit*, also Defizite in der Speicherung neuen Materials; Eindrücke durchaus intensiver Natur werden wenig später vergessen; bei der Untersuchung kann der Ablauf des Tages, insbesondere wenn er vom Gewohnten abweicht, nur sehr unzulänglich wiedergegeben werden. Weniger beeinträchtigt scheint hingegen das Erlernen neuer motorischer Abläufe. Das *Immediatgedächtnis*, die Fähigkeit zur unmittelbaren (nach Sekunden erfolgenden) Wiedergabe soeben erfolgter Eindrücke, etwa das kurzfristige Merken von Telefonnummern, ist ebenfalls intakt. Gleichfalls nicht gestört, wenigstens nicht zu Beginn der Erkrankung, ist die Wiedergabe von Eindrücken, die vor der Erkrankung gespeichert wurden, beispielsweise Jugenderlebnissen; auch hier finden sich aber zunehmende *Einschränkungen der Reproduktion* mit der Krankheitsdauer. Daneben sind andere kognitive Fähigkeiten wie *Denk-* und *Urteilsvermögen*, *Konzentration* und *Aufmerksamkeit* beeinträchtigt sowie die *Verarbeitung neuer Informationen* erschwert, insbesondere wenn diese gleichzeitig von verschiedenen Seiten vermittelt werden. Weiter finden sich Störungen im *affektiven* und *motivationalen* Bereich (Verlust emotionaler Kontrolle, Nachlassen von Interessen). Hingegen sind, anders als beim Delir, die betroffenen Personen *bewußtseinsklar*, Störungen der Wahrnehmung im Sinne von Halluzinationen und Realitätsverkennungen bei Demenz (ohne gleichzeitiges delirantes Syndrom) nicht zu beobachten.

Vom dementiellen ist das *amnestische* Syndrom (Korsakow-Syndrom) abzugrenzen, welches insbesondere als Folge von Alkoholabusus zu beobachten ist und vor allem eine *Störung des Gedächtnisses*, weniger der anderen kognitiven Funktionen und der Emotionalität darstellt. Bei intaktem Immediatgedächtnis ist wie bei der Demenz die Fähigkeit, neues Material längerfristig zu speichern, erheblich reduziert (anterograde Amnesie); auch eine Störung bei der Wiedergabe bereits länger gespeicherter Inhalte kann in zeitlich wechselnder Intensität auftreten (retrograde Amnesie). Anders als beim dementiellen Syndrom findet sich hier eine Neigung, die Gedächtnislücken durch erfundene Sachverhalte zu kaschieren (Konfabulationen).

2.3 Krankheiten mit dementiellem Syndrom

2.3.1 Demenz bei Alzheimer-Krankheit

Bei dieser Erkrankung steht das Symptombild eines *dementiellen Syndroms* im Vordergrund. Der Beginn fällt meist ins höhere Lebensalter, zuweilen auch schon ins mittlere und sogar noch davor (Alzheimer-Krankheit mit präsenilem Beginn[1]); die Entwicklung ist, wenigstens bei den senilen Formen, im allgemeinen schleichend und führt üblicherweise erst im Laufe mehrerer Jahre zum klinischen Vollbild.

Typisch und beweisend für diese Demenz ist das Vorliegen *neuropathologischer Veränderungen* in Form sogenannter *Alzheimer Fibrillen* und gehäufter *seniler Plaques*, beides Folgen eines veränderten Eiweißstoffwechsels im ZNS; diese Veränderungen sind erst bei Autopsien sicher zu erkennen. Die Neuronendegeneration, die auch bei anderen Demenzen auftritt, ist vergleichsweise diffus lokalisiert, betrifft jedoch offenbar stärker den frontalen und temporo-parietalen Cortex sowie die Hippocampusregion. Relativ charakteristisch für diese Demenzform scheint auch eine beeinträchtigte Übertragung an *cholinergen Synapsen* zu sein, insbesondere wohl durch eine Abnahme des zur Acetylcholinsynthese notwendigen *Enzyms Cholinacetyltransferase*, eine Erkenntnis, die man therapeutisch zu nutzen versucht (s.u.). Dieses Genesemodell stimmt gut mit Befunden überein, nach denen Blockade bestimmter (muskarinerger) Acetylcholinrezeptoren das Behalten neuer Information beeinträchtigt, ihre Stimulation es erleichtert (Carlson 1991, S. 506).

2.3.2 Vaskuläre Demenz

Diese Demenzform ist nach der Alzheimer-Demenz die häufigste und geht in der Regel mit neurologischer Symptomatik einher, die sich auf *Durchblutungsstörungen* bei arteriosklerotischen Veränderungen der Hirngefäße zurückführen läßt. Der Beginn kann schleichend sein, oft setzt die Symptomatik aber im Anschluß an eine ischämische Attacke mit Bewußtseinsstörungen, Sehausfällen, Lähmungen oder Störungen der höheren Sprachfunktionen (Aphasien) ein; der eher fluktuierende Verlauf der Erkrankung mit abrupt einsetzenden Verschlechterungen und neurologischen Herdsymptomen erleichtert die Abgrenzung von der Alzheimer-Demenz. Bei der neuroradiologischen Untersuchung (eventuell erst auch bei der Autopsie) bieten sich Zeichen zahlreicher Gewebsschädigungen als Folge von akuter Minderdurchblutung. Bei vielen der Betroffenen lassen sich in der Vorgeschichte Hypertonie oder Diabetes finden. Alzheimer- und vaskuläre Demenz kommen häufig vergesellschaftet vor.

Hier ist zunächst die *Pick-Krankheit* zu nennen, bei der sich neben den typischen dementiellen Einschränkungen der intellektuellen Funktionen eine ausgesprochene *Frontalhirnsymptomatik* mit Veränderungen insbesondere im *sozialen Verhalten* (Taktlosigkeit, Enthemmung) und *emotionaler Symptomatik* findet; die Erkrankung beginnt im allgemeinen im 6. Lebensjahrzehnt und führt binnen einiger Jahre zum Tod.

Einen rascheren Verlauf nimmt die *Creutzfeldt-Jakob-Krankheit*, bei der neben einem rasch progredienten dementiellen Syndrom eine Vielzahl von neurologischen Symptomen auftritt. Neuropathologisch sind recht typische Veränderungen in Form *schwammartig-löcheriger* Gehirnveränderungen (spongiöse Enzephalopathie) festzustellen[2].

Weiter findet man Demenzen im Rahmen der *Huntington-Krankheit* (Chorea Huntington), wo neben dem vorherrschenden Symptombild der extrapyramidalen hyperkinetischen Störungen eine Vielzahl von psychischen Veränderungen auftreten; eine ist ein dementielles Syndrom, welches ähnlich wie bei der Pickschen Erkrankung sich zunächst häufig in verändertem emotionalen Verhalten manifestiert und erst später mit Defiziten im Gedächtnisbereich einhergeht. Auch eine Demenz bei *Parkinson-Krankheit* wird beschrieben, wobei es sich aber möglicherweise nicht um eine eigenständige Demenzform handelt, sondern um gleichzeitig auftretende Alzheimer- oder vaskuläre Demenz (ICD-10, S.70). Schließlich sei noch die Demenz im Rahmen einer fortgeschrittenen *HIV-Infektion* erwähnt (*AIDS-Demenz*), die nach ICD-10 (S. 71) sich zunächst unter anderem in Vergeßlichkeit, Verlangsamung, Konzentrationsstörungen und Schwierigkeiten beim Problemlösen bemerkbar macht und sich im allgemeinen relativ rasch zum Vollbild einer "schweren, umfassenden Demenz" entwickelt.

2.4 Diagnostik und Klassifikation

Die hier geschilderten dementiellen Syndrome bei verschiedenen Krankheiten wurden und werden teils heute noch in psychiatrischen Lehrbüchern als *organisches* oder *hirnorganisches Psychosyndrom* zusammengefaßt. Nach ICD 10 werden die Demenzen in die große Rubrik F0: "Organische, einschließlich symptomatischer psychischer Störungen" eingeordnet. Alzheimer Demenz wird nach ICD-10 mit der Codenummer F00 verschlüsselt, vaskuläre Demenz mit F01, die erwähnten Demenzen im Rahmen anderer Erkrankungen mit F02 und einer weiteren Zahl für die jeweilige Grundkrankheit, beispielsweise F02.0 für die Demenz bei Pick-Krankheit. Auch bei der Alzheimer- und der vaskulären Demenz gibt es noch weitere Unterformen, etwa hinsichtlich des Verlaufs, die mittels einer weiteren Zahl zu codieren sind. Dementielle Syndrome als Folge von Substanzmißbrauch müß- ten in die Kategorie F1 (Psychische und Verhaltensstörungen durch psychotrope Substanzen) eingereiht werden (s. Kapitel 3).

Die Diagnosestellung geschieht vor allem anhand der oben geschil- derten Beeinträchtigung der intellektuellen Funktionen, speziell der Gedächtnisleistungen. Die Zuordnung zu den Unterformen erfolgt unter anderem teils anhand der Begleitsymptomatik, teils anhand der Anamnese und anderer Befunde (beispielsweise HIV-Nachweis); die Diagnose Alzheimer-Demenz ist oft erst posthum durch Autopsie mit Nachweis der vermehrten Plaques und der charakteristischen Alzhei- merschen Fibrillen eindeutig zu sichern.

2.5 Ätiologie und Pathogenese

Psychologische Erklärungsansätze zur Entstehung von Demenzen werden wohl nicht ernsthaft vertreten. Nach weitgehend verbreiteter Auffassung handelt es sich um *hirnorganische Veränderungen* mit der Folge psychischer Störungen. Davon unbenommen ist jedoch die Annahme, daß psychologische Faktoren wie etwa Reizarmut der Um- gebung die Entwicklung der Symptomatik beeinflussen können.

Die Ursache der *Alzheimer-Demenz* ist noch weitgehend unbekannt; möglicherweise handelt es sich um eine Anzahl ätiologisch unter- schiedlicher Krankheiten ähnlicher Symptomatik. Familiäre Häufung der Alzheimer-Demenz sowie der – allerdings nicht unbestrittene – Nachweis von Veränderungen auf Chromosom 21 dieser Patienten legen eine genetische Ursache nahe, während daneben auch eine toxi- sche Verursachung im Sinne erhöhter Aluminium-Aufnahme zeit- weise diskutiert wurde; die nur 50-prozentige Konkordanz von ein- eiigen Zwillingen hinsichtlich der Entwicklung der Alzheimer-Krank- heit sowie das oft deutlich unterschiedliche Erstmanifestationsalter in diesen Fällen sprechen für eine wichtige Mitbeteiligung noch unbe- kannter Umweltfaktoren (Gutzmann 1996).

Bei der *vaskulären Demenz* sind die Symptome weitgehend auf die Gewebsschädigungen im Rahmen der rezidivierenden Durchblu- tungsstörungen zurückzuführen; Ursache wiederum der Gefäßverän- derungen sind unter anderem Hypertonie, Hypercholesterinämie, Rau- chen und Diabetes mellitus.

Die Ätiologie der *Creutzfeldt-Jakob-Krankheit* wird im Wirken eines übertragbaren Agens mit langer Inkubationszeit gesehen, welches aber nach augenblicklichen Erkenntnissen weder einer (typischen) Virus- noch Bakterienart angehört. Bei der *Pickschen*, der *Parkinsonschen*[3] und der *Huntingtonschen Krankheit* handelt es sich vermutlich um *Erbkrankheiten* (heredo-degenerative Erkrankungen), wobei die genetische Grundlage und der Erbgang nur bei der letzten genauer bekannt sind: es handelt sich dabei um eine autosomale dominante Erkrankung mit sehr hoher Penetranz. Somit haben Kinder eines Elternteils mit Huntington-Krankheit eine Erkrankungswahrscheinlichkeit von 50%; da die Symptome typischerweise erst im höheren zeugungsfähigen Alter auftreten, ist die Genomanalyse von Personen mit Chorea Huntington in der Familienanamnese eine diagnostische Untersuchung von zentraler Bedeutung.

Bei der *HIV-Infektion* handelt es sich bekanntlich um eine Viruserkrankung, wobei die Übertragung mittels Körperflüssigkeiten (vor allem Blut und Sperma) geschieht, insbesondere bei ungeschütztem Geschlechtsverkehr, gemeinsamer Benutzung von Spritzen sowie Behandlung mit infizierten Blut- und Plasmaprodukten.

2.6 Therapie

Die Möglichkeit, mit psychologischen Methoden, etwa Gedächtnistrainings, die kognitiven Defizite bei Demenzen positiv zu beeinflussen, wird pessimistisch gesehen (Davison & Neale 1996, S. 578) oder zumindest als schlecht belegt betrachtet (Wittling 1994). Sinnvoller ist es wahrscheinlich, die Umgebung entsprechend zu instruieren, so daß die Einschränkungen der Patienten möglichst wenig zum Tragen kommen.

Sehr häufig eingesetzt, aber weitgehend unspezifisch ist die *medikamentöse Therapie* der Demenzen mit *Nootropika*, etwa Piracetam (Nootrop®, Normabrain®), Pyritinol (Encephabol®) oder Dihydroergotoxin (Hydergin®). Ihr Wirkmechanismus soll teilweise auf Verbesserung der Durchblutung, teils auf Erhöhung der Glukoseutilisation, möglicherweise noch auf weiteren Prinzipien beruhen. Im Falle der vaskulären Demenz ist dringend eine Einstellung von eventuell vorliegender Hypertonie, gestörtem Fettstoffwechsel und Diabetes geboten; auch durchblutungsfördernde Medikamente haben hier ihren rational begründeten Einsatz. Ebenfalls eine direkt aus Genesemodellen abgeleitete Therapie wird in jüngster Zeit bei der Alzheimer Demenz versucht: die Gabe von *Acetylcholinesterasehemmern*, etwa

Tacrin (Cognex®), welche mittelbar die Konzentration von Acetyl-cholin erhöhen und so an den Rezeptoren für ausreichendes Trans-mitterangebot sorgen. Die Therapie des *Morbus Parkinson* geschieht im wesentlichen mit L-Dopa, einer Vorstufe des fehlenden Dopamins. Ob sich neben der motorischen Symptomatik dadurch auch die Ge-dächtnisstörungen bessern lassen, scheint noch nicht eindeutig ge-klärt. Neuere Therapien der *HIV-Infektion* bzw. von *Aids* bestehen unter anderem in der Gabe virostatisch wirkender Substanzen; auch hier ist zu klären, wieweit dies auch die HIV-Demenz bessern kann. Spezifische Therapien für Morbus Pick, Chorea Huntington und Creutzfeldt-Jakob-Krankheit existieren nicht. Die Behandlung der af-fektiven Symptome der Demenzen, etwa der depressiven Symptoma-tik, geschieht ähnlich wie die vergleichbarer Symptome im Rahmen anderer Erkrankungen, beispielsweise mit Antidepressiva, wobei hier in besonderem Maße auf eventuelle Nebenwirkungen geachtet werden muß.

3. Störungen im Zusammenhang mit der Einnahme psychotroper Substanzen

3.1. Allgemeine Bemerkungen und Überblick

Psychotrop, also auf Empfinden und Verhalten wirkend, sind eine Vielzahl von Substanzen, zu denen laufend neue, im Labor synthetisierte hinzukommen. In der ICD-10 werden 9 Hauptgruppen aufgezählt, welche die wesentliche Eigenschaft teilen, daß die unter ihnen subsumierten Stoffe üblicherweise eine angenehme Wirkung entfalten und so, oft unter Inkaufnahme körperlicher und psychischer Beeinträchtigungen, von vielen Personen mit gewisser Häufigkeit eingenommen werden; im Extremfall resultiert eine *Abhängigkeit*. Diese Hauptgruppen sind: Alkohol, Opioide (Opiate), Cannabinoide (Haschisch, Marihuana), Sedativa oder Hypnotika, Kokain, sonstige Stimulantien einschließlich Koffein, Halluzinogene (z.B. LSD, Meskalin), Tabak, flüchtige Lösungsmittel ("Schnüffelstoffe"). Von den Sedativa und Hypnotika abgesehen, mit gewisser Einschränkung auch noch von den Opioiden und Amphetaminen, werden diese Stoffe in der Medizin gar nicht oder nicht eines psychotropen Effekts wegen eingesetzt. Andere Stoffgruppen, etwa Neuroleptika, Nootropika oder Antidepressiva, sind zwar deutlich psychotrop, haben aber im allgemeinen nicht die Eigenschaft, zur wiederholten freiwilligen Einnahme und eventuell damit zur Abhängigkeit zu führen, und werden daher nicht in diese Liste aufgenommen[1].

Bei den psychischen Störungen, die im Zusammenhang mit der Einnahme dieser Stoffe auftreten können, ist zunächst die *akute Intoxikation* ("Rausch") zu nennen (F1x.0, beispielsweise nach Alkoholkonsum F10.0, nach Opiateinnahme F11.0, nach Konsum von Kokain F14.0), die üblicherweise reversiblen Veränderungen unmittelbar nach Einnahme. *Schädlicher Gebrauch* (F1x.1), ebenfalls ein als psychische Störung aufgefaßtes Verhaltensmuster, wird dann diagnostiziert, wenn eine seelische oder körperliche Gesundheitsschädigung resultiert; schädlicher Gebrauch ist eines von mehreren Symptomen des sogenannten *Abhängigkeitssyndroms* (F1x.2), bei dem unter anderem auch starker Konsumzwang, Toleranzentwicklung und Entzugserscheinungen vorliegen können. Ein weiteres Störungsbild in diesem Rahmen sind die eventuell auftretenden psychischen und körperlichen Veränderungen bei fehlender Zufuhr der jeweiligen Substanz, zusammengefaßt als *Entzugssyndrom* (F1x.3); das Alkoholentzugssyndrom nach langjährigem Abusus ist hier wohl am bekanntesten.

Schließlich sind noch *psychische Störungen*, etwa der kognitiven Funktionen und der Affekte zu nennen, welche als direkte Folge längerer Einnahme der Substanz auftreten können und weder auf eine akute Intoxikation noch auf Entzug zurückgeführt werden können; Beispiele wären psychotische Störungen (F1x.5) oder das amnestische Syndrom im Rahmen des chronischen Alkoholismus (F10.6).

Im folgenden werden die wichtigsten psychotropen Substanzen kurz beschrieben und entsprechend dem obigen Gliederungsschema die dabei zu beobachtenden psychischen Syndrome dargestellt. Relativ ausführlich kommen Störungen bei Einnahme von Alkohol, Opioiden und Sedativa zur Sprache, auch etwas eingehender die dabei zu beobachtenden körperlichen Veränderungen; Kokain, Psychostimulantien, Cannabinoide, Halluzinogene, Tabakprodukte und flüchtige Lösungsmittel werden nur mehr oder weniger kurz gestreift.

Die Codierung nach ICD-10 wird am Beispiel der alkoholbedingten Störungen illustriert, bei psychischen Störungen durch andere Substanzen geschieht sie analog; statt der Codenummer für Alkohol an dritter Stelle ist die der entsprechenden psychotropen Substanz zu setzen, also etwa Entzugssyndrom ohne Delir bei Alkohol F10.3, bei Opioiden F11.3, bei Sedativa F13.3.

3.2 Alkohol

3.2.1 Allgemeines

Der Begriff "Alkohol" bezeichnet strenggenommen eine Klasse von chemischen Substanzen, bei denen mindestens eine OH-(Hydroxyl-) Gruppe zu finden ist. Der in diesem Zusammenhang einzig relevante Repräsentant ist *Äthylalkohol* (*Äthanol*; Summenformel: C_2H_5OH), so daß im weiteren mit der Bezeichnung Alkohol nur dieser gemeint ist. Äthanol liegt bei Raumtemperatur in flüssiger Form vor und ist in alkoholischen Getränken in wechselnder Konzentration (ungefähr 4% *Volumenprozent* in Bieren, 11% in Wein, bis zu 60% und mehr in Schnäpsen oder Rum) enthalten. Da Alkohol eine spezifische Dichte von nur 0.79 hat, liegen die *Gewichtsprozente* entsprechend um circa 20% niedriger; dies bedeutet, daß ein Liter Wein etwa 90-100 g Äthylalkohol enthält. In Reinform wird Äthanol vor allem im medizinischen Bereich, etwa zur Desinfektion, verwendet.

Alkohol wird vergleichsweise rasch resorbiert, teils schon im Magen, zum größeren Anteil im Dünndarm; die Resorptionsgeschwindigkeit ist bekanntermaßen auch vom Füllungszustand dieser Organe abhängig; insbesondere fettreiche Speisen verzögern die Aufnahme. Der Abbau geschieht im wesentlichen in der *Leber* mittels des Enzyms *Alkoholdehydrogenase* zu *Acetaldehyd* und von da weiter zur *Essigsäure*, die in die energieliefernden Zyklen (etwa Citratzyklus) eingeschleust werden; ein Gramm Alkohol liefert 7,1 kcal. Der für die kurzfristige Wirkung entscheidende Blutalkoholspiegel hängt von der konsumierten Menge und der Zeit nach Konsumende, dem Körpergewicht und dem Verteilungsverhältnis ab; dieser Quotient ist bei Frauen und fettleibigen Personen niedriger, somit dort bei gleichem Konsum der Blutalkoholspiegel höher (s. Schmidt 1997, S. 125, wo auch die anzuwendende Formel erläutert wird). Die für die Fahrtüchtigkeit augenblicklich festgesetzte kritische Blutalkoholkonzentration von 0,8 Promille wird nach Angaben bei Comer (1995, S. 462 ff.) bei einem 75 kg schweren Mann etwa dann erreicht, wenn er binnen einer Stunde 50 g Alkohol, entsprechend 2 Gläser Wein zu 0,25 l oder 1 l Bier, trinkt; in jeder Stunde nach Beendigung des Konsums sinkt der Spiegel linear um circa 0,1 - 0,1 Promille. Bei Frauen wären ungefähr um 20% geringere kritische Mengen der Spirituosen anzusetzen. Es sei aber betont, daß hierbei erhebliche interindividuelle Schwankungen vorliegen, die von den Vorerfahrungen der Betreffenden (Gewöhnung) und ihrem sonstigen körperlichen Zustand abhängen, unter anderem dem Füllungsgrad des Magens; die gegebenen Mengen sind bestenfalls als sehr grobe Anhaltspunkte zu verstehen, da bekanntlich auch die Alkoholkonzentration verschiedener Weine und Biere unterschiedlich ist.

3.2.2 Unmittelbare Wirkungen von Alkohol

Die Wirkungen von Alkohol sind *vielfältig* und hängen nicht nur von der Menge der konsumierten Substanz, sondern unter anderem auch von der Ausgangssituation des Trinkenden (etwa seiner Stimmung oder gesundheitlichen Verfassung) sowie körperlichen und psychischen Charakteristika ab. Nicht richtig oder zumindest sehr mißverständlich ist es, dem Alkohol eine ausschließlich sedierende Eigenschaft zuzuschreiben; seine anregende Wirkung, wenigstens in kleinen bis mittleren Dosen, ist evident. Wahrscheinlich wirkt Alkohol *zentralnervös hemmend* und zwar durch Verstärkung der *GABAergen Hemmung* an den Synapsen, hierin ähnlich den Benzodiazepinen (Snyder 1994, S. 177; s. auch 3.4.2); Erschwerung der synaptischen Übertragung an inhibitorischen Bahnen führt jedoch zu Aktivierung, womit sich die enthemmende Funktion von Alkoholaufnahme erklären ließe. Bedauernd zu konstatieren ist an dieser Stelle, daß angesichts der Bedeutung des Alkohols und der Tragweite der damit verbundenen Probleme unsere Kenntnis seiner neurochemischen Wirkung sehr beschränkt ist; so ist es beispielsweise noch nicht geklärt, ob sich Äthanol, ähnlich wie die Opiate (s. 3.3.2), an Rezeptoren anlagert und in welchen Teilen des Gehirns vor allem die Alkoholwirkung ansetzt.

Die sedierende Wirkung von Äthanol führt zur *Reduktion von Unruhe und Angst* (*Anxiolyse*, hierin ähnlich den Benzodiazepinen); bei höheren Blutspiegeln kommt es zur Schläfrigkeit, zuweilen zur Bewußtlosigkeit und in Extremfällen zum Tod; der dazu notwendige Spiegel von üblicherweise weit über 3 Promille wird aber normalerweise nicht erreicht, da schon vorher Schlaf oder Bewußtseinsverlust einsetzen. Nach stärkerem Alkoholgenuß entwickeln sich auch passagere *neurologische* Symptome wie Gleichgewichtsstörungen, Koordinationsstörungen, verwaschene bis lallende Sprache; Reaktionsvermögen und Feinmotorik sind jedoch bereits bei nur mäßig erhöhtem Spiegel (schon etwa ab 0,5 Promille) gestört, so daß insbesondere die Fahrtüchtigkeit deutlich eingeschränkt ist.

Eine weitere Wirkung des Alkohols ist die *euphorisierende*, die möglicherweise über verstärkte Ausschüttung an den Synapsen gewisser *dopaminerger Bahnen* zustande kommt; als bedeutendste dieser Bahnen sieht man die an, die vom ventralen Tegmentum (einer Struktur des Mittelhirns) zum Nucleus accumbens (einem Teil des Striatums im Endhirn) verlaufen (s. dazu Carlsson 1991, S. 511 ff. u. S. 534; Schmidt 1997, S. 95 ff.). Der euphorisierende Effekt des Alkohols trägt neben dem sedierenden wesentlich zur *Suchtbildung* bei. Mit dieser Euphorisierung geht offenbar auch eine gewisse *Selbstüberschätzung* einher, beispielsweise bezüglich Fähigkeiten am Steuer. Nach Möller (1997, S. 155) zeigen sich erste Anzeichen des Alkoholrausches bei einem Blutspiegel von etwa 0,3 Promille unter anderem im Form von "gesteigertem Leistungsgefühl bei objektiv verringertem Leistungsvermögen", von "Euphorisierung" und "Verminderung von Selbstkritik" sowie von Reaktionsverlangsamung und Beeinträchtigung der Aufmerksamkeit. Im Stadium der Angetrunkenheit (0,8-1,2 Promille) finden sich unter anderem Störungen des Gleichgewichtssinnes und des räumlichen Sehens sowie erste Einschränkungen der Feinmotorik. Der "leichte" und "mittelschwere" Rausch (1,2-2 Promille) sind unter anderem gekennzeichnet durch "ausgeprägte Enthemmung mit Situationsverkennung und Fehleinschätzung von Gefahrensituationen", erheblicher Reduktion von Aufmerksamkeit und Reaktionsvermögen sowie Gangunsicherheit und lallende Sprache. Im schweren Rausch (über 2 Promille) kann die Euphorie in depressive Stimmung umschlagen, wird zunehmende "Schwerbesinnlichkeit" beobachtet sowie "Übergang in Narkose" (also tiefer Schlaf bis hin zur Bewußtlosigkeit)[2].

Akute Intoxikation mit Alkohol (F10.0) wird nach ICD-10 (S. 90) als ein vorübergehendes Zustandsbild "mit Störungen des Bewußtseins, kognitiver Funktionen, der Wahrnehmung, des Affektes, des Verhaltens und anderer psychophysiologischer Funktionen und Reaktionen" definiert. Wird sie durch zusätzliche Symptome kompliziert wie Verletzungen, Bluterbrechen oder Krampfanfälle, ist dies mit einer weiteren Nummer zu vermerken, etwa F10.01 (Alkoholrausch mit Verletzung). Eine spezielle Form der Komplikation ist der *pathologische Rausch* (F10.07), der oft schon bei geringer aufgenommener Menge eintritt und mit massiver, nicht durch die physiologische Alkoholwirkung zu erklärender Symptomatik einhergeht, beispielsweise ungewöhnlicher Aggressivität; er endet mit Schlaf, beim Aufwachen besteht Amnesie. Besonders dazu disponiert scheinen "Epileptiker, Schizophrene, Hirntraumatiker und psychopathische Persönlichkeiten" (Möller 1997, S. 156).

Eine *spezifische Therapie* der akuten Alkoholintoxikation besteht nicht; insbesondere liegt, anders als bei den Opiaten (s. 3.3.2) kein Antidot vor, mit dem sich die Wirkungen aufheben ließen; Versuche, mittels spezieller Antagonisten im Benzodiazepin-GABA-System wenigstens einen Teil der Alkoholeffekte aufzuheben, sind im Gange (s. Carlson 1991, S. 534). Die Therapie der schwereren Intoxikationen besteht daher so gut ausschließlich in der Überwachung von Kreislauf und Atmung, bei Verdacht auf zusätzliche Tabletteneinnahme in Magenspülung oder Induktion von Erbrechen sowie in forcierter Diurese, Förderung der Ausscheidung durch die Nieren (s. Schmidt 1997, S. 224 f.).

3.2.3 Alkoholmißbrauch und Alkoholabhängigkeit (Alkoholismus, Alkoholkrankheit)

Die Begriffe *Alkoholismus* und *Alkoholkrankheit* sind nicht eindeutig definiert und tauchen auch in der ICD-10 nicht auf; manche Autoren verwenden Alkoholismus im weiteren Sinne als Synonym für schädlichen Gebrauch mit der möglichen Folge körperlicher und psychischer Veränderungen (chronischer Abusus), andere im Sinne von Alkoholabhängigkeit, also enger; völlig unbestimmt bleiben die Begriffe des "Alkoholproblems" sowie der "Alkoholgefährdung" und sollten deshalb möglichst rasch aus dem wissenschaftlichen Sprachschatz verschwinden.

"Schädlicher Gebrauch" von Alkohol (codiert mit F10.1) beschreibt nach ICD-10 (S. 91) ein "Konsummuster psychotroper Substanzen" (hier Alkohol), das "zu einer Gesundheitsschädigung führt." Das Abhängigkeitssyndrom (allgemein codiert mit F1x.2, als Alkohol-Abhängigkeitssyndrom folglich mit der Codenummer F10.2 versehen) definiert sich als "eine Gruppe körperlicher, Verhaltens- und kognitiver Phänomene, bei denen der Konsum einer Substanz oder einer Substanzklasse für die betroffene Person Vorrang hat gegenüber anderen Verhaltensweisen, die von ihr früher höher bewertet wurden." Ein "entscheidendes Charakteristikum der Abhängigkeit" sei "der oft starke, gelegentlich übermächtige Wunsch, psychotrope Substanzen oder Medikamente [...], Alkohol oder Tabak zu konsumieren" (ICD-10, S. 92).

Zur genaueren Charakterisierung werden sechs Kriterien angegeben, von denen zu einem Zeitpunkt im letzten Jahr wenigstens gleichzeitig drei erfüllt sein mußten, um die Diagnose des Abhängigkeitssyndroms zu stellen. Diese sind in verkürzter Darstellung 1. ein "starker Wunsch oder eine Art Zwang, psychotrope Substanzen zu konsumieren", 2. "verminderte Kontrollfähigkeit" des Konsums, 3. ein körperliches Entzugssyndrom bei Beendigung oder Reduktion des Konsums, 4. Nachweis einer Toleranz, also der Notwendigkeit, höhere Dosen zu konsumieren, um den gleichen Erfolg zu erzielen, 5. "fortschreitende Vernachlässigung anderer Vergnügen oder Interessen zugunsten des Substanzkonsums" und schließlich 6. "anhaltender Substanzkonsum trotz Nachweis eindeutiger schädlicher Folgen" (S. 92). Die Diagnose "Abhängigkeitssyndrom" impliziert die des schädlichen Gebrauchs; letztere Diagnose ist bei Vorliegen eines Abhängigkeitssyndroms nicht mehr gesondert zu stellen.

Wie zu sehen, ist die lange übliche Unterscheidung zwischen *physischer (körperlicher) Abhängigkeit*, definiert über Toleranzentwicklung und Entzugssymptomatik, und *psychischer Abhängigkeit* bei nur zwanghaftem, unkontrolliertem Gebrauch hier aufgegeben. Auch der *Suchtbegriff*, der vielfach früher im Sinne körperlicher Abhängigkeit gebraucht wurde, taucht in der ICD-10 nicht mehr auf.

Epidemiologische Angaben zu den oben beschriebenen Störungen sind nur von beschränktem Wert und zudem schwer vergleichbar, weil erwähntermaßen zumeist nicht zwischen Mißbrauch und der schwereren regelrechten Abhängigkeit unterschieden wurde. Bei Comer (1995, S. 466) zitierte Zahlen ergaben, daß "im Zeitraum eines Jahres zwischen 7,4 und 9,7 Prozent aller Erwachsenen in den Vereinigten Staaten Alkohol mißbrauchen oder abhängig davon sind"; die Lebenszeitprävalenz für die erwachsene Bevölkerung beträgt nach derselben Quelle zwischen 13% und 23%, wobei Männer fünfmal häufiger als Frauen betroffen sein sollen. Nach Kryspin-Exner (1994, S. 273) sind 14% der deutschen Männer und 5% der deutschen Frauen als "alkoholgefährdet" anzusehen, der "Anteil behandlungsbedürftiger Konsumenten" liegt nach einer dort zitierten Quelle "zwischen 2 und 7%". Krausz & Dittmann (1996, S. 91) geben an, daß in Deutschland "etwa 1-3% der Erwachsenen alkoholabhängig" sind. Faßt man diese Zahlen (bei denen zudem noch eine erhebliche Dunkelziffer in Rechnung zu setzen ist) zusammen, dann wäre eine Häufigkeit von etwa 2% regelrecht Alkoholabhängiger wohl eine realistische Schätzung; hinzu kämen, übertragt man die amerikanischen Daten, noch etwa 5%, bei denen Mißbrauch ohne eigentliches Abhängigkeitssyndrom vorliegt. Ziemlich übereinstimmend wird auch von einer 2-5fach höheren Prävalenz von Abhängigkeit bzw. Mißbrauch bei Männern berichtet (Kryspin-Exner 1994, S. 273; Comer 1995, S. 466; Krausz & Dittmann 1996). Nach Angaben bei Krausz & Dittmann (1996, S. 91) ist in den USA die Alkoholismusprävalenz bei den Weißen höher, laut Comer (1995) gilt dies nur für die jüngeren Altersgruppen, während bei den Männern über 45 Jahren Schwarze doppelt so häufig betroffen sind.

Erklärungsansätze des Alkoholmißbrauchs und der Alkoholabhängigkeit sind dadurch erheblich erschwert, daß über die physiologischen und psychologischen Grundlagen der Alkoholabhängigkeit so gut wie nichts bekannt ist.
Biologische Erklärungsansätze basieren im wesentlichen auf der mittlerweile recht eindeutig nachgewiesenen genetischen (Mit-)Bedingtheit des Alkoholismus. Die entsprechenden Arbeiten sind ausführlich bei Kryspin-Exner (1994), Davison & Neale (1996, S. 356 f.) und Comer (1995, S. 486 f.) dargestellt, so daß hier nur das Notwendigste resümiert werden muß: *Adoptionsstudien* legen nahe, daß der Alkoholismus der leiblichen Eltern, nicht so sehr der der Adoptiveltern, die spätere Entwicklung von Alkoholismus voraussagt. Weiter ist die Konkordanzrate für Alkoholismus bei eineiigen männlichen Zwillingen höher als bei zweieiigen (76% versus 54% nach Davison & Neale 1996, S. 357); anzumerken ist, daß diese Unterschiede der Konkordanzrate allerdings nicht allzu groß sind und auch hier natürlich das ähnlichere Umfeld bei den ersteren berücksichtigt werden muß; zudem stimmen die Konkordanzraten für weibliche Zwillingspaare fast völlig überein (39% versus 41%), so daß die genetische Ba-

sis für den weiblichen Alkoholismus möglicherweise sehr viel schmaler ist. Am aussagekräftigsten dürften die Ergebnisse von Studien sein, in denen man durch *systematische Kreuzung* Tierstämme züchten konnte, die – entgegen speziesüblichen Verhaltensweisen – Alkohol anderen Getränken vorzogen. Mittlerweile liegen auch erste, allerdings noch umstrittene genkartographische Befunde vor, in denen man das für "Alkoholismus" (und andere substanzbezogene Störungen) verantwortliche Gen identifiziert hat (Comer 1995, S. 486). Was dabei genetisch tradiert wird, ist Gegenstand der Diskussion; angenommen wird eine primär erhöhte Konsumfähigkeit für Alkohol. In jedem Fall ist aber zu konstatieren, daß die Penetranz dieses Erbfaktors – wenn es sich nicht überhaupt um eine multifaktorielle Vererbung handelt – nicht allzu hoch sein kann und so ergänzende psychologische oder soziologische Theorien durchaus ihre Berechtigung haben sollten.

Versuche, eine prämorbide "Alkoholpersönlichkeit" (oder allgemeiner: "Suchtpersönlichkeit") nachzuweisen und diese Persönlichkeitsmerkmale konzeptuell stringent mit der Entwicklung von Alkoholmißbrauch oder Abhängigkeit zu verknüpfen, sind bis jetzt nur bedingt erfolgreich gewesen: Am ehesten scheinen sich sogenannte "antisoziale" Persönlichkeitszüge in der Jugend als Prädiktor späteren Abusus zu erweisen; ebenso wird, damit verknüpft, auch frühe Impulsivität und kindliche Hyperaktivität als disponierendes Moment angesehen; auffällig ist bei den Betreffenden ein niedrigerer Spiegel von Metaboliten des Serotonins und Dopamins in der Cerebrospinalflüssigkeit, so daß man die Hypothese einer verringerten Aktivität dopaminerger und serotonerger Neurone vertritt (s. Carlson 1991, S. 536 und die dort zitierte Literatur). Denkbar wäre, daß diese Personen aufgrund veränderter Grundaktivität im Gehirn sich selbst eine besondere Stimulation verschaffen müssen. *Psychoanalytische* Forscher weisen auf eine besondere Gefährdung bei *oraler* bzw. *abhängiger Persönlichkeit* hin; die empirischen Belege dafür sind jedoch spärlich und selten methodisch überzeugend; wie Dependenz im persönlichkeitspsychologischem Sinne (als Abhängigkeit von Zuwendung und Urteil anderer) mit der Substanzabhängigkeit zusammenhängt, bliebe zu klären.

Lerntheoretische Erklärungsansätze des schädlichen Alkoholgebrauchs gehen naheliegenderweise von den unmittelbar angenehmen, verstärkenden Effekten des Substanzkonsums aus; zur Erklärung der Aufrechterhaltung bei Abhängigkeit wird zusätzlich der aversive Reiz des Alkoholmangelzustandes herangezogen. Daß Alkohol aufgrund zentraler Hemmechanismen eine spannungsreduzierende sowie auch eine euphorisierende Wirkung hat, war bereits erwähnt worden; die ungelöste Frage ist, bei welchen Personen die unmittelbaren angenehmen gegenüber den aversiven Effekten (etwa Kontrollverlust, Eintreten peinlicher sozialer Situationen) sowie insbesondere den zu erwartenden langfristigen schädlichen Auswirkungen einen solch hohen Stellenwert einnehmen, daß der Konsum nicht unterbleibt. Genetische Faktoren und Persönlichkeitsvariable dürften für die Ausbildung dieses operant konditionierten Verhaltens sicher eine maßgebliche Rolle spielen. Trivialerweise kommt auch Umweltbedingungen, die die Notwendigkeit einer Spannungsreduktion begründen (Konfliktsituationen, Frustrationen), eine wesentliche Bedeutung zu.

Die verschiedenen *Therapiemöglichkeiten* und ihre Wirksamkeit bei Alkoholismus können hier nicht näher dargestellt werden; es sei noch einmal auf die bereits angeführte Literatur (Kryspin-Exner 1994; Comer 1995, Davison & Neale 1996) sowie auf Schlüter-Dupont (1990), Bühringer (1996), Petry (1994; 1996), Küfner & Bühringer (1997) sowie Schmidt (1997) verwiesen.

Angemerkt sei hier nur, daß Versuche der Verhaltensänderung vielfach von den Patienten selbst ohne Hilfe von Fachleuten versucht werden und dies sicher nicht mit schlechtem Erfolg, welcher angesichts der Dunkelziffer des Leidens und der Remissionen nur schlecht zahlenmäßig erfaßbar ist. Daß diese Selbsthilfe vor allem bei der Rückfallprophylaxe oft im Rahmen von größeren nicht-institutionellen Vereinigungen erfolgt (etwa Anonyme Alkoholiker), ist allgemein bekannt.

Professionell durchgeführte Therapien von Alkoholikern können sich schwerlich allein auf die Alkoholprobleme beschränken, sondern müssen zumeist auch die Bedingungen angehen, die zum Mißbrauch beigetragen haben (Angstzustände, Depressionen). Von den speziell auf den Alkoholkonsum zentrierten Verfahren dürften im weitesten Sinne *verhaltenstherapeutisch* bzw. *kognitiv-verhaltenstherapeutisch* orientierte am häufigsten zur Anwendung kommen und auch mit Abstand am besten evaluiert sein. Entgegen einer weitverbreiteten Meinung ist verhaltenstherapeutische Behandlung von Substanzmißbrauch keineswegs mehr allein mit *Aversionstherapie* gleichzusetzen, sondern verwendet auch andere Techniken (beispielsweise *Stimuluskontrolle, Selbstbehauptungstraining, Verfahren zur Spannungsreduktion* ohne Alkohol, *kognitive Umstrukturierung*).

Eine *medikamentöse* Rückfallprophylaxe wird mit regelmäßiger Gabe von Disulfiram (Antabus®) versucht, welches bei abstinenten Personen wenig Wirkungen hat, im Falle der Alkoholeinnahme aber zu unangenehmen körperlichen Reaktionen führt (Übelkeit und weitere vegetative Veränderungen, etwa im Herz-Kreislauf-System); es wird angenommen, daß Disulfiram unter anderem den Abbau des Acetaldehyds hemmt und so zur Anhäufung dieses Metaboliten bei Alkoholkonsum führt (Schmidt 1997, S. 232; dort auch weitere Hypothesen); zuweilen ist dies nicht ungefährlich, so daß von verschiedener Seite diesbezüglich Skepsis vorgebracht wird. Zudem setzt diese Therapie besondere Mitarbeit der Patienten im Form freiwilliger konstanter Einnahme des Medikaments voraus. Diskutiert wird augenblicklich, ob die regelmäßige Gabe von Opiatantagonisten wie Naltrexon (s. 3.3.1) die positiven Wirkungen des Alkohols aufhebt, ohne direkte aversive Reaktionen hervorzurufen (s. dazu Schmidt 1997, S. 236).

Zur Effizienz von Alkoholismustherapien im allgemeinen und zur speziellen Wirksamkeit einzelner Therapieformen liegen nur wenig gesicherte Ergebnisse vor. Nach Küfner & Bühringer (1997, S. 486 f.) wurden in einer großangelegten deutschen Studie etwa die Hälfte der Patienten abstinent und blieben dies auch nach mehreren Jahren noch; verhaltenstherapeutische Verfahren scheinen anderen Therapieformen, insbesondere auch der Disulfiramtherapie, überlegen zu sein.

3.2.4 *Alkoholtoleranz, Alkoholentzugssyndrom und Delirium tremens*

Toleranz, die nachlassende Wirkung einer Substanz bei längerer Einnahme, kann wenigstens zwei Ursachen haben. Bei der *metabolischen Toleranz* wird die betreffende Substanz schneller verstoffwechselt; Beispiel dafür ist die rasch einsetzende Gewöhnung an Barbiturate durch Enzyminduktion in der Leber. Bei der *funktionellen* (zuweilen auch zellulär genannten) Toleranz tritt die unverändert gleiche Menge der Substanz an den Zielort, entfaltet dort aber eine geringere Wirkung; die Verminderung der Rezeptoren für Opiate bei längerer Opiatgabe würde hier als Beispiel dienen. Beim Alkohol tritt ebenfalls Gewöhnung ein, wenn auch nicht in solch ausgeprägtem Maße bei etwa bei Opiaten; die Toleranz wird dann wieder geringer, wenn schwerere alkoholbedingte Leberschäden eingetreten sind. Dieser Befund spricht dafür, daß die Alkoholtoleranz wenigstens teilweise eine metabolische ist; auch eine funktionelle Toleranz wird diskutiert (für die komplizierten und zum Teil noch recht spekulativen Modelle s. Schmidt 1997, S. 83 ff.).

Häufig, aber nicht zwingend mit Toleranz verbunden ist die Entwicklung eines *Entzugssyndroms* bei fehlender Substanzzufuhr; symptomatologisch entspricht es zumeist Reaktionen, die physiologischerweise durch die fragliche Substanz unterbunden werden; da Alkohol erwähntermaßen Spannung und Unruhe vermindert, treten diese Beschwerden im Falle des Entzugs in Erscheinung. Das Alkoholentzugssyndrom beschränkt sich in vielen Fällen auf die geschilderte Symptomatik, hinzu kommen vegetative Reaktionen wie Zittern und Schweißausbrüche; nachdem Alkohol offenbar durch Verstärkung der GABAergen Hemmung ähnlich wie Benzodiazepine und Barbiturate auch die Krampfschwelle hebt, wird die Entzugssymptomatik zuweilen durch epileptische Anfälle noch kompliziert; die Codenummer für das Alkoholentzugssyndrom ohne Delir ist (F10.3).

Die klinisch auffälligste Form des Alkoholentzugssyndroms ist das *Delirium tremens* (von lateinisch "de lira" = aus der Spur). Unter *Delir* versteht man allgemein eine Bewußtseinstrübung, meist in der eher schwachen Ausprägung von Somnolenz (Schläfrigkeit bei erhaltener Ansprechbarkeit, wenn auch verlangsamten Reaktionen); andere Bewußtseinsstörungen in Form von illusionären Verkennungen oder insbesondere optischen Halluzinationen können beim Delir vorkommen und sind dann naturgemäß besonders auffällig, jedoch nach den Kriterien der ICD-10 nicht erforderlich für die Diagnosestellung. Weiter für das Delir typische Symptome sind Affektstörungen wie Angst und Depression, psychomotorische Auffälligkeiten, etwa in Form zwanghaften Hin-und Herlaufens, Störungen im Schlaf-Wach-Rhythmus, räumliche und zeitliche Desorientiertheit, um nur die wichtigsten zu nennen. Delir wird häufig bei organischen Erkrankungen beobachtet – am bekanntesten ist wohl das Fieberdelir – und wäre in diesem Fall mit F05 zu codieren. Als Alkoholentzugsdelir müßte es mit der Nummer F10.4 (Entzugssyndrom mit Delir) verschlüsselt werden.

Das Delirium tremens tritt häufig nach *Dosisverminderung* oder *Absetzen* von Alkohol auf (etwa im Falle von Krankenhausaufenthalten nach Unfällen), kann sich jedoch auch bei fortwährendem Konsum einstellen (Kontinuitätsdelir), dann oft ausgelöst durch körperliche Erkrankungen, beispielsweise Infektionen. Nach Krausz & Dittmann (1996, S. 93) tritt es etwa bei 15% der Alkoholiker auf, häufig nach jahrzehntelangem Alkoholabusus. Dem Delirium tremens geht meist ein *schweres Entzugssyndrom* mit Unruhe und vegetativen Reaktionen voraus; dann bilden sich neben auffälligem Zittern (Tremor) die oben geschilderten Zeichen des deliranten Syndroms aus, wobei die *optischen Halluzinationen* (kleine bewegliche Objekte, Tierchen) besonders eindrucksvoll und Laien als Delircharaktistikum am bekanntesten sind. Häufig wird auch die erhöhte Suggestibilität der Patienten in diesem Zustand betont, indem sie etwa von einem vorgehaltenen leeren Blatt ablesen. Neben den psychiatrischen Symptomen finden sich starke *Kreislaufreaktionen* und können auch Infektionen auftreten; unbehandelt führt das Alkoholdelir nach Krausz & Dittmann in 15-20% zum Tode, eine Rate, die heute durch sachgemäße Therapie und Überwachung der Herz-Kreislauf-Funktionen deutlich niedriger ist. Die Dauer des Delirs beträgt etwa 2 - 5 Tage.

Weder die Pathogenese des unkomplizierten Entzugssyndroms noch des Delirium tremens sind nur annähernd verstanden; die Theorie der *konditionierten Gegenreaktion* zur Erklärung von Entzugssymptomen wird in Abschnitt über Opiate (3.3.4) kurz dargestellt.

Die *Therapie* des Delirs geschieht heute im wesentlichen mit Clomethiazol (Distraneurin®), einer sedierenden Substanz, die möglicherweise durch Verstärkung der GABAergen Hemmung eine ähnliche Wirkung wie Alkohol hat und ihn deshalb substituieren kann; da es auch deutlich antikonvulsiv wirkt, sind epileptische Anfälle als gefürchtete Komplikation des Delirium tremens damit gut zu beherrschen; von manchen Autoren werden auch Benzodiazepine empfohlen, allerdings erst nach genauer Indikationsstellung (s. Schmidt 1997, S. 228). Ebenso werden Neuroleptika zur Behandlung der Alkoholentzugssymptomatik verwendet, da bei ihnen – anders als bei Clomethiazol und Benzodiazepinen – die Gefahr einer Entwicklung von Abhängigkeit gering ist; sie wirken jedoch nicht antikonvulsiv. Auch das ursprünglich als Antiepileptikum eingesetzte und zunehmend auch bei anderen Indikationen (etwa affektiven Störungen) zur Anwendung kommende Carbamazepin (Tegretal®, Timonil®) wird in den letzten Jahren zur Behandlung der Entzugssymptomatik verwendet; für die Therapie des Delirs ist es nach Schmidt (1997, S. 228) nicht geeignet. Die früher auch ärztlicherseits praktizierte Therapie, Delir durch Zufuhr hoher Alkoholdosen zu bekämpfen, ist obsolet; als Verfahren der Selbstbehandlung bei ersten Anzeichen der Unruhe ist es bei Betroffenen natürlich nach wie vor in Gebrauch.

3.2.5 Mittel- und langfristige Folgen von Alkoholmißbrauch

Alkohol dringt wegen seiner Lipidlöslichkeit leicht durch Zellmembranen und wirkt als ausgesprochenes Zellgift; der Einsatz von Äthanol zur Desinfektion war schon erwähnt worden. Von den körperlichen Veränderungen am bekanntesten, wohl auch zahlenmäßig am bedeutsamsten, ist die *Leberschädigung* durch Alkohol. Üblicherweise kommt es bei längerem Abusus zunächst zur Einlagerung von Fett in die Leberzellen (alkoholische Fettleber), die sich dann leicht entzünden können (Fettleberhepatitis). Diese sogenannte Alkohol-hepatitis ähnelt in ihrer Symptomatik meist mild verlaufenden Virus-hepatitiden, wird aber bei rechtzeitiger Alkoholabstinenz nie chronisch und hat entsprechend an sich eine gute Prognose.

Bei Fortsetzung des Abusus entwickelt sich jedoch mit gewisser Wahrscheinlichkeit eine *Leberzirrhose*; gefährdet dafür sind nach Kommerell et al. (1990) Personen, die über 15-20 Jahre täglich 80 g Alkohol zu sich nehmen. Neuere Forschungen gehen bereits von einer schädlichen Dosis von etwa 60 g aus; zudem gelten diese kritischen Werte nur für Männer; bei Frauen sind die angegebenen Zahlen deutlich niedriger, wobei eine befriedigende Erklärung dafür offenbar noch aussteht.

Bei der Zirrhose handelt es sich um einen Umbau der Leber mit Ersatz der zerstörten Zellen durch Bindegewebe. Die resultierenden Symptome erklären sich teils durch Ausfall wichtiger Funktionen wie Synthese und Abbau aufgrund des *Untergangs normaler Leberzellen* (Leberzellinsuffizienz), teils durch Veränderung der *Durchblutungsverhältnisse* als Folge der bindegewebigen Verhärtung; so wird der Zufluß zur Leber aus dem Magen-Darm-Bereich über die Pfortader verringert, und es kommt zur Ausbildung von Umgehungskreisläufen, beispielsweise in Form von Erweiterung und Neubildung von Venen in der Wand der Speiseröhre (Ösophagusvarizen). Diese Venen sind sehr gefährdet für Rupturen; nicht wenige Personen mit Leberzirrhose sterben an einer Ösophagusvarizenblutung, wenn auch heute seltener als noch vor einigen Jahren. Aufgrund der verringerten Produktion von *Gerinnungsfaktoren* in der erkrankten Leber resultiert erhöhte *Blutungsneigung*; wegen der gestörten Eiweißsynthese kommt es zu Albuminmangel und damit vermindertem kolloidosmotischen Druck in den Gefäßen mit der Folge von Flüssigkeitsübertritt ins Gewebe (beispielsweise Aszites = "Bauchwassersucht" bei fortgeschrittener Leberzirrhose). Der reduzierte Abbau gegengeschlechtlicher Sexualhormone durch die zirrhotische Leber führt zu Vermehrung von Östrogenen beim Mann und damit zur Femininisierung; der bei Alkoholikern häufig zu beobachtende Verlust von Libido und Potenz ist wohl wenigstens teilweise auf diese hormonelle Veränderung zurückzuführen.

Aufgrund der zunehmend eingeschränkten *Entgiftungsleistung* der Leber kommt es in Spätstadien zu Funktionsstörungen im Zentralnervensystem, die unter dem Begriff der *hepatischen Enzephalopathie* zusammengefaßt werden und von rascher Ermüdbarkeit und Konzentrationsstörungen bis hin zum *Koma* reichen, zur tiefen Bewußtlosigkeit mit Aufhebung sämtlicher Reaktionen auf äußere Reize. Die Pathogenese der hepatischen Enzephalopathie ist nur bedingt geklärt; diskutiert wird die Wirkung unzureichend abgebauter Neurotoxine wie beispielsweise Ammoniak, daneben auch Veränderungen im Transmitterhaushalt, etwa Erhöhung der GABA-Konzentration, welches physiologischerweise in der Leber inaktiviert wird. Erwähnt sei noch, daß primäre Leberzellkarzinome bevorzugt auf der Grundlage einer Leberzirrhose entstehen, etwa als Folge chronisch infektiöser Hepatitis B oder C; daß auch alkoholisch bedingte Zirrhose die Entstehung von Leberzellkarzinomen begünstigt, ist wahrscheinlich. Zu betonen ist aber, daß der zirrhotische Umbau zwar an sich irreversibel ist, jedoch bei Alkoholkarenz deutlich langsamer fortschreitet und über ein bis zwei Jahrzehnte kompensiert werden kann.

Weitere Organe, die bei chronischem Alkoholmißbrauch geschädigt werden, sind die Schleimhaut von Speiseröhre und Magen (alkoholische *Ösophagitis* und *Gastritis*) sowie die Bauchspeicheldrüse (akute und chronische *Pankreatitis*). Nachgewiesenermaßen ist bei chronischem Alkoholabusus, insbesondere bei Genuß hochprozentiger Spirituosen, das Risiko für die Entwicklung von *Karzinomen der Speiseröhre* deutlich erhöht; vermehrt werden bei Alkoholikern, die dazu stark rauchen, auch *Karzinome der Mundhöhle* beobachtet. Ob Alkohol ein Risiko für die Entwicklung von Tumoren des Magens und der Bauchspeicheldrüse darstellt, ist noch nicht eindeutig geklärt.

Weniger bekannt, jedoch sehr ernstzunehmen, ist die Schädigung der *Herzmuskelzellen* bei langjährigem Alkoholabusus (alkoholische Myokardiopathie mit Entwicklung zunehmender Herzinsuffizienz); hingegen sind bei Alkoholikern die Herzkranzgefäße selten pathologisch verändert[3].

Auch Nervenzellen werden durch Alkohol angegriffen, und entsprechend finden sich sowohl typische Schädigungen im peripheren Nervensystem als auch zentralnervöse Veränderungen nach längerem Abusus. Die *alkoholische Polyneuropathie* beruht auf Zerstörungen sowohl der Myelinscheiden wie der Axone selbst und wird durch Mangel an neurotropen Vitaminen (B_1, B_6 und B_{12}) erklärt; ob dies allein Folge von einseitiger Ernährung bei chronischem Alkoholkonsum darstellt oder etwa auch durch alkoholbedingte Resorptionsstörungen hervorgerufen wird, ist noch unklar. Die Symptome bestehen anfangs in *Gefühlsstörungen* (Taubheit, Mißempfindungen und Schmerzen vor allem in den unteren Extremitäten), später können *motorische Beeinträchtigungen* hinzukommen, etwa eine Schwäche der Fußheber. Eine alkoholbedingte Erkrankung des Zentralnervensystems mit vorwiegend neurologischen Symptomen ist die *Wernickesche Enzephalopathie* (Encephalopathia haemorrhagica superior), bei der sich blutungsbedingte Gewebsnekrosen insbesondere im Bereich des Mittel- und Zwischenhirns finden; neurologisch werden vor allem Augenmuskellähmungen und Störungen der Bewegungskoordination (Ataxien) beobachtet, zudem Zeichen eines deliranten Syndroms mit Desorientiertheit, Verwirrtheit und mehr oder weniger ausgeprägter Somnolenz. Nicht wenige versterben in diesem Zustand, beim Rest ist ein Übergang in ein amnestisches Syndrom (s.u.) häufig.

Von den psychischen Störungen am häufigsten und bekanntesten ist das *amnestische Syndrom* (etwa synonym: *Korsakow-Syndrom*[4]) mit Störungen der Merkfähigkeit bei erhaltenem Immediatgedächtnis und zunächst weitgehend unbehinderter Reproduktion von Inhalten, die vor der Schädigung erworben wurden. Insofern ähnelt das amnestische Syndrom bei Alkoholabusus dem dementiellen Syndrom, unterscheidet sich aber dadurch von letzterem, daß andere kognitive Funktionen wie etwa Wahrnehmung und Urteilsfähigkeit intakt sind; insofern ist die nicht selten zu findende Bezeichnung "Alkoholdemenz[5]" oder alkoholisch bedingtes "organisches Psychosyndrom" zumindest mißverständlich; typisch insbesondere für das amnestische Syndrom bei Alkoholabusus und bei Demenzen üblicherweise nicht vorhanden ist die Neigung zur Konfabulation, zum Ausfüllen von Erinnerungslücken durch mehr oder weniger passendes Erdachtes. Ein organisches amnestisches Syndrom kann auch ohne Mißbrauch von Alkohol entstehen, beispielsweise aufgrund von Durchblutungsstörungen, und wäre dann mit F04 zu codieren (organisches amnestisches Syndrom, nicht durch Alkohol oder sonstige psychotrope Substanzen bedingt); das amnestische Syndrom bei Alkoholmißbrauch (Korsakow-Syndrom) müßte mit der Codenummer F10.6 versehen werden.

Eine nicht seltene psychische Störung insbesondere bei männlichen Personen mit Äthanolabusus ist der *alkoholische Eifersuchtswahn* (F10.51), wobei die erwähnte häufige Impotenz der Betroffenen sicher einen nicht geringen Anteil an der Ausbildung dieses Wahnsystems hat. Seltener ist die *Alkoholhalluzinose*, die nicht mit den halluzinatorischen Symptomen im Delir gleichzusetzen ist, sondern mehr oder weniger akut bei fortgesetztem Alkoholkonsum entsteht und auch nicht von Bewußtseinsstörungen wie Somnolenz oder Desorientierung begleitet ist. Im Gegensatz zu den optischen oder taktilen Wahrnehmungstäuschungen beim Delirium tremens sind die der Alkoholhalluzinose überwiegend akustischer Natur (etwa Stimmen, die sich über den Patienten unterhalten); die Symptome sind nicht immer sicher von den Halluzinationen im Rahmen schizophrener Psychosen zu unterscheiden, zumal letztere nicht selten mit Alkoholismus vergesellschaftet sind. Nach ICD-10 ist die Alkoholhalluzinose mit F10.52 zu verschlüsseln.

Schließlich können sich durch langjährigen Alkoholabusus unter anderem auch deutliche affektive Störungen ausbilden, beispielsweise depressive Symptome (zu codieren mit F10.54). Schwer zu unterscheiden ist hier, ob diese Veränderungen direkte Alkoholfolgen sind oder nicht eher Reaktionen auf die Lage darstellen, in die die Personen durch den Abusus geraten sind oder die umgekehrt den Mißbrauch gefördert hat. Auch die hohe Suizidrate bei Alkoholabhängigen (nach Krausz & Dittmann 1996 etwa 15%, nach einer Angabe in Kryspin-Exner 1994 sogar 21%) ist sicher teilweise eher auf die Lebensumstände zurückzuführen als auf direkte Alkoholwirkung. Zudem besteht offenbar eine hohe Komorbidität von Alkoholismus und schweren affektiven Störungen (Depressionen und bipolaren Störungen), bei denen bekanntermaßen die Suizidrate wesentlich gegenüber der Normalbevölkerung erhöht ist (vgl. Driessen et al. 1994).

Eine wichtige alkoholbedingte Erkrankung sei hier noch kurz erwähnt, weil sie – obwohl häufiger als Mongolismus – vergleichsweise wenig bekannt ist: Die *Alkoholembryopathie* oder das *fötale Alkoholsyndrom* tritt bei Kindern von Frauen auf, die während der Schwangerschaft vermehrt Alkohol zu sich genommen haben; die kritischen Grenzen werden in der Literatur nicht angegeben; man muß wohl davon ausgehen, daß auch niedrige Mengen schädlich sind, da Alkohol die Plazentarschranke überwindet und seine zelltoxischen Eigenschaften auf einen sich entwickelnden Organismus wirken; insbesondere regelmäßiger Konsum hochprozentiger Getränke in den ersten Schwangerschaftsmonaten zieht mit gewisser Wahrscheinlichkeit solche Schäden nach sich. Die Symptome sind geistige Retardierung, Wachstumsverzögerung sowie anatomische Anomalien, beispielsweise Herzfehler oder Veränderungen im Schädelbereich (dargestellt im wesentlichen nach Schmidt 1997, S. 154 ff.).

Die *Therapie* der genannten alkoholbedingten Störungen besteht zuvorderst in völliger *Alkoholabstinenz*, wobei sich etwa alkoholische Hepatitis, Ösophagitis und Gastritis rasch vollständig zurückbilden, die Entwicklung der Leberzirrhose mit den Dekompensationszeichen ebenso wie die der alkoholischen Kardiomyopathie und Polyneuropathie gestoppt oder sehr verlangsamt werden können. Auch das amnestische Syndrom zeigt bei konsequenter Alkoholkarenz durchaus die Tendenz zur Rückbildung. Zudem hat hochdosierte Gabe von neurotropen Vitaminen (B_1 =Thiamin, B_6 = Pyridoxin sowie B_{12}) oft günstige Wirkung bei alkoholischen Polyneuropathien, Korsakow-Syndrom und Wernickescher Enzephalopathie.

3.3 Opioide

3.3.1 Allgemeines

Opioide (Opiumartige) sind Substanzen mit ähnlicher Wirkung wie *Morphin*, das Hauptalkaloid im Opium; sie werden deshalb auch Opiate genannt, eine streng genommen unrichtige Bezeichnung, die sich aber eingebürgert hat und klanglich besser ist. *Rohopium* wird aus der Samenkapsel des Schlafmohns (Papaver somniferum) gewonnen und nimmt nach wenigen Stunden die Gestalt bräunlicher Trockenmasse an. Durch Einlegen von Rohopium in Alkohol erhält man Tinctura opii, die nur noch die alkohollöslichen Produkte der Pflanze, die Alkaloide, enthält[6]. Die wichtigsten Alkaloide des Opiums sind *Morphin* (Morphium[7]) und Codein ("natürliche Opiate"), daneben noch einige ohne analgetische Wirkung, etwa das krampflösend wirkende Papaverin. Durch chemische Weiterbehandlung des Morphins erhält man die Morphinderivate. Beispielsweise kann es aufgrund seiner zwei OH-Gruppen mit Essigsäure in einem wenig aufwendigen Prozeß zu dem wesentlichen stärkeren Diacetylmorphin = Diamorphin (*Heroin*) verestert werden; ein weiteres Morphinderivat oder *halbsynthetisches Opioid* (Opiat) wäre Hydromorphon (Dilaudid®). Die *vollsynthetischen Opioide* sind Substanzen mit ähnlicher Wirkung, die jedoch ohne Verwendung von Opium im Labor hergestellt werden; Beispiele sind Levomethadon = (l-)Methadon (L-Polamidon®) oder Pethidin (Dolantin®), deren strukturelle Ähnlichkeit mit Morphin nicht unmittelbar erkenntlich ist, die mit ihm aber alle wesentlichen Wirkeigenschaften teilen. Sie sind jedoch im allgemeinen, etwa hinsichtlich des analgetischen Effekts, stärker. Zu den Opioiden gehören schließlich auch noch die "endogenen" Opioide ("endogene Opiate"), die vom Körper selbst produziert werden und an den gleichen Rezeptoren wie die äußerlich zugeführten Opioide binden (s.u.). Erwähnt sei noch, daß es *Opiatantagonisten* gibt, die offenbar die Opioidrezeptoren im Körper besetzen, ohne eine Wirkung auszuüben; durch Verdrängung der Opioide von diesen Rezeptoren können sie deren Wirkung aufheben (kompetitive Hemmung), und einige dienen deshalb als Gegenmittel (Antidot) bei Opioidvergiftungen; bekannte Opiatantagonisten sind Naloxon (Naloxon 0,4 mg Curamed®; Narcanti®) und Naltrexon (Nemexin®).
Die Opioide werden oft oral aufgenommen, verlieren dabei aber üblicherweise an Wirkung, da sie beim Passieren der Leber nach Resorption aus dem Verdauungstrakt eine sogenannte "präsystemische Elimination" erleiden. Diese kann vermieden wurden, indem das Alka-

loid entweder direkt in die Venen injiziert, geschnupft oder, wie üblicherweise Opium, geraucht wird (Lüllmann et al. 1990, S. 197 f.). Da
(l-)Methadon diese präsystemische Elimination nicht erfährt, kann es
ohne Wirkungsverlust oral eingenommen werden, ein erheblicher
Vorteil im Rahmen der Substitutionstherapie.

3.3.2 Unmittelbare Wirkungen der Opioide; langfristige Veränderungen bei Opioidabusus

Der für die Medizin mit Abstand wichtigste Effekt der Opioide ist der
analgetische (schmerzstillende), wobei offenbar die Übertragung der
Erregung vom ersten Neuron der Schmerzbahn auf das zweite im
Rückenmark erschwert wird[8]. Zusätzlich wird eine Beeinflussung
cerebraler Strukturen, beispielsweise im Sinne einer Herabsetzung der
Schmerzwahrnehmung und -verarbeitung, diskutiert (Snyder 1994,
S. 55 ff.). Die Wirkungen der einzelnen Opioide scheinen sich nur
quantitativ zu unterscheiden, wobei die endogenen Opiate am
schwächsten sind, einige synthetische Opioide wie Methadon am
stärksten. Der genauere Wirkmechanismus besteht nach augenblicklichen Kenntnissen in Anlagerung an Opiatrezeptoren des präsynaptischen Neurons und Verminderung der Transmitterausschüttung aus
dessen Endknöpfchen (präsynaptische Hemmung).
Eine zum Verständnis des Abhängigkeitssyndroms wesentliche Wirkung der Opiate ist die *euphorisierende*; man erklärt sie augenblicklich, ähnlich wie beim Alkohol, über eine indirekte Aktivierung von
dopaminergen Neuronen, welche von Teilen des Mittelhirns zu verschiedenen Strukturen des Endhirns laufen, wobei erwähntermaßen
die Fasern zum Nucleus accumbens bei der Vermittlung des angenehmen Effekts am wichtigsten sein dürften (s. 3.2.2). Dieser euphorisierende Effekt korreliert offenbar hoch mit dem schmerzlindern-
dem, so daß also schwach analgetische Opioide wie etwa Codein auch
ein geringeres Suchtpotential besitzen. Eine spezielle Wirkung hat die
intravenöse Applikation von Heroin in Form eines schwallartig einsetzenden Wärme- und Glücksgefühls (flash oder rush genannt), die
bei anderen Opiaten, etwa der Ersatzdroge Methadon, nicht zu beobachten ist und so eine spezifische Abhängigkeit begünstigt.
Weiter haben Opioide eine zumeist leicht sedierende Wirkung[9] und
beeinflussen auch eine Reihe von vegetativen Funktionen, wobei der
hemmende Effekt auf das *Atemzentrum* der klinisch bedeutsamste ist.
Starke Opioide in niedrigen Dosierungen sowie schwache wie Codein
in Normaldosis wirken *hustenstillend*, höhere Dosen können zur

Lähmung des Atemzentrums und damit zum Tod führen; ein Großteil der akuten Todesfälle bei Opiatabhängigen ist darauf zurückzuführen. Diese Atemdepression ist durch Gabe von Opiatantagonisten wie Naloxon oder Naltrexon rasch aufzuheben. Andere vegetative Effekte der Opioide sind *Verengung der Pupillen* (Miosis) sowie verstärkte Kontraktion der glatten Muskulatur im Magen-Darm-Bereich; durch übermäßige Verkrampfung kann es zur Wandstarre und damit zur *spastischen Obstipation* kommen; Opiate, etwa Tinctura opii, werden daher auch zur Behandlung von schweren Durchfällen eingesetzt. Zu erwähnen ist noch, daß die Gabe von Opioiden Chemorezeptoren in der Area postrema reizt und damit das *Brechzentrum* aktiviert, ein Effekt, der sich aber bei regelmäßiger Anwendung verliert (Lüllmann et al. 1990, S. 196).

Erwähntermaßen lagern sich die Opioide an Rezeptoren in verschiedenen Regionen des Körpers an (etwa an den Endknöpfchen der Neuronen in den Schmerzbahnen, im Atemzentrum), was sich aus der kompetitiven Wirkung der Opiatantagonisten ableiten läßt. Dies legt die Existenz *endogener*, vom Körper selbst produzierter *Opioide* nahe, physiologischer Liganden, die man in Form der *Enkephaline* und *Endorphine* schließlich auch gefunden hat; es handelt sich dabei um Oligopeptide, also Verbindungen weniger Aminosäuren. Der biologische Sinn dieses Transmitter- bzw. Hormonsystems ist mutmaßlich die Dämpfung von Schmerzen, die nicht vermieden werden können (Kampf, Gebärvorgang).

Im Vergleich zu den körperlichen Folgen bei chronischem Alkoholabusus sind die bei langjähriger Opioideinnahme eher gering, was bei einer rationalen Diskussion über Drogenmißbrauch berücksichtigt werden muß. Die wesentlichen Folgen bei Opiatmißbrauch entstehen durch *unsachgemäße Applikation*, speziell mittels verschmutzter Nadeln und Spritzen (Hepatitis B und C, HIV-Infektion, Spritzenabszesse); direkte Effekte chronischen Opiatkonsums sind Appetitlosigkeit, Gewichtsabnahme, erhöhte Anfälligkeit gegenüber Infektionen. Auf psychischem Gebiet werden Leistungsabfall und Veränderungen der Stimmung beschrieben; hinzu kommen Vernachlässigung anderer Interessen sowie eventuelle Verhaltensänderungen im Rahmen der Kaschierung der Abhängigkeit und Beschaffung der Substanz. Psychotische Störungen analog dem alkoholischen Eifersuchtswahn oder der Alkoholhalluzinose treten bei Opiatkonsumenten im wesentlichen offenbar nicht auf, ebensowenig ein amnestisches Syndrom (Möller 1977, S. 354).

Dauerschäden analog der Alkoholembryopathie scheinen sich bei Kindern heroinsüchtiger Schwangerer nicht auszubilden; jedoch sind die Neugeborenen ebenfalls opiatabhängig und müssen deshalb zunächst einer Substitutionstherapie mit langsamem Ausschleichen unterzogen werden.

3.3.3 Opioidmißbrauch und Opioidabhängigkeit

Prävalenzraten zum Opioidmißbrauch sind so gut wie nicht exakt zu ermitteln, sondern bestenfalls grob zu schätzen oder hochzurechnen, was die Widersprüchlichkeit angegebener Prävalenzraten erklärt; zudem spiegeln diese Zahlen offenbar schon wenige Jahre später die aktuelle Situation nur noch höchst unvollkommen wider. Nach bei Comer (1995, S. 473) angeführten Studien wird etwa ein Prozent der Bevölkerung in den USA im Laufe ihres Lebens wenigstens vorübergehend abhängig von Heroin oder anderen Opioiden; die augenblickliche Zahl der Opiatsüchtigen wird dort auf etwa 400.000 geschätzt, was etwa 0,2% entsprechen würde; eine sehr viel höhere Prävalenzrate ergibt sich aus den bei Davison und Neale (1996, S. 341) präsentierten – etwas älteren – Zahlen, nämlich über eine Million Heroinabhängige, entsprechend 0,5%. Man geht in jedem Fall davon aus, daß die Zahl der Heroinabhängigen dort in den letzten Jahrzehnten zurückgegangen ist, beispielsweise bei Personen zwischen 18 und 25 Jahren von 4,6% im Jahre 1972 über 1,2% 1982 bis auf 0,6% im Jahre 1990. Andere Daten präsentieren Krausz & Dittmann (1996, S. 98), nach denen zwar die Zahl derer, die intravenös Heroin konsumieren, abgenommen hat, hingegen die der nicht intravenös Konsumierenden gestiegen ist. Die Autoren gehen deshalb in Europa von höheren Prävalenzen aus, nämlich von 3% bei jüngeren erwachsenen Männern, 1% bei Frauen dieser Altersgruppe. In einigen europäischen Städten sollen diese Raten jedoch deutlich höher liegen oder gelegen haben. Krausz und Dittmann schätzen den Anteil der Opiatkonsumenten in Westeuropa zu Beginn der 90er Jahre, offensichtlich über alle Altersgruppen hinweg, auf 150 bis 300 pro 100.000, also auf 1,5% bis 3%. Bühringer & Küfner (1997, S. 528) berichten über eine sehr viel niedrigere Prävalenz, nämlich von 0,2% in Deutschland, merken aber an, daß diese Zahlen aufgrund der erheblichen Dunkelziffer realistischerweise mit einem Faktor zwischen 7 und 10 zu multiplizieren sind. Es ist schwer, diese Daten zu einem einheitlichen Bild zusammenzufassen. Man wird vielleicht in aller Vorsicht festhalten können, daß der Heroinkonsum in Europa später eingesetzt hat als in den USA und hier nach deutlichem Wachstum sich langsam zu stabilisieren beginnt (eventuell hinsichtlich der Zahl der Herointoten sogar leicht rückläufig ist); offenbar ist in den Vereinigten Staaten ein deutlicherer Rückgang zu beobachten, möglicherweise durch Überwechseln auf andere psychotrope Substanzen wie Kokain oder Amphetamine. *Theorien zur Genese des Mißbrauchs von Opioiden* unterscheiden sich nicht wesentlich von Modellen zur Entstehung der Alkoholabhängigkeit, wobei hier offensichtlich die Betonung auf genetischen Faktoren geringer ist. Ansonsten finden sich in der einschlägigen Literatur eher allgemeine Suchtmodelle als substanzspezifische. *Lerntheoretisch* wird man wieder die positiven Konsequenzen der Opioideinnahme und die negativen des Entzugs zur Erklärung der Aufrechterhaltung heranziehen.

Die *Therapie der Opiatabhängigkeit* in ihren verschiedensten Varianten kann hier nicht beschrieben werden, um so mehr, als auch unter Fachleuten nur sehr geringe Einigkeit über realistischerweise erreichbare Ziele und dabei einzuschlagende Wege herrscht. Auskunft darüber, wenn auch in sehr allgemeiner Form, geben etwa Bühringer (1994), Bühringer & Küfner (1997) oder Comer (1995). Ganz kurz sei nur die *Substitutionstherapie* mittels des synthetischen Opioids *Methadon* erwähnt, welches als pharmazeutisches Produkt – im Gegensatz zu den auf der Straße verkauften Opiaten wie insbesondere Heroin – eine genau definierte Zusammensetzung hat und damit sehr viel weniger die Gefahr der Überdosierung birgt. Zudem wirkt Methadon, wie erwähnt, auch oral, so daß die Probleme parenteraler Applikation mit Infektionsgefahr hier entfallen. Da andererseits aber das äußerst hochgeschätzte Erlebnis des Anflutens bei intravenöser Injektion hier nicht gegeben ist, wird Methadon häufig nicht oder wenigstens nicht ohne zusätzlichen Heroinkonsum akzeptiert. Eine weitere pharmakologische Beeinflussung der Abhängigkeit nach erfolgreichem Entzug wird mit *Opiatantagonisten* versucht, etwa Naltrexon (Nemexin®), welches die euphorisierende Wirkung von Heroin verhindert und so das Verlangen reduzieren soll (Benkert 1995, S. 114).

Bühringer (1994) sowie Bühringer & Küfner (1997) beschreiben den Verlauf des Konsumverhaltens, leider im großen und ganzen ohne Trennung der verschiedenen Formen von Drogenabhängigkeit. Danach werden von den Betroffenen die ersten Erfahrungen mit Opiaten durchschnittlich im Alter zwischen 18 und 20 Jahren gemacht, etwa ein Jahr später kommt es zu Abhängigkeit und regelhaftem Konsum dieser Substanzen. Einige Jahre später wird die erste Behandlung begonnen, der jedoch nur in 10-15% der Fälle dauerhafte Abstinenz folgt. Die Sterblichkeitsquote (für Drogenabhängige allgemein) wird mit 1-3% pro Jahr angegeben, wobei allerdings die Todesursachen nicht genannt werden; Aids sollte hier sehr häufig verantwortlich sein, denn der Anteil der HIV-positiven Personen unter Drogenabhängigen wird auf circa 20% geschätzt. Andere Todesursachen dürften die Folgen chronischer Hepatitiden sein sowie akute Atemdepression bei Opiatüberdosierung.

3.3.4 Opioidtoleranz und Opioidentzugssyndrom

Bei Opioiden tritt sehr schnell *Gewöhnung* ein, eine Erfahrung, die sich sehr eindrucksvoll bei Patienten bietet, deren Schmerzen nur durch längerfristige Opiatgabe zu behandeln sind. Zur Erklärung dieser Toleranz wird eine Reduktion der Anzahl oder Empfindlichkeit der Rezeptoren für endogene Opioide angenommen; der Nachweis dafür steht aber noch aus (Snyder 1994, S. 59 f.). Bei Opiatabstinenz bildet sich die Toleranz rasch zurück mit der Konsequenz, daß Drogenabhängige, die nach Entzug wieder ihre letztübliche Dosis spritzen, in die Gefahr einer tödlichen Überdosierung geraten.

Das *Opiatentzugssyndrom* wird teilweise als sehr eindrucksvoll beschrieben. Es entspricht im wesentlichen einer sympathikotonen Aktivierung mit Pulsbeschleunigung, Blutdrucksteigerung, erweiterten Pupillen, Schweißausbrüchen; Erbrechen und Durchfälle, Muskelschmerzen, Muskelkrämpfe, starker Tränenfluß sowie grippeähnliche Symptome in Form von Nießen, Kopfschmerz, Schüttelfrost, eventuell Fieber komplettieren das Bild; psychische Symptome sind Unruhe und dysphorische Stimmung. Die rauhe Hautoberfläche bei Aufrichtung der Haarwurzeln und die Kälteempfindung haben dem Entzugssyndrom die Bezeichnung "cold turkey" (kalter Truthahn) im Szenejargon eingebracht. Anders als beim Alkoholentzug finden sich hier typischerweise weder epileptische Anfälle noch delirante Symptome. Kompliziert wird die Symptomatik häufig noch dadurch, daß die Betroffenen oft neben den Opiaten von anderen psychotropen Substanzen abhängig sind und so zum Opiatentzugssyndrom noch andere Entzüge (etwa von Alkohol) parallel laufen.

Dieses geschilderte Entzugssyndrom, welches bei Abhängigen auch durch Gabe von Opiatantagonisten ausgelöst werden kann, tritt wenige Stunden nach der letzten Opioideinnahme auf und erreicht seinen Höhepunkt im Durchschnitt 24 bis 48 Stunden später; danach läßt die Stärke der Beschwerden nach, um nach etwa einer Woche völlig zu verschwinden. In vielen Fällen, insbesondere außerhalb von Kliniken, wird die Entzugssymptomatik zumeist rasch und gründlich durch erneute Zufuhr eines Opioids beseitigt.

Die *Pathogenese des Opiatentzugssyndroms* ist augenblicklich nur unzureichend geklärt. Eine plausible Annahme wäre die eines Fehlens von endogenen Opioiden, nachdem deren Konzentration infolge einer längerfristigen Verdrängung durch exogene Opioide im Sinne eines Rückkoppelungsmechanismus vermindert sein könnte; gleichzeitig hat sich erwähntermaßen möglicherweise die Anzahl oder Empfindlichkeit der entsprechenden Rezeptoren verringert. Aus verschiedenen Gründen eher favorisiert wird statt dessen die Hypothese einer (zumindest teilweise) *konditionierten Gegenreaktion* ohne gleichzeitige Kompensation durch Opiatwirkung (s. etwa Carlson 1991, S. 529). Derzufolge tritt als Reaktion auf externe Opioidzufuhr (UCS) eine physiologisch sinnvolle Gegenreaktion des Körpers auf (UCR), die über die eigentliche Opiatwirkung hinaus anhält und zudem wenigstens partiell klassisch konditioniert worden ist: Stimuli, in deren Gegenwart die Droge üblicherweise konsumiert wurde (CS), lösten demnach bereits antizipatorisch die Gegenreaktion (CR) aus; im gewohnten Rahmen der Opioidkonsumierung, etwa beim Fixen in bestimmten Räumlichkeiten, träten so körperliche Veränderungen auf, die nur durch Konsum der entsprechenden Substanz kompensiert werden könnten. Dies würde auch erklären, warum Einnahme von Opiaten in anderen Räumlichkeiten mit folglichem Ausbleiben des konditionierten Anteils der Gegenreaktion eine ungleich stärkere Wirkung entfalten kann. Offensichtlich treten Todesfälle bei Opiatabhängigen gehäuft dann ein, wenn die gewohnte Substanz in ungewohnter Umgebung konsumiert wird.

Das Opiatentzugssyndrom ist zweifellos für die Betroffenen unangenehm – wenngleich viele Autoren, etwa Pinel (1993, S. 440) der Auffassung sind, der unangenehme Zustand werde häufig weit übertrieben; es stellt aber im unkomplizierten Fall selten eine ähnliche Bedrohung der Gesundheit dar wie das alkoholbedingte Delirium tremens und wird deshalb in der Regel auch nicht medikamentös behandelt; zuweilen kommen nach Benkert (1995, S. 114) jedoch Antidepressiva sowie das Blutdruckmittel Clonidin (Catapressan®) zum Einsatz. Die häufig übliche und rasch wirksame Selbstbehandlung, die erneute Einnahme von Opiaten, war bereits erwähnt worden.

3.4 Sedativa und Hypnotika

3.4.1 Allgemeines

Sedativa sind Substanzen mit der wesentlichen Wirkung einer psychischen *Sedierung* (Beruhigung) und *Angstverminderung*, daher auch der Name *Anxiolytika*. Andere Bezeichnungen sind Ataraktika (von ataraxia = Seelenruhe) sowie *Tranquilizer* (im amerikanischen Sprachgebrauch genauer: minor tranquilizers im Gegensatz zu den major tranquilizers, den Neuroleptika). Da Sedativa, wenigstens in höheren Dosen, schlafinduzierende Wirkung haben, und *Schlafmittel* (Hypnotika) sedierend wirken, ist die Grenze zwischen beiden Funktionsgruppen fließend. Tatsächlich gehören die heute am meisten eingesetzten Sedativa und Hypnotika der Substanzklasse der *Benzodiazepine* an, deren Einzelstoffe sich im wesentlichen nur durch Halbwertszeit und Metabolismus im Körper unterscheiden. Viele andere psychotrope Substanzen wie Neuroleptika, einige Antidepressiva, Alkohol und Opiate haben ebenfalls einen sedierenden Effekt, der aber nicht die einzige oder die Hauptwirkung darstellt, und werden deshalb nicht zu dieser Kategorie gezählt. Im wesentlichen rechnet man heute zu den Sedativa oder Hypnotika Stoffe aus der Gruppe der Benzodiazepine, Chloralhydrat, Clomethiazol sowie die (heute so gut wie nicht mehr bei dieser Indikation eingesetzten) Barbiturate.

Die wichtigste Gruppe der Sedativa und Hypnotika bilden die Benzodiazepine mit dem bekanntesten Vertreter Diazepam (z.B. Valium®, Diazepam ratiopharm®); weitere Benzodiazepine sind Oxazepam (Adumbran®), Lorazepam (Tavor®), Lormetazepam (Noctamid®), um nur einige zu nennen.

Chloralhydrat (etwa Chloraldurat 500®) und Barbiturate wurden seit mehr als einem Jahrhundert als Schlafmittel eingesetzt; da sich bei ihrer Einnahme rasch Toleranz entwickelt und auch Entzugssyndrome auftreten, sie in höheren Dosen zu Vergiftungserscheinungen mit möglicher Todesfolge führen (Suizidmittel), ist ihr Einsatz deutlich seltener geworden. Nach Kenntnis des Verfassers sind augenblicklich in Deutschland Barbiturate nicht mehr als Schlafmittel im Handel. Bei der Einleitung der Narkose haben sie jedoch heute noch ihre Indikation. Der Mißbrauch von Barbituraten als illegale Drogen scheint in den USA, insbesondere im Rahmen eines gleichzeitigen Konsums mehrerer Substanzen (Polytoxikomanie), weiterhin jedoch eine erhebliche Rolle zu spielen (s. Davison & Neale 1996, S. 342). Das bereits erwähnte, üblicherweise bei der Behandlung des Alkoholentzugssyndroms verwendete Clomethiazol (Distraneurin®) wird zuweilen ebenfalls als Beruhigungs- oder Schlafmittel eingesetzt, wobei jedoch das nicht unerhebliche Suchtpotential der Substanz zu berücksichtigen ist.

3.4.2 Unmittelbare und langfristige Wirkungen der Sedativa

Die Wirkung der Benzodiazepine ist am besten als *sedierend* (beruhigend, über die zentralnervöse Dämpfung auch mehr oder weniger müdigkeitserzeugend), *anxiolytisch* (angstmindernd), möglicherweise aggressionshemmend, *antikonvulsiv*, d.h. gegen epileptische Anfälle gerichtet, und schließlich als *muskelrelaxierend* zu charakterisieren. Die Wirkung der einzelnen Stoffe der Benzodiazepingruppe ist qualitativ im großen und ganzen als ähnlich zu betrachten. Unterschiede sind eher quantitativ und betreffen zudem Wirkungseintritt und Dauer; einige, etwa das erwähnte Oxazepam (Adumbran®), wirken nicht direkt, sondern erst nach Verstoffwechselung in der Leber, und daher langsamer; zudem unterscheiden sich die Stoffe der Gruppe in ihrer Halbwertszeit, also in der Geschwindigkeit ihres Abbaus zu unwirksamen Metaboliten oder ihrer Elimination. Die dämpfende, Müdigkeit erzeugende Wirkung der Benzodiazepine ist bei Schlafmitteln gewünscht; im Rahmen der Behandlung von Angsterkrankungen, bei denen man lediglich eine gewisse affektive Distanzierung anstrebt, ist sie letztlich sehr störend, da unter anderem Konzentration und Reaktionsgeschwindigkeit negativ beeinflußt werden. Versuche, zwar wirksam anxiolytische, aber nur gering oder gar nicht sedierende Benzodiazepine zu entwickeln, werden daher mit Anstrengung unternommen. Bei der Behandlung von Einschlafstörungen, wo eine verlängerte Wirkung des Medikaments (hang-over) höchst unwillkommen ist, werden bevorzugt Stoffe mit kurzer oder bestenfalls mittellanger Halbwertszeit eingesetzt.

Der Effekt der Benzodiazepine läßt sich mit gewisser Sicherheit auf *Verstärkung der GABAergen Hemmung* zurückführen. GABA (gamma-aminobutyric acid = Gamma-Aminobuttersäure) ist wohl der wichtigste hemmende Transmitter im Zentralnervensystem. Zum Verständnis der Benzodiazepinwirkung geht man augenblicklich von der Modellvorstellung aus, daß den Rezeptoren für GABA wiederum Rezeptoren für Benzodiazepine benachbart liegen, deren Besetzung, beispielsweise durch Diazepam, die GABA-Rezeptoren empfindlicher macht (s. Barondes 1995, S. 216 ff.; Snyder 1994, S. 173 ff.). Die sedierend-anxiolytische Wirkung wäre demnach möglicherweise durch Verstärkung GABAerger Hemmechanismen im Limbischen System zu erklären, beispielsweise in der Amygdala. Für die Benzodiazepinrezeptoren muß man auch endogene, vom Körper selbst hergestellte Liganden annehmen, die man aber im Gegensatz zu den endogenen Opioiden bis jetzt noch nicht identifizieren konnte. Wie bei den ebenfalls über Rezeptorbindung ihre Wirkung entfaltenden

Opiaten gibt es auch bei den Benzodiazepinen *Antagonisten*, mit denen sich die klinischen Effekte aufheben lassen.

Benzodiazepine haben im Gegensatz zu Barbituraten und Chloralhydrat eine große *therapeutische Breite*, die Gefahr einer Überdosierung mit schweren, irreversiblen Folgen, etwa Atemdepression, ist demnach gering. Auch in hohen Dosen mit suizidaler Absicht genommen wirken Benzodiazepine offenbar nicht oder nur sehr selten tödlich (Snyder 1994, S. 164; Benkert 1995, S. 101); zu bedenken ist aber, daß sie die akut-toxische Wirkung von Alkohol verstärken können.

Da Benzodiazepinrezeptoren offenbar nur im Zentralnervensystem zu finden sind, werden – anders als etwa bei Antidepressiva und Neuroleptika – vegetative Nebenwirkungen bei Benzodiazepinbehandlung nicht beobachtet, ein nicht gering zu schätzender Vorteil.

Die akute Wirkung von Barbituraten[10], Chloralhydrat und Clomethiazol ähnelt der der Benzodiazepine, wobei die Mechanismen weniger gut geklärt sind. Die *therapeutische Breite* ist, insbesondere bei den Barbituraten, erheblich geringer, so daß sie früher wohl das häufigste medikamentöse Suizidmittel darstellten.

Körperliche Schäden als Folge langjähriger Benzodiazepineinnahme treten nach augenblicklichen Kenntnissen offenbar nicht oder nicht sicher auf; als Folge jahrelangen Barbituratabusus werden hingegen als neurologische Störungen Ataxien und Nystagmus beschrieben (Möller 1997, S.356), ebenso eventuell amnestische Störungen; ob letzteres bei den in gewissem Sinne ähnlichen Benzodiazepinen auch der Fall ist, bleibt zu klären. Psychotische Symptome als Folge des Konsums (nicht des Entzugs) werden bei Benzodiazepinen und auch Barbituraten nicht beschrieben. Häufiger sind hingegen affektive und motivationale Veränderungen wie Gleichgültigkeit und zunehmende Interesselosigkeit aufgrund der dauerhaften Sedierung. Als weiterer negativer Effekt ist zu verzeichnen, daß die Betreffenden oft aufgrund der distanzierenden Wirkung der Anxiolytika Angst und Spannung weniger empfinden und deshalb schwächer motiviert sind, deren Ursachen zielgerichteter zu beseitigen.

Irreversible Schäden des Fötus bei Benzodiazepineinnahme scheinen selten vorzukommen; gleichwohl sollten Benzodiazepine in den ersten Schwangerschaftsmonaten nicht verabreicht werden. Nimmt die Schwangere kurz vor und während der Geburt Benzodiazepine, kann Entzugssymptomatik bei den Neugeborenen auftreten, zudem Störungen der Atmung, der Temperaturregulation und des Muskeltonus (Benkert 1995, S. 101).

Bei allen Sedativa entwickelt sich rasch *Toleranz*, am deutlichsten wohl bei Chloralhydrat und Barbituraten. Als Grundlagen der Benzodiazepintoleranz wird man wiederum Veränderungen an den entsprechenden Rezeptoren erwarten können (funktionelle oder zelluläre Toleranz); bei den Barbituraten kommt offenbar noch metabolische Toleranz in Form von Vermehrung abbauender Enzyme in der Leber hinzu.

Nach Benkert (1995, S. 101 f.) ist beim Absetzen nach etwa viermonatiger Benzodiazepineinnahme mit Symptomen zu rechnen, die allerdings teilweise als Rebound-Effekt aufgefaßt werden können, teils Zeichen der Wiederkehr der durch die Medikamente bis dahin unterdrückten Angstsymptomatik sind. Daneben tritt aber auch häufig ein regelrechtes Entzugssyndrom (F13.3) auf, bei dem neben Unruhe, Angst, Schlaflosigkeit und vegetativen Beschwerden auch epileptische Anfälle sowie delirante Zustände (dann F13.4) beobachtet werden. Ausgeprägter sind üblicherweise noch die Entzugssymptome nach Absetzen von Barbituraten und Chloralhydrat. Ob sich die Symptomatik hier durch Fehlen der vermuteten endogenen Liganden erklären läßt, scheint unklar zu sein.

Abruptes Absetzen von Benzodiazepinen ist deshalb zu vermeiden; bei bereits eingetretenen Entzugssymptomatik wird man gegebenfalls wieder die Substanz zuführen, um dann langsam auszuschleichen. Nach Krausz und Dittmann (1996, S. 97) werden hier auch Carbamazepin und niedrigdosierte Neuroleptika eingesetzt.

Da Benzodiazepine ärztlich verabreicht werden, ist es schwer zu definieren, wann man von Mißbrauch sprechen kann und in welcher Häufigkeit dieser vorliegt. Auch die Zahl der regelrecht Abhängigen ist schwer zu schätzen, da diese Substanzen auf legalem Wege einfach zu erhalten sind und deshalb wenige Versuche des Absetzens gemacht werden. Der von Krausz & Dittmann (1996, S. 96) mitgeteilte Schätzwert von 1 bis 1,4 Millionen Abhängigen in Deutschland ist deshalb mit aller Zurückhaltung zur Kenntnis zu nehmen.

Spezifische *Theorien* der *Benzodiazepinabhängigkeit* lassen sich in der Literatur nicht finden, so daß wieder auf die in den vorigen Abschnitten präsentierten allgemeinen Abhängigkeitsmodelle verwiesen werden muß (3.2.3 und 3.3.3). Sicher wäre es von Interesse zu untersuchen, ob sich eine biologische Bereitschaft in Form verminderter Benzodiazepinrezeptoren oder endogener Liganden nachweisen läßt. Im übrigen haben die Benzodiazepine im Gegensatz zu Alkohol und

Opioiden keine euphorisierende Wirkung, so daß der Verstärkungscharakter ihrer Einnahme ein wesentlich negativer in Form von Spannungsabbau und Angstreduktion ist.

Entsprechend wird eine *Therapie der Benzodiazepinabhängigkeit* nach Erreichen der Abstinenz vor allem darauf abzielen, die zum Gebrauch führenden Bedingungen wie Ängste oder spannungsreiche Konflikte zu beseitigen; für entsprechende Verfahren kann deshalb unter anderem besonders auf die Abschnitte über Angststörungen (s. 6.2 und 6.3) verwiesen werden.

3.5. Kokain und Psychostimulantien

Obwohl in der ICD-10 als verschiedene Substanzgruppen aufgefaßt, sollen *Kokain* und die *Psychostimulantien*, insbesondere die *Amphetamine*, hier gemeinsam abgehandelt werden, weil sowohl in den klinischen Effekten als auch bezüglich der angenommenen Wirkmechanismen bedeutsame Übereinstimmungen bestehen.

Kokain (oft auch Cocain geschrieben) ist ein Alkaloid der in höheren Lagen Südamerikas angebauten Cocapflanze, deren Blätter dort seit vielen Jahrhunderten als Rauschmittel gekaut werden[11]. Durch Behandlung der Blätter erhält man Kokain-Hydrochlorid, ein weißes Pulver, welches geschnupft, geraucht, oral aufgenommen oder auch intravenös gespritzt wird. Durch einfache Prozesse läßt sich das reine Alkaloid Kokain gewinnen (freebase), das erheblich stärker als die Hydrochloridverbindung ist und vornehmlich geraucht wird (crack).

Die kurzfristige Wirkung des Kokains, gleichgültig in welcher Form appliziert, ist eine *euphorisierende, enthemmende* und *antriebssteigernde*[12], in höheren Dosen nicht selten eine *psychotische* in Form von optischen, akustischen und taktilen Halluzinationen sowie Verfolgungswahn; auch kann Entwicklung extremer Aggressionen und Ängste vorkommen. Aufgrund der *sympathomimetischen* Wirkung des Alkaloids werden unter anderem Blutdrucksteigerung, Pulsbeschleunigung, Erhöhung der Atemfrequenz und weitgestellte Pupillen beobachtet. Die nicht seltenen Todesfälle bei einer Kokainüberdosis dürften zu einem Großteil auf kardiale Komplikationen, insbesondere Herzrhythmusstörungen und Herzinfarkte, teils auch auf zentralnervöse Schädigungen zurückgehen. Die *langfristigen Folgen chronischen Kokainmißbrauchs* bestehen in zunehmendem Interessenverlust an Alltagsaktivitäten, Neigung zu Gewalttätigkeiten bei der Drogenbeschaffung oder während des Konsums; an körperlichen Veränderungen sind unter anderem Gewichtsverlust und kardiovaskuläre

Komplikationen, Infektionen beim intravenöser Applikation sowie Schädigung der Nasenschleimhaut und des Nasenseptums beim Schnupfen aufgrund der vasokonstriktorischen Effekte der Substanz zu nennen. Die *Kokainembryopathie* ist noch schwerwiegender als die Alkoholembryopathie und äußert sich Lerndefiziten sowie in Störungen des Immun- und des Hormonsystems (nach Comer 1995, S. 476 f.).

Die Wirkungsweise von Kokain ist ziemlich gut geklärt: Es verhindert die *Wiederaufnahme von Noradrenalin* (eventuell auch Dopamin) in die präsynaptischen Endknöpfchen der Neurone (*reuptake-Hemmung*) und führt damit zur noradrenergen Überaktivität im synaptischen Spalt (Snyder 1994, S. 151); die euphorisierende Wirkung ist vermutlich wiederum über Stimulation der dopaminergen Bahnen vom ventralen Tegmentum in den Nucleus accumbens zu erklären (Carlson 1991, S. 518 ff.).

Toleranz entwickelt sich bei häufigem Kokaingebrauch ziemlich rasch, wobei die Mechanismen noch nicht bekannt sind (down-regulation von Rezeptoren?); nicht eindeutig geklärt ist, ob die nach Absetzen des Kokains zu beobachtenden Symptome in Form von Müdigkeit, Antriebsmangel und dysphorischer Stimmung tatsächlich einem regelrechten Entzugssyndrom entsprechen und nicht einfache rebound-Effekte darstellen.

War der Konsum von Kokain in der ersten Hälfte dieses Jahrhunderts vornehmlich auf kleine, oft vermögendere Kreise beschränkt, nicht zuletzt wegen der erheblichen Preise der Substanz, so hat sich der Gebrauch seit den siebziger Jahren beträchtlich ausgeweitet; die leichtere Verfügbarkeit, insbesondere in der preiswerteren und gleichzeitig potenteren Form von crack, hat bis Ende der 80er Jahre zu einem erheblichen Anstieg geführt: Nach Angaben bei Davison & Neale (1996, S. 344) belief sich die Zahl der ständigen Kokainkonsumenten in den USA 1974 auf 1,6 Millionen, stieg 1982 auf 4,2 Millionen und nahm 1985 den höchsten Wert mit 5,8 Millionen an; danach ist, Folge wohl von Aufklärungsaktionen und Bekanntwerden der Nebenwirkungen, die Zahl schließlich auf 1,6 Millionen im Jahre 1990 gesunken. Die Zahl der Crack-Konsumenten soll jedoch weitgehend konstant geblieben sein und etwa 0,3% bei weißen jüngeren Erwachsenen, fast 1% bei Afroamerikanern in dieser Altersgruppe betragen. Für Deutschland wird bei Bühringer & Küfner (1997, S. 528) eine 1-Jahres-Prävalenz von 0,5% angegeben, wobei diese Zahl nach dem in 3.3.3 Gesagten wohl mit einem Faktor zwischen 7 und 10 zu multiplizieren sein dürfte, um der tatsächlichen Häufigkeit nahezukommen.

Für die *Entstehung der Kokainabhängigkeit* sind offenbar keine spezifischen Modelle entwickelt worden, so daß der Verweis auf allgemeinere Genesetheorien in den vorigen Abschnitten und die in jenem Zusammenhang zitierte Literatur genügen muß. Ähnliches gilt für die *Behandlung* der Kokainabhängigkeit, die sich prinzipiell nicht von der anderer Substanzabhängigkeiten unterscheidet; Substitutionsprogramme analog der Methadonbehandlung Opiatabhängiger werden nicht angeboten. Zu erwähnen ist noch, daß Kokain- und Opiatabhängigkeit nicht selten gemeinsam vorkommen, etwa in Form des Konsums von speedball, eines Gemischs von Heroin und Kokainpulver, bei dem sich insbesondere die euphorisierenden Effekte addieren, andere wie die sympathomimetischen Wirkungen des Kokains, die parasympathomimetischen des Heroins sich teilweise aufheben; entsprechende Entzüge sind dadurch erheblich kompliziert.

Zu den Psychostimulantien werden im allgemeinen die *Amphetamine* (Weckamine) gerechnet, die als pharmazeutische Präparate vorliegen und therapeutisch im wesentlichen bei hyperaktiven Kindern eingesetzt werden (s. 9.4); weiter haben einige Appetitzügler[13] eine gewisse stimulierende Wirkung, schließlich auch *Koffein*. Die Amphetamine, die am besten untersucht ist, weisen ähnliche Effekte wie Kokain auf, wirken also *antriebssteigernd, euphorisierend, aktivierend* auf den Kreislauf, kurzfristig leistungsfördernd und werden deshalb auch zum Doping benutzt sowie als Durchhaltemittel konsumiert, beispielsweise von Soldaten im Feld. In höheren Dosen kommt es zur ängstlichen Erregung sowie zu Halluzinationen und Wahnvorstellungen (*Amphetaminpsychosen*), auch zu starken Herz-Kreislaufreaktionen. Die langfristigen körperlichen Veränderungen entsprechen denen des chronischen Kokainkonsums, wobei die Abmagerung aufgrund des appetitzügelnden Effektes für viele Betroffene nicht unerwünscht ist.

Ihre *Wirkung* besteht nach augenblicklichem Erkenntnisstand in einer Beeinflussung der *dopaminergen und noradrenergen synaptischen Übertragung*, und zwar teils durch *reuptake-Hemmung*, teils durch eine *verstärkte Entleerung* der Vesikel in den synaptischen Spalt; auch eine Erhöhung der Transmitterkonzentrationen durch Hemmung des Abbaus mittels des Enzyms Monoaminooxydase (MAO) wird diskutiert (Lüllmann et al. 1990, S. 86).

Die *Toleranzentwicklung* bei Amphetaminen ist sehr ausgeprägt; manche der Süchtigen werfen zuweilen eine Handvoll dieser Pillen ein, die beim Nicht-Konsumenten schon in Einzelgabe deutliche Effekte hervorrufen. Ob ein regelrechtes Entzugssyndrom zu beobachten ist, wird, ähnlich wie bei Kokain, augenblicklich noch diskutiert.

Exakte Zahlen zur Häufigkeit des Amphetaminabusus werden nicht mitgeteilt; Bühringer & Küfner (1997, S. 528) geben die Häufigkeit der Konsumenten von Aufputschmitteln (12-Monats-Prävalenz) mit 0,6% an, eine Zahl, die wohl wieder erheblich unter den tatsächlichen Gegebenheiten liegen dürfte. Amphetaminkonsum ist mit Sicherheit alles andere als selten, insbesondere im Rahmen eines gewohnheitsmäßigen Konsums verschiedener psychotroper Substanzen; der abwechselnde Gebrauch von Sedativa und Psychostimulantien, je nach Tageszeit und gerade erwünschter Aktivierungslage, scheint ein häufiges Konsummuster darzustellen. Psychostimulantien werden in der Regel oral eingenommen, zuweilen auch intravenös injiziert, in gewissen Zubereitungsformen können sie auch geraucht werden. Nach Angaben in Davison & Neale (1996, S. 343) soll der Psychostimulantienkonsum in den USA in den letzten Jahren kontinuierlich zurückgegangen sein. Zu Genesetheorien und Therapiemöglichkeiten gilt das bereits im Rahmen der anderen Abschnitte Gesagte und oben noch einmal bei der Besprechung des Kokainmißbrauchs Wiederholte.

Noch einige wenige Worte zu *Koffein*, dessen Konsum weltweit sehr hoch liegt und von dem eine große Zahl von Personen regelrecht abhängig sein dürften. Koffein findet sich nicht nur im Kaffee, sondern unter anderem auch im schwarzen und grünen Tee, daneben in der Kakaofrucht; ebenso enthalten zahlreiche Getränke, insbesondere Cola, durchaus nicht geringe Mengen von Koffein, was bei der Verabreichung an Kinder bedacht werden muß. Koffein hat stimulierende Effekte ähnlich dem Kokain und den Amphetaminen, wenn auch in wesentlich schwächerer Form; deutliche Intoxikationen lassen sich mit den üblicherweise aufgenommenen Kaffeemengen im allgemeinen nicht erzielen. Bezüglich des Wirkmechanismus von Koffein wird angenommen, daß es *Phosphodiesterase blockiert*. Dieses Enzym kann, etwas vereinfacht ausgedrückt, die indirekte Wirkung einer Rezeptorbesetzung durch Transmitter beenden; Blockade der Phosphodiesterase führt damit zu verlängerter Wirkdauer des Transmitters (s. Carlson 1991, S. 56 u. S. 532); welche Transmitter hiervon betroffen sind und an welchen Bahnen dies vornehmlich geschieht, scheint weniger eindeutig geklärt zu sein. Toleranz gegenüber Koffein tritt auf, wenn auch in vergleichsweise geringem Maße; auch kann es zu einer mehr oder weniger ausgeprägten Entzugssymptomatik kommen, wobei die Entwicklung von Kopfschmerzen besonderer Erwähnung bedarf; umgekehrt wird Koffein bekanntlich häufig benutzt, um Kopfschmerzen zu beseitigen oder ihnen vorzubeugen.

3.6 Cannabinoide (Haschisch und Marihuana)

Der *indische Hanf* (cannabis sativa) enthält als wichtigste psychotrope Substanz (delta-9-)Tetrahydrocannabinol (THC). Getrocknete Blätter kommen unter dem Namen *Marihuana* auf den Markt, das etwa fünfmal THC-reichere und damit stärkere *Haschisch* wird aus dem Harz gewonnen. Marihuana und Haschisch werden gewöhnlich geraucht; sie können jedoch auch oral (etwa in Teeform) aufgenommen werden.

Die unmittelbaren Reaktionen hängen von der Menge und Stärke der aufgenommenen Substanz sowie den Vorerfahrungen, Erwartungen und der psychischen Ausgangslage der Konsumenten ab; die Wirkung ist häufig nicht voraussehbar und kann höchst unerwünschte Gestalt annehmen. Beschrieben wird in niedrigen Dosen der *entspannende*, *euphorisierende* Effekt; auch dabei können schon *Veränderungen der Wahrnehmung* ("bewußteres" Erkennen von Sachverhalten, neuartiges Zeit- und Raumgefühl) auftreten, Wirkungen, die bei größerer Zufuhr der Substanz selten ausbleiben; bei noch höheren Dosen finden sich häufig *Depersonalisationserlebnisse, Halluzinationen* bzw. *Pseudohalluzinationen*[14]; auch die Stimmung kann dann in Angst und Unruhe, gelegentlich heftige Aggressivität umschlagen. Der Übergang von akuter Intoxikation in eine regelrechte schizophrene Psychose wird nicht selten beobachtet (Möller 1997, S. 355); auch wenn anzunehmen ist, daß Patienten mit Neigung zu Schizophrenien öfter Cannabis konsumieren und dies möglicherweise gehäuft vor einem neuen spontanen Schub tun, bleibt doch die Vermutung, daß die Cannibinoide zumindest einen diesbezüglich auslösenden Effekt haben. Die körperlichen Veränderungen bestehen in Pulsbeschleunigung, Mundtrockenheit, Rötung der Bindehaut, dazu ausgeprägtem Appetit. Die Angriffspunkte des THCs im Körper muß man augenblicklich als nicht bekannt ansehen. Zu erwähnen ist weiter, daß unter Cannibinoleinwirkung sich Aufmerksamkeit und Reaktionsvermögen verschlechtern, so daß beim Autofahren erhöhtes Unfallrisiko besteht; beachtet muß dabei werden, daß THC im Vergleich zu Alkohol sehr langsam abgebaut wird, und deswegen auch viele Stunden nach Konsumende die Fahrtauglichkeit noch reduziert sein kann (nach Davison & Neale 1996, S. 335 ff.; Möller 1997, S. 355; Elbert & Rockstroh 1990, S. 334 ff.).

Die langfristigen psychischen Folgen werden als zunehmende Apathie und Interessenlosigkeit beschrieben (amotivationales Syndrom); die Gefahr der Auslösung oder sogar Ausbildung schizophrener Schübe war bereits genannt worden. Auftreten von Gedächtnisstörungen entsprechend dem amnestischen Syndrom bei chronischem Alkoholismus wird diskutiert. Weiter ist auf die wahrscheinlich erhebliche Schädigung des Mund-Rachen-Raumes und des Bronchialsystems beim Rauchen der Cannabinoide hinzuweisen, bei deren Verbrennung nach gegenwärtigen Erkenntnissen Stoffe entstehen, welche die toxische Wirkung des gewöhnlichen Tabakrauches erheblich übertreffen; es ist befremdlich, daß diese körperlichen Schäden zuweilen ausgesprochen bagatellisiert werden. Es wird aufschlußreich sein, systematisch den Gesundheitszustand jener zu verfolgen, die mittlerweile schon über Jahrzehnte Cannabisprodukte rauchen. Diskutiert wird außerdem unter anderem augenblicklich ein schädigender Einfluß chronischen Cannabinoidkonsums auf die Spermienbildung; bei Frauen sollen vermehrt Störungen der Ovulation beobachtet worden sein. Umstritten ist, ob Kinder chronisch Cannabinoide konsumierender Schwangerer Schäden analog der Alhokolembryopathie aufweisen. Zu erwähnen ist andererseits aber, daß man zunehmend positive Effekte von Marihuana bei der Unterdrückung von Nebenwirkungen der Chemotherapie belegt (s. Pinel 1993, S. 434 ff. und die dort zitierte Literatur).

Regelrechte *Toleranz* scheint sich beim Konsum von Cannabinoiden nicht zu entwickeln, wenigstens nicht in dem Maße wie bei Alkohol, Opioiden und Psychostimulantien. Hingegen werden nach abrupter Beendigung längeren Konsums Entzugssyndrome beschrieben, zumeist in der eher harmlosen Form von Schwitzen, Übelkeit, Unruhe und Schlafstörungen; delirante Symptomatik tritt typischerweise nicht auf.

Die *Häufigkeit* des Cannabiskonsums ist hoch, wenn auch rückläufig. Nach Davison & Neale (1996, S. 335) konsumierten 1978 11% der amerikanischen Schüler täglich Marihuana, 1985 immerhin noch 5%. Unter jüngeren Erwachsenen lag 1979 der Anteil derer, die wenigstens einmal Marihuana geraucht hatten bei 68%, 1985 noch bei 61%, schließlich 1991 bei 50%. Für Deutschland geben Bühringer & Küfner (1997, S. 528) eine Prävalenz von 6% an, bezogen auf die letzten 12 Monate. Anders als bei harten Drogen, insbesondere Heroin, dürfte die tatsächliche Häufigkeit nicht allzu sehr davon abweichen, jedoch sicher höher liegen. Spezifische Theorien zur Entstehung und Aufrechterhaltung von chronischem Cannabiskonsum existieren nicht oder haben keine größere Verbreitung erreicht; bezüglich etwa persönlichkeitspsychologischer Korrelate des habituellen Gebrauchs dürften Ähnlichkeiten zu denen des chronischen Alkoholismus bestehen. *Therapien* zur Beendigung oder Reduktion des Konsums von Cannabinoiden unterscheiden sich nicht prinzipiell von denen zur

Entwöhnung bei anderen psychotropen Substanzen. Möglicherweise ist die Prognose, tatsächliche Motivation der Betroffenen vorausgesetzt, hier günstiger, da das Abhängigkeitspotential dieser Stoffe geringer zu sein scheint (s. Krausz & Dittmann 1996, S. 103). Wichtige Fragen, die sich zum Thema des Cannabiskonsums stellen, können hier nicht genauer behandelt werden, etwa die, wieweit es sich dabei um "Einstiegsdrogen" handelt, eine Kontroverse, die mit ideologischer Verbissenheit von beiden Seiten geführt wird und deren Entscheidung nicht abzusehen ist.

3.7 Halluzinogene

Halluzinogene, zuweilen auch *Psychedelika*, *Psychodysleptika* oder *Psychotomimetika* genannt, sind Substanzen, deren wesentliche und konstante Wirkung in *Bewußtseins-* und *Wahrnehmungsveränderungen* liegt, insbesondere in einer (subjektiv) geschärften Wahrnehmung, im Eindruck, neue Einsichten zu gewinnen, in der Erzeugung von Derealisations- und Depersonalisationserlebnissen sowie der Hervorrufung von Halluzinationen und illusionären Verkennungen (s. auch Anmerkung 14). Viele Stoffe in der Natur wirken als Halluzinogene und werden oft auch absichtlich oder unabsichtlich mit diesen Folgen eingenommen, beispielsweise verschiedene Pilze. Die gängigsten und hier ausschließlich behandelten Halluzinogene sind *LSD*, *Meskalin* und *Psilocybin*; die fast täglich hinzukommenden neuen Halluzinogene, die zusehends weniger der Natur als chemischen Labors entspringen ("Designerdrogen"), lassen sich nicht mehr überblicken; erwähnt sei nur noch *Ecstasy*, ein Sammelbegriff für einige umgewandelte Amphetamine[15], welches neben der Wirkung als Stimulans einen augenblicklich in entsprechenden Kreisen sehr geschätzten psychedelischen Effekt hat und üblicherweise in Pillenform genommen wird. Anzumerken ist, daß die Wirkung der erwähnten und auch der zahllosen nicht besprochenen Halluzinogene eine vergleichsweise ähnliche ist und üblicherweise auch *Kreuztoleranz* besteht; der Effekt eines bisher nicht eingenommenen Halluzinogens ist somit von vornherein geringer, wenn sich der Körper bereits an andere Halluzinogene gewöhnt hatte.

Das wohl bekannteste Halluzinogen, zu dem auch vergleichsweise zahlreiche Forschungsdaten vorliegt, ist *Lysergsäurediäthylamid* (*LSD*), von dem Chemiker Hofmann 1943 durch Behandlung von Mutterkornalkaloiden gewonnen und in Selbstversuchen auf seine Wirkung getestet; es liegt üblicherweise in Tabletten- oder Tropfenform vor. *Meskalin* ist das wichtigste psychotrope Alkaloid des *Peyote-Kaktus*, der seit Jahrhunderten bei den Indianern Mexikos als Rauschmittel bekannt ist und im Rahmen religiöser Zeremonien verspeist wird (Schultes 1982); Meskalin kann jedoch auch isoliert werden und liegt dann als weißes Pulver vor. *Psilocybin* findet sich zusammen mit dem chemisch verwandten Psilocin in der Pilzart Psilocybe mexicana; es wird zumeist durch Verzehren des Pilzes aufgenommen; isoliert liegt es in Form eines kristallinen Pulvers vor.

Die hervorstechende Wirkung dieser Substanzen besteht nicht so sehr in der Erzeugung von regelrechten Wahrnehmungstäuschungen, insofern ist die Bezeichnung "Halluzinogene" eher irreführend, sondern eher im Hervorrufen der Empfindung einer *geschärften Wahrnehmung*, etwa für Farben und Töne; auch Synästhesien, Vertauschung von Wahrnehmungsmodalitäten wie Sehen von Tönen, Fühlen von Farben werden beschrieben; häufig bemächtigt sich der Konsumenten auch das Gefühl, plötzliche ungeahnte Einsichten zu besitzen, was sich allerdings so gut wie immer, mit Nachlassen der Drogenwirkung, als Irrtum herausstellt. Halluzinationen können auftreten, jedoch zumeist in höheren oder gar gefährlich überhöhten Dosen. Vegetative Wirkungen entsprechen üblicherweise denen sympathikotoner Aktivierung, also insbesondere Pupillenerweiterung, Beschleunigung der Pulsfrequenz, Blutdruckerhöhung. Die Stimmung ist meist euphorisch gehoben, es besteht starker Bewegungs- und Rededrang; auch ängstliche Agitiertheit und zuweilen schwere Panikzustände ("Horrortrips") werden beschrieben. Selbstschädigungen im Rahmen der Realitätsverkennung (etwa beim Versuch, aus dem Fenster zu fliegen) sind offenbar keineswegs selten. Beobachtet werden auch passagere neurologische Symptome wie Ataxien oder Nystagmus; in höheren Dosen, insbesondere bei Einnahme pflanzlicher Produkte mit stark wechselndem und schwer zu kontrollierendem Substanzgehalt, kann es zu irreversiblen ZNS-Schäden mit amnestischen und vielfältigen anderen neurologischen Störungen kommen. Ein sehr interessanter, im Entstehungsmechanismus nicht geklärter Befund ist das Auftreten von "flashbacks", Wiedererleben des Drogeneffekts lange nach Elimination des Halluzinogens.

Die Wirkung der Substanzen wird von einigen Autoren über einen *Serotoninantagonismus* erklärt: Aktivierung serotonerger Bahnen hat offenbar den Effekt einer Filterung von Reizen; Halluzinogene sollen die Ausschüttung dieses Transmitters verhindern und somit zu einer Art Reizüberflutung führen (nach Comer 1995, S. 480; s. auch Elbert & Rockstroh 1990, S.285 ff.). Andere Theorien sehen den Effekt der Halluzinogene vor allem in der Aktivierung noradrenerger Neurone im Locus coeruleus; zudem sollen Subtypen von Serotoninrezeptoren durch Psychedelika nicht blockiert, sondern aktiviert werden. Der Sachverhalt ist in jedem Fall sehr kompliziert; vergleichsweise gesichert ist, daß aufgrund der chemischen Ähnlichkeit zwischen LSD und Psilocybin mit Serotonin, der von Meskalin mit Dopamin beziehungsweise Noradrenalin die Halluzinogene ihre Wirkung über Beeinflussung dieser Transmittersysteme entfalten dürften (Snyder 1994, S. 206).

3.8 Nikotin und Tabak

Nikotin ist ein *Alkaloid* der *Tabakpflanze* (Nicotiana tabacum), welches üblicherweise durch Inhalieren des Rauches aufgenommen wird, der beim Verbrennen der trockenen Blätter entsteht. Dieser enthält bekanntlich noch eine Reihe anderer, teilweise vor allem langfristig sehr toxischer Stoffe wie beispielsweise die stark karzinogenen Benzpyrene. Nikotin läßt sich isolieren und kann dann in oraler Form (Pillen, Kaugummi) aufgenommen werden; auch eine Resorption durch die Haut ist möglich (Nikotinpflaster).

Die Wirkungen des Nikotins sind vielfältig, entsprechend einer Stimulierung der peripheren Anteile sowohl des Sympathikus wie des Parasympathikus[16] und gleichzeitiger zentralnervöser Effekte, vermutlich unter anderem durch *Stimulation von Acetylcholinrezeptoren*. Zudem ist die Wirkung stark dosisabhängig; bei Dosiserhöhung können die Reaktionen ihre Richtung umdrehen. In niedrigen Mengen wirkt Nikotin *stimulierend, vigilanzsteigernd*, was sich mittels Untersuchungen der Reaktionszeit objektivieren läßt; in höheren Dosen findet sich eher eine sedierende Wirkung; zudem lassen sich aggressionsdämpfende Effekte nachweisen (Elbert & Rockstroh 1990, S. 302). Berichtet wird auch über eine aktivierende Wirkung bei ruhiger Stimmungslage, eine sedierende bei erhöhtem Aktivitätsniveau (s. Unland 1996). Nikotin führt, wie sich im Tierexperiment zeigen läßt, zu erhöter Dopaminfreisetzung im Bereich des bereits mehrfach erwähnten Nucleus accumbens, wodurch sich vermutlich die "angenehme", aber auch suchterzeugende Wirkung erklärt (Carlson 1991, S. 532). *Parasympathische Aktivierung* hat Steigerung der Magen-Darmtätigkeit zur Folge; im Herz-Kreislaufsystem überwiegen die *sympathischen Einflüsse*, und es lassen sich vor allem Pulsbeschleunigung und Blutdrucksteigerung beobachten; zudem wird Energie bereitgestellt und das Hungergefühl unterdrückt (Güllmann et al. 1990, S. 106 ff.).

Die *langfristigen Folgen* von chronischem und exzessivem Tabakkonsum sind bekannt; insbesondere sind die Entwicklung einer *Koronaren Herzkrankheit* sowie *zerebraler* und *peripherer Durchblutungsstörungen* zu nennen, weiter das deutlich erhöhte Risiko, an *Karzinomen im Mund-Rachen-Bereich* und im *Bronchialsystem* zu erkranken, wahrscheinlich auch solchen der Harnblase und der Bauchspeicheldrüse. Die Gefäßerkrankungen sind im wesentlichen wohl Effekte des Nikotins, welches zu einer verstärkten Freisetzung von Fettsäuren führt und zudem die Blutgerinnung verstärkt; die Entwicklung von Karzinomen ist vor allem auf die Teerstoffe, speziell Benzpyren, zurückzuführen. Psychische Störungen durch Nikotin von der Art psychotischer Symptome oder eines amnestischen Syndroms treten offenbar nicht auf.

Obwohl geringer als bei Opioiden und Amphetaminen, ist doch die *Toleranzentwicklung* bei längerem Nikotinkonsum beträchtlich; die Grundlage ist unbekannt; möglich wäre eine Reduktion nikotinerger Acetycholinrezeptoren. *Entzugssymptome* in Form von Unruhe, Schlafstörungen, Konzentrationsschwächen und depressiven Verstimmungen sind häufig. Die Pathogenese dieser Entzugssymptomatik (reduzierte oder auch verstärkte cholinerge Übertragung bei Fehlen der externen Stimulierung der Rezeptoren?) ist noch nicht ausreichend verstanden. Die Suchtentwicklung beruht sicher in nicht geringem Maße auf der negativ verstärkenden Eigenschaft des Nikotins, rasch diese Entzugssymptome zu beseitigen. Welche Personen es sind, bei denen die kurzfristigen negativ wie positiv verstärkenden Eigenschaften des Nikotins zu einer Fortführung des Konsums trotz der zu erwartenden aversiven Folgen führen, konnte bis jetzt nicht hinreichend erklärt werden.

Daß die Zahl der regelmäßigen Nikotinkonsumenten, trotz deutlicher Abnahme in den letzten Jahren, noch immer sehr hoch ist, braucht nicht betont zu werden. Krausz & Dittmann (1996, S. 100) geben für die deutsche Bevölkerung im Alter über 15 Jahren eine Prävalenz von 28,8% (36,8% bei den Männern, 21,5% bei den Frauen) an. Bemerkenswert ist, daß ein Großteil davon das Rauchen aufgeben möchte und oft schon erfolglose diesbezügliche Versuche hinter sich hat. Die unterstützenden therapeutischen Maßnahmen bei Personen, welche Nikotinabstinenz anstreben (Raucherentwöhnungstrainings), können hier nicht eingehender dargestellt werden, diesbezüglich sei beispielsweise auf Davison & Neale (1996, S. 369 ff.) sowie auf Unland (1996) verwiesen.

Erwähnt sei nur, daß *psychologische Interventionen* im wesentlichen auf der *Erzeugung aversiver Effekte* basieren, beispielsweise in Form raschen Rauchens mit Hervorrufen von Übelkeit. *Somatische Thera-pien* beruhen auf einer Verminderung der Entzugssymptomatik durch andere Arten der Nikotinzufuhr, etwa mittels Kaugummi oder Niko-tinpflaster. Dem Körper wird weiter Nikotin zugeführt – insofern fin-den sich hier Parallelen zur Methadonsubstitution bei Heroinabhän-gigkeit –, jedoch fällt bei diesen Arten von Applikation die Inhalation der schädlichen Teerstoffe weg. Weiter wird oft versucht, die tägliche Nikotinzufuhr langsam zu reduzieren, beispielsweise durch Verklei-nerung der Pflastergröße. Da die kurzzeitigen, als euphorisierend empfundenen Nikotinspitzen fehlen, werden diese Applikationsfor-men nicht immer akzeptiert; rauchen die Probanden trotzdem weiter, kann es zu gefährlich hohen Nikotinkonzentrationen kommen.

Raucherentwöhnungstrainings haben kurzfristig an sich guten Erfolg, vor allem wohl dann, wenn psychologische Maßnahmen mit den so-matischen Therapien zur Anwendung kommen, jedoch sind die Rück-fallraten sehr hoch; nach Davison & Neale (1996, S. 369) bleiben nur etwa die Hälfte länger über den Therapieabschluß abstinent, und nach einem Jahr pflegt dieser Prozentsatz auf ein Drittel zu sinken. Zur Re-zidivprophylaxe müssen deshalb weitere Techniken geübt werden, beispielsweise Selbstmanagement-Trainings; trivialerweise ist die Rückfallhäufigkeit dann besonders groß, wenn die Ex-Raucher mit Stimulussituationen konfrontiert werden, die früher mit Rauchen ver-bunden waren beziehungsweise weiter rauchende Modellpersonen vor sich sehen; zu erwarten ist, daß mit zunehmender sozialer Ächtung des Rauchens und angesichts des Rückgangs der Raucherzahlen sich die Bedingungen für die Aufrechterhaltung von Abstinenz bessern.

3.9   Flüchtige Lösungsmittel ("Schnüffelstoffe")

Es handelt sich hierbei um leicht verfügbare und billige Substanzen, die entsprechend nach Krausz & Dittmann (1996, S. 104) vor allem in den ärmeren Kreisen der Dritten Welt konsumiert werden. Gemäß der Vielzahl der verwendeten Stoffe ist die Wirkung vielfältig, von Dämpfung bis zu extremer Antriebssteigerung, auch Zunahme der Aggressivität. Nicht selten kommt es zur Überdosierung mit der Folge von Bewußtseinstrübung, Koma und Tod; zudem werden neurologi-sche Symptome als direkte Intoxikationserscheinung beobachtet. Die häufig zum Schnüffeln verwendeten Kohlenwasserstoffe (etwa Ben-zin) führen zu Leberschäden; auch Lungenerkrankungen und Poly-neuropathien mit massiven neurologischen Ausfällen treten gehäuft als Folge des Konsums auf.

4. Schizophrenie und verwandte Störungen (Schizotypie, Wahnstörungen)

4.1 Allgemeines; historische Vorbemerkungen

Unter der Bezeichnung Schizophrenie faßt man eine Anzahl von vergleichsweise unterschiedlichen Symptombildern zusammen, deren Gemeinsamkeit insbesondere für Laien nicht unmittelbar ersichtlich ist. Es handelt sich dabei vor allem um Störungen des Denkens (Zerfahrenheit, Wahnvorstellungen), der Wahrnehmung (Halluzinationen), der Psychomotorik (beispielsweise katatoner Stupor), des Antriebs und der Affekte (Autismus, Affektverflachung, Inadäquatheit von Affekten). Dieses Störungsbild – im übrigen in allen Teilen der Welt mit vergleichbarer Häufigkeit zu beobachten – war mit Sicherheit bereits in der Antike bekannt. Im Mittelalter wenigstens teilweise als Besessene angesehen, später in Asylen untergebracht, wurden erst im 19. Jahrhundert Personen mit schizophrenen Symptomen als Kranke in systematischer Form medizinischer Untersuchung und Behandlung zugeführt. Lange gab es auch dann noch mangelnde Übereinstimmung bezüglich der Zuordnung zu anderen Krankheitsbildern und hinsichtlich Entstehungskonzepten, bis der Münchener Psychiater Emil Kraepelin 1896 eine terminologische Festlegung vornahm: Er faßte jene Symptombilder, die auch nach heutigem Verständnis unter den Oberbegriff Schizophrenie fallen, zusammen und gab der Krankheit den Namen *Dementia praecox* ("vorzeitige Verblödung")[1]. Indem er eine häufige, aber keineswegs typische Verlaufsform, nämlich jene mit Übergang in einen affektiv, motivational und sozial defizitären Zustand, das sogenannte Residualsyndrom, als Repräsentant für die Krankheitsgruppe aussuchte, legte er die Vorstellung einer unausweichlichen Entwicklung nahe, die schon damals nicht den tatsächlichen klinischen Gegebenheiten entsprach. Auch ätiologisch traf Kraepelin insofern eine Festlegung, als er die Dementia praecox zusammen mit dem "manisch-depressiven Irresein" zu den *endogenen Psychosen* rechnete, bei ihr damit keine zugrundeliegenden hirnorganischen Veränderungen annahm; es entstand die Idee einer sich sozusagen von innen, ohne wesentliche äußere Einflüsse und ohne nachweisbare Organveränderungen entwickelnden Erkrankung mit Symptomen vor allem im Bereich des Denkens und Wahrnehmens, während das manisch-depressive Irresein eher durch affektive Symptome gekennzeichnet sein sollte.

Kaum ein Jahrzehnt später schlug der Züricher Psychiater Eugen Bleuler eine neue Terminologie vor, die sich auch rasch durchsetzte: Statt Dementia praecox wählte er die Bezeichnung "Schizophrenie" ("Spaltungsirresein"), um die Desintegration psychischer Funktionen als wesentliches Charakteristikum zu betonen[2]; weiter wies er nachdrücklich auf die Heterogenität des Störungsbildes hin und sprach eher von der *Gruppe* der *Schizophrenien* bzw. definierter Unterformen. Die Einordnung als "endogene Psychose" behielt er bei.

Mit der zunehmend kritischeren Reflexion des Psychosebegriffs, dem Nachweis organischer Veränderungen bei Schizophreniepatienten (beispielsweise Atrophie in den Frontalhirnbereichen) und der Entdeckung möglicher pathogener externer Faktoren (etwa perinataler Schäden, frühkindlicher Infektionen) ist auch die Einordnung in die Kategorie "endogene Psychose" für mehr und mehr fragwürdig, zumindest augenblicklich für nicht hinreichend begründet, erachtet worden. In der letzten Fassung der *International Classification of Diseases*, der im Vergleich zu früheren Klassifikationssystemen zunehmend weniger ätiologisch als vielmehr deskriptiv-symptomatologisch orientierten ICD-10, werden die Schizophrenien zusammen mit Wahnerkrankungen als eigene Störungsgruppe mit letztlich nicht spezifizierter Ätiologie eingeführt.

Schizophrenie wird nach ICD-10 mit F20 verschlüsselt, wobei üblicherweise noch eine genauere Spezifikation der Hauptsymptomatik in Form einer Codierung des einschlägigen Subtypus angestrebt wird. Je nach vorherrschender Ausprägung dieser Symptome unterscheidet man verschiedene Unterformen der Schizophrenie (F20.0 bis F20.6), die aber bei ein und derselben Person abwechseln können und deshalb die Subsumierung unter ein Störungsbild rechtfertigen.

Bei vielen Patienten finden sich die Symptome der Schizophrenie nicht in genügender Ausprägung, um eine solche schwerwiegende und implikationsreiche Diagnose zu stellen; im Kontext zunehmender diagnostischer Standardisierung hat man sich deshalb entschlossen, ein weiteres, mit F21 zu codierendes Störungsbild zu definieren, die *schizotype Störung* oder *Schizotypie* (früher oft als Borderline-Schizophrenie bezeichnet), deren Symptome andererseits bezüglich Intensität über die klinischen Auffälligkeiten bei einer Persönlichkeitsstörung hinausgehen. *Wahnerleben*, wie es sich als eindrucksvolles Leitbild einer Unterform, der paranoiden Schizophrenie, präsentiert, kommt offenbar auch bei Personen vor, die sonst keine der oben skizzierten Symptome zeigen, und es besteht deshalb die Tendenz, von eigenen, nicht zur Schizophrenie zu rechnenden (anhaltenden) *Wahnstörungen* (F22) auszugehen. Symptome der Schizophrenie, wie

Wahn und Halluzinationen treten bei vielen Personen auf, jedoch nur so kurzzeitig, daß den Kommissionen zur Erstellung des ICD-10-Diagnosenschlüssels wiederum die Diagnose einer Schizophrenie nicht gerechtfertigt erscheint; dafür wurde deswegen die Kategorie "akute vorübergehende psychotische Störungen" (F23) geschaffen[3]. Die früher "folie à deux" genannte Störung, bei der eine Person durch das Zusammenleben mit einer an schizophrenen Symptomen leidenden Person ebenfalls Wahn entwickelt, der aber mit Trennung verschwindet, definiert eine eigene Kategorie F24, heute als "induzierte wahnhafte Störung" bezeichnet. Ebenfalls wurden, keineswegs unumstritten, in die große Kategorie F2 die *schizoaffektiven Störungen* (F25) eingeordnet, die ein Mischbild von Symptomen der Schizophrenie und von affektiven Störungen zeigen.

Die folgende Darstellung bezieht sich zum großen Teil auf die häufige und zugleich theoretisch sehr interessante Schizophrenie, während Schizotypie, Wahnstörungen und schizoaffektive Störungen nur sehr knapp behandelt werden, akute vorübergehende psychotische Störungen und induzierte wahnhafte Störungen gerade der Vollständigkeit wegen zur Sprache kommen.

4.2 Schizophrenie

4.2.1 Symptomatik

Die Symptome der Schizophrenie sind vielfältig und nicht einfach zu beschreiben, können wahrscheinlich überhaupt nur im Gespräch mit Patienten hinreichend verdeutlicht werden. Zunächst sind hier die (formalen) *Denkstörungen* zu nennen, die am besten mit den Ausdrücken *Zerfahrenheit* oder *Inkohärenz des Denkens* gekennzeichnet sein dürften: Die Reden der Betroffenen gestalten sich anhand lockerer Assoziationen, ein noch so nebensächliches Wort eines Satzes bildet Ausgangspunkt für eine neue Aussage; der eigentliche semantische Gehalt des Gesprochenen wird verschwindend gering, so daß Außenstehenden das Gesagte im Extremfall völlig sinnlos erscheint. Häufig ist das – auch nicht Gestörten prinzipiell bekannte – Phänomen des "Gedankenabreissens", die Unfähigkeit, die gerade intendierte oder begonnene Aussage zu Ende zu bringen; bei Schizophrenen ist typisch, daß dieses Gedankenabreissen wahnhaft als "Gedankenentzug" durch eine äußere Macht empfunden wird. In der *Sprache* finden sich zahlreiche *Bizarrheiten*, zudem regelrechte Wortneuschöpfungen (Neologismen), beispielsweise durch Zusammenziehen mehrerer Worte; bekannt ist das von Bleuler zitierte Beispiel "trau-ram" als Verdichtung von "traurig" und "grausam"[4].

Die *inhaltlichen Denkstörungen* zeigen sich am deutlichsten im *Wahn* (Paranoia[5]), der zumeist die Gestalt von Verfolgungs-, Beeinflus-sungs- und Beziehungswahn annimmt (zufälligste Ereignisse bezie-hen die Betroffenen auf sich selbst, unmißverständlicher: Bedeu-tungswahn), zuweilen auch sich als Größenwahn präsentiert. Eng mit dem Wanerleben verknüpft sind die häufigen *Halluzinationen*, die (schwer korrigierbaren) Wahrnehmungen von nicht Existentem; diese Wahrnehmungstäuschungen Schizophrener sind meistens *akustischer* Natur, etwa in Form von Stimmen, die sich über den Betroffenen un-terhalten; taktile und optische Halluzinationen kommen vor, sind je-doch eher charakteristisch für delirante Zustände, insbesondere das alkoholbedingte Delirium tremens (s. 3.2.4).

Schwer zu definieren ist der Begriff der "Ich-Störungen", der auch in psychiatrischen Lehrbüchern oft ohne hinreichende Erläuterung ver-wendet wird. Er beschreibt am ehesten die Sachverhalte der empfun-denen Unwirklichkeit (auch der eigenen Person) sowie der mangeln-den Abgrenzung der Schizophrenen von der Außenwelt, das Gefühl, ihr gegenüber nicht die eigenen Gedanken geheimhalten zu können ("Gedankenlautwerden"), von ihr gelenkt zu sein. Dies unterscheidet Personen mit Schizophrenie beispielsweise von Patienten mit Zwangsstörungen, die die Inadäquatheit ihres Handelns einsehen, aber dabei das Gefühl haben, es gehe letztlich von ihnen selbst aus.

Affektstörungen treten auf in Form inadäquater, dem Gesagten oder Gehörten nicht angemessener emotionaler Reaktionen (etwa Lachen bei Erhalt einer traurigen Nachricht); bei jugendlichen Schizophrenen fällt häufig auch ein "läppisches", witzelsüchtiges Verhalten auf; *Af-fektverflachung* im Sinne einer Nivellierung emotionalen Empfindens kommt nicht selten vor und ist oft Resultat eines längeren oder häufig rezidivierenden Krankheitsprozesses. An *motivationalen* Störungen ist die Willenlosigkeit (Abulie) zu nennen, oft hervorgerufen durch die Unfähigkeit, sich nicht zwischen zwei Handlungen entscheiden zu können (Ambivalenz[6]). Allgemein findet sich häufig, auf jeden Fall mit ziemlicher Regelmäßigkeit im schizophrenen Residualzustand, eine Abkehr von der Außenwelt und eine mehr oder weniger ausge-prägte Beschäftigung mit eigenen Interessen (*Autismus*); die Alogie, die Sprachverarmung, ließe sich als Ausdruck dieser Zurückgezogen-heit auffassen, könnte aber auch im Zusammenhang mit den formalen Denkstörungen gesehen werden.

Besonders eindrucksvoll sind *psychomotorische Symptome*, die man bei gewisser Intensität als *katatone* zu bezeichnen pflegt. Häufig ist der *katatone Stupor*, die Bewegungs-und Reaktionslosigkeit bei völliger Klarheit des Bewußtseins. Als Katalepsie[7] bezeichnet man in diesem Zusammenhang das Verharren der Glieder in höchst unphysiologischen Stellungen, in die man leicht die Patienten bringen kann. Auf der anderen Seite kann auch eine übermäßige motorische Aktivität vorhanden sein, etwa rastloses Herumlaufen oder rhythmische Körperbewegungen; auffällig ist die Stereotypie, die mangelnde Variation bei diesen Bewegungen; generell sind *Stereotypien* verschiedenster Form, nicht nur der Bewegung, sondern etwa auch der Sprache, sehr häufig zu beobachten. Weitere Auffälligkeiten sind eine gewisse Bizarrheit, *Manieriertheit* des Sprachausdrucks, der Haltung, Mimik und Gestik, die beim geübten Betrachter schon eingangs die Verdachtsdiagnose nahelegen.

Nicht gestört sind bei der Schizophrenie üblicherweise (im Gegensatz zum dementiellen Syndrom) Gedächtnis, Intelligenz sowie, anders als beim Delir, Bewußtsein und Orientierung.

Verständlicherweise hat man sich schon früh bemüht, diese verschiedenen Symptome zu kategorisieren und ihre Wertigkeit für die Diagnose zu bestimmen: Bleuler unterschied die mehr oder weniger regelmäßig zu beobachtenden *Grundsymptome* von den eventuell zusätzlich auftretenden *akzessorischen Symptomen*; dabei rechnete er zu den ersten vornehmlich die Zerfahrenheit des Denkens sowie die Störungen des Affekts und des Antriebs, zur zweiten Gruppe unter anderem Wahn, Halluzinationen und katatone Symptome. K. Schneider gliederte in Symptome *ersten Ranges* wie etwa Stimmenhören und Gedankenentzug und solche *zweiten Ranges* (beispielsweise nichtakustische Halluzinationen), wobei das Vorhandensein der Symptome ersten Ranges als relativ schizophrenietypisch angesehen wird; Schneiders Kriterien sind auch in die meisten diagnostischen Systeme eingegangen (Gaebel 1996). Eine neuere Unterteilung, die insbesondere gewisse prognostische Aussagen gestattet, ist die in *Positivsymptomatik* (auch *Plus-* oder *produktive Symptomatik* genannt) und *Negativ-* oder *Minussymptomatik*. Bei ersteren handelt es sich gewissermaßen um psychische Neubildungen, die über das normale Denk- und Verhaltensrepertoire hinausgehen, bei den Symptomen der zweiten Gruppe eher um Defizite. Allerdings ist die Zuteilung zu diesen Kategorien teilweise nur bedingt nachvollziehbar und erfolgt zudem nicht einheitlich: Wahn, Halluzinationen, formale Denkstörungen werden, ebenso wie zumeist inadäquate Affekte, üblicherweise zur Positivsymptomatik gerechnet, Affektverflachung und Antriebslosigkeit zu den negativen Symptomen, während von den meisten Autoren die psychomotorischen Symptome weder in die eine noch die andere Kategorie eingeordnet werden[8]. Ungeachtet der noch vorhandenen Zuordnungsprobleme scheint jedoch die Unterscheidung zwischen *Typ I-* mit wesentlich positiven Symptomen und *Typ II-Schizophrenie* mit Vorherrschen der Negativsymptomatik von erheblichem Wert hinsichtlich Prognose, differentiellem Ansprechen auf Medikamente und möglicherweise Ätiopathogenese (s. 4.2.7 und 4.2.8).

4.2.2 Diagnostik und Klassifikation; Unterformen der Schizophrenie

Schizophrenie wird anhand klinischer Kriterien diagnostiziert; Bemühungen, die Diagnose aufgrund von Testbefunden, neuroradiologischen und biochemischen Parametern zu stellen oder wenigstens abzusichern, sind bis jetzt wenig erfolgreich gewesen. In der ICD-10 sind neun Symptome bzw. Symptomgruppen als diagnostische Kriterien aufgeführt. Trifft eine der ersten vier Symptombeschreibungen klar zu, kann bereits die Diagnose Schizophrenie (F20) gestellt werden; ist dies weniger eindeutig, so sollte noch ein weiteres Kriterium zutreffen. Wenn alternativ zwei der Kriterien 5 bis 8 erfüllt sind, ist die Diagnose Schizophrenie ebenfalls gerechtfertigt. Voraussetzung ist, daß alle diese Symptome fast ständig für einen Monat oder länger bestanden haben; sonst müßte (gegebenenfalls vorläufig) die Diagnose "akute schizophreniforme psychotische Störung" (F23.2) gestellt werden. Schizophrenieähnliche (schizophrenieforme) Symptombilder, die im Rahmen organischer Erkrankungen oder als Folge des Konsums psychotroper Substanzen auftreten, wären in die Kategorien F0 und F1 einzuordnen.

Die vier Kriterien, bei denen das Zutreffen eines einzigen schon die Diagnose Schizophrenie rechtfertigt, sind verkürzt dargestellt 1. das Gefühl, in den eigenen Gedanken beeinflußt oder kontrolliert zu sein (beispielsweise Gedankeneingebung, Gedankenausbreitung) 2. Wahnvorstellungen und Wahnwahrnehmungen, die Kontrolle und Beeinflussung zum Inhalt haben 3. Hören von Stimmen, die sich über den Patienten unterhalten 4. wahnhafter Glaube an übermenschliche eigene Fähigkeiten oder Wahn, eine "religiöse oder politische Persönlichkeit" zu sein.

Ebenso genügt es zur Diagnose, wenn zwei der vier folgenden, in dieser Darstellung ebenfalls stark vereinfachten Kriterien erfüllt sind (zum neunten Kriterium siehe unten): 5. anhaltende Halluzinationen (gleichgültig welcher Sinnesmodalität), die eine gewisse Beziehung zu Wahngedanken oder überwertigen Ideen haben, 6. formale Denkstörungen (Zerfahrenheit, Gedankenabreissen) 7. katatone Symptomatik, z.B. Stupor oder katatone Erregung und 8. Negativsymptome im Bereich des Affekts und des Antriebs mit sozialem Rückzug und "verminderter sozialer Leistungsfähigkeit" (für die ausführliche Formulierung sowie zu diversen Ausschlußbedingungen s. ICD-10, S. 104 f.). Es sind also insbesondere Wahnvorstellungen, die sich um die Kontrolle und Beeinflussung durch die Außenwelt drehen, speziell auch die Idee der externen Verfügbarkeit über die eigenen Gedanken, welche die Diagnose Schizophrenie begründen; aufgrund formaler Denkstörungen, affektiver und motivationaler Veränderungen sowie katatoner Symptomatik allein läßt sich in der Regel die Störung nicht diagnostizieren.

In Anlehnung an schon bei Bleuler entwickelte Vorstellungen listet die ICD-10 diverse Unterformen der Schizophrenie auf, die mit einer weiteren Zahl zu verschlüsseln sind. Die *paranoide* Schizophrenie (F20.0) ist die häufigste Form und durch Wahnerleben sowie zumeist akustische Halluzinationen (Stimmen) gekennzeichnet, während formale Denkstörungen, Katatonie und negative Symptome (Affektverflachung, Antriebsstörungen) gegenüber der paranoiden Symptomatik deutlich zurücktreten. Hingegen stehen bei der *hebephrenen* Schizophrenie (F20.1) oder Hebephrenie die affektiven Veränderungen im Vordergrund, beispielsweise in Form flacher und inadäquater Stimmung, "oft begleitet von Kichern oder selbstzufriedenem, selbstversunkenen Lächeln"; Verlust von Antrieb und Zielstrebigkeit sowie Zerfahrenheit des Denkens kommen hinzu, Halluzinationen und Wahnvorstellungen sind flüchtig und bruchstückhaft. Nach den Autoren der ICD-10 beginnt diese Schizophrenieform meist zwischen dem 15. und 25. Lebensjahr; die "Diagnose einer Hebephrenie sollte in der Regel erstmalig nur bei Jugendlichen oder jungen Erwachsenen" gestellt werden (S. 107 f.)[9]. *Katatone* Schizophrenie (F20.2) ist dann zu diagnostizieren, wenn ausgeprägte psychomotorische Symptome, etwa Stupor, Haltungsstereotypien oder katatone Erregung zu beobachten sind; da katatone Symptomatik auch bei Hirnerkrankungen oder Substanzmißbrauch vorkommt, müssen noch andere Schizophreniesymptome nachgewiesen werden. In diesem Zusammenhang ist zu erwähnen, daß die Symptomatik die Form einer "perniziösen Katatonie" mit hohem Fieber und der Gefahr von Stoffwechselentgleisungen und Kreislaufkomplikationen annehmen kann. Diese schwere, früher häufig tödliche Verlaufsform stellt auch heute noch große Herausforderungen an die Notfallmedizin und gilt bei vielen als zwingende Indikation zur Elektrokrampfbehandlung (Gaebel 1996, Haug 1996b). *Undifferenzierte* Schizophrenie (F20.3) soll dann diagnostiziert werden, wenn die Kriterien für Schizophrenie erfüllt sind, aber die eindeutige Zuordnung zu einer der oben genannten Unterformen nicht gelingt. Das *schizophrene Residuum* (F20.5) ist ein chronischer Zustand, der sich nach langjährigem Verlauf einer Schizophrenie einstellen kann, aber keineswegs muß (s. 4.2.3) und im wesentlichen durch negative Symptome wie Affektverflachung, Interessenlosigkeit, mangelnde Kommunikation, Vernachlässigung des Äußeren gekennzeichnet ist; zur Diagnosestellung ist erforderlich, daß wenigstens einmal auch die Symptome einer der oben beschriebenen Unterformen vorlagen, etwa Wahn und Halluzinationen.

Das Bild der *Schizophrenia simplex* (F20.6) ähnelt diesem Residualzustand, unterscheidet sich aber im Verlauf dadurch, daß nie vorher andere psychotische Symptome aufgetreten waren. Zur Diagnosestellung ist die Erfüllung des neunten der Schizophreniekriterien erforderlich, nämlich eine "eindeutige und durchgängige Veränderung bestimmter umfassender Aspekte des Verhaltens der betreffenden Person, die sich in Ziellosigkeit, Trägheit, einer in sich selbst verlorenen Haltung und sozialem Rückzug manifestiert"; diese Symptome müssen mehr als ein Jahr bestanden haben, und zudem darf erwähntermaßen nicht andere floride Symptomatik vorausgegangen sein. Die Stellung dieser früher sehr häufigen Diagnose "Schizophrenia simplex" wird heute als problematisch angesehen und in der ICD-10 nicht mehr empfohlen.

4.2.3 *Erstmanifestationsalter und Verlauf*

Die ersten Symptome der Schizophrenie beginnen typischerweise vor dem 30. Lebensjahr, etwa bei der Hälfte der Betroffenen vor dem 25. Bei der hebephrenen Form ist das Erstmanifestationsalter deutlich niedriger (zwischen 15 und 25 Jahren) als bei der paranoiden Schizophrenie. Regelrechte Schizophreniesymptome sind in jüngeren Jahren selten, jedoch zeigen sich dort nicht selten bereits auffällige Persönlichkeitszüge, etwa sozialer Rückzug, bizarre Sprache und Gestik, die auf die Gefahr einer solchen Entwicklung hindeuten können. Der frühkindliche Autismus wird heute nicht mehr als kindliche Form der Schizophrenie aufgefaßt (s. 9.3).

Die schizophrene Symptomatik beginnt bei der paranoiden und katatonen Form eher abrupt, bei der hebephrenen und insbesondere der Schizophrenia simplex hingegen vornehmlich schleichend. Vor allem bei den akut einsetzenden Symptombildern scheint häufig eine Prodromalphase mit unspezifischen Beeinträchtigungen wie Nervosität und Schlafstörungen vorauszugehen, die bei richtiger Einschätzung durch die Patienten rasche Behandlung vor Auftreten der auffälligen Symptomatik ermöglichen. Der bei vielen Patienten den Schüben vorausgehende Drogenkonsum, insbesondere von Cannabis (s. 3.6), könnte als Versuch der Selbstheilung angesehen werden; nicht auszuschließen ist andererseits, daß erst die Substanzwirkungen die floride Symptomatik mit Wahn und Halluzinationen erzeugt haben.

Der Verlauf hat typischerweise die Form mehrwöchiger bis mehrmonatiger Episoden, nach deren Ende sich oft eine vollständige Ausheilung herausstellt (*Vollremission*), häufig aber nicht mehr das prämorbide Niveau erreicht wird, sondern vornehmlich negative Symptome wie Affektverflachung, Interessenseinengung und Leistungsabfall zurückbleiben (*Residuen*); auch ein kontinuierlicher Verlauf ohne abgrenzbare Episoden kommt vor. Generell gilt, daß die durch vornehmlich positive Symptomatik gekennzeichnete Typ I-Schizophrenie, also speziell die paranoide Unterform, eine eher gute Prognose hat, Typ II-Schizophrenie wie hebephrene Form und Schizophrenia simplex hingegen eine schlechtere. Die nicht eindeutig in dieses Schema einzuordnende, nach ICD-10 in den Industrieländern heute seltene katatone Schizophrenie gilt ebenfalls als prognostisch günstig. Gaebel (1996) präsentiert die Daten mehrerer durchschnittlich etwa zwei Jahrzehnte umfassender Verlaufsstudien; einige von ihnen dürften zu Beginn der 50er Jahre, also noch vor Einführung der Neuroleptika, begonnen worden sein und spiegeln deshalb die augenblickliche prognostische Situation wohl nur sehr unzureichend wider. Danach waren bei circa 22% Vollremissionen zu finden, bei 43% der Untersuchten "uncharakteristische Residuen" und bei den restlichen 35% "charakteristische Residuen". Der "prognostischen Daumenregel" folgend geht man davon aus, daß ein Drittel der Patienten "relativ ungestört" lebt, ein weiteres Drittel zwar deutliche Symptome zeigt, aber "sozial integriert" bleibt, das letzte Drittel "schwer beeinträchtigt" ist und "häufig rehospitalisiert" wird (Gaebel 1996, S. 128; ähnlich Rey & Thurm 1994, S. 511). Erwähnt werden muß, daß die Suizidrate bei Schizophrenen mit 15% extrem hoch liegt. Diskutiert wird, ob dies Folge wahnhafter Vorstellungen ist oder aus einer nicht selten desolaten, durch die Störung noch verschlimmerten Lebenssituation heraus entspringt, also in gewissem Sinne eine rationale Entscheidung darstellt; letztere Fälle scheinen die häufigeren zu sein (s. Comer 1995, S. 373 f.).

4.2.4 Epidemiologie

Die *Lebenszeitprävalenz* für Schizophrenie wird ziemlich übereinstimmend mit etwa 1% angegeben; damit entwickelt durchschnittlich
jede hundertste Person im Laufe des Lebens wenigstens einmal für
längere oder kürzere Zeit schizophrene Symptome. Die jährliche Rate
an Neuerkrankungen beträgt, legt man relativ scharfe diagnostische
Kriterien zugrunde, ungefähr 0,1‰, eine Zahl, die für verschiedene
Länder und Kulturen weitgehend gleich ist und sich auch in den letzten Jahrzehnten nicht verändert hat (Rey & Thurm 1994, S. 510).
Männer und Frauen erkranken mit gleicher Häufigkeit, Frauen jedoch
im Durchschnitt etwa 5 Jahre später. Diskutiert wird, ob die Latenz
zwischen Auftreten der Symptome und Diagnosestellung verlängert
ist. Plausibler ist die Erklärung, daß Frauen häufiger produktive Symptomatik aufweisen, die erwähntermaßen später einsetzt. Entsprechend ist die Prognose bei Frauen im Sinne von Remissionen und
Ausbleiben der Residualsymptomatik besser.
Nachweislich wird Schizophrenie häufiger in den unteren Einkommensschichten gefunden, was manche Autoren mit der *drift-down-
Hypothese*, dem sozialen Abstieg als Krankheitsfolge zu erklären versuchen; daneben wäre zu diskutieren, ob nicht prämorbide Persönlichkeitszüge den sozialen Aufstieg erschwert haben. Sicher auszuschließen ist natürlich nach wie vor nicht, daß in der Lebenssituation
bei niedrigerem Einkommen eigene pathogene Faktoren begründet
sind. Weiter ist, insbesondere bei Männern, die Schizophrenierate
unter Unverheirateten und Geschiedenen größer, wobei auch hier wieder Krankheitsfolgen, Charakteristika der prämorbiden Struktur
(Schüchternheit, Zurückgezogenheit, bizarres Wesen) und Krank-
heitsursachen nicht eindeutig zu trennen sind.

4.2.5 Familiäre Häufung und Vererbung

Die *familiäre Häufung* von Schizophreniefällen stellt eine gut belegte
Tatsache dar. Während erwähntermaßen das Risiko der Erkrankung
für die unselegierte Bevölkerung bei 1% liegt, ist es für Kinder eines
schizophrenen Elternteils mit 10% bereits erheblich höher und steigt
auf über 30%, wenn beide Eltern an Schizophrenie erkrankt sind.
Kinder schizophrener Eltern sind somit ausgesprochene Risikoperso-
nen für die Entwicklung der Störung und werden deshalb mit Vorliebe prämorbid ausgiebig untersucht (s.u.). Die Konkordanzrate bei
zweieiigen Zwillingen bezüglich Schizophrenieentwicklung beträgt

etwa 10-12%, bei eineiigen das über zwei- bis dreifache, nämlich zwischen 30-40%. Dem naheliegenden Einwand, daß familiäre Verhaltensmuster und weniger genetische Faktoren für dieses gehäufte Zusammentreffen verantwortlich sein könnten, ist mittlerweile durch die Ergebnisse großangelegter *Adoptionsstudien* gut zu begegnen: Kinder eines schizophrenen Elternteils, die bei nicht erkrankten Adoptiveltern aufwachsen, haben eine Erkrankungswahrscheinlichkeit von 10-20%, also ein ähnlich hohes wie Kinder, die weiter bei ihrem an Schizophrenie erkrankten Elternteil bleiben; andererseits ist das Erkrankungsrisiko von Kinder leiblicher nicht-schizophrener Eltern auch dann nicht erhöht, wenn sie bei nicht-biologischen schizophren gestörten Eltern aufwachsen (dargestellt nach Gaebel 1996, S. 120; s. auch Rey & Thurm 1994, S. 513). Für Einzelheiten und Literaturangaben kann auch auf Comer (1995, S. 555 f.), Davison & Neale (1996, S. 464 ff.) und insbesondere Karlsson (1994) verwiesen werden, wo diese Studien ausführlich dargestellt und kommentiert sind. Wie bei den meisten anderen Merkmalen nimmt man einen *polygenetischen* Erbgang an, eine von mehreren unabhängig vererbten Genen erzeugte Disposition für die Entwicklung der Störung; daß die Konkordanzrate bei den genetisch identischen monozygoten Zwillingen nicht 100% beträgt, sondern mit höchstens 40% bis 50% deutlich darunter liegt, spricht für eine nicht allzu hohe Penetranz und läßt deshalb Raum für die Suche nach äußeren pathogenen Bedingungen. Erwähnt sei, daß in den Familien schizophrener Patienten nicht nur gehäuft weitere Schizophreniefälle zu finden sind, sondern auch Störungsbilder, die man dem "Schizophreniespektrum" zurechnet, also insbesondere schizoide Persönlichkeitsstörungen (s. 8.2.2) und Schizotypien (schizotype Störungen, früher auch mit Borderline-Schizophrenie bezeichnet). Diese Befunde legen die Annahme eines *Schizophreniekontinuums* nahe, welches schon in den konstitutionstypologischen Theorien Ernst Kretschmers aus den 20er Jahren eine wesentliche Rolle gespielt hatte (s. dazu Süllwold 1995, S. 73 ff.).

4.2.6 Neuroradiologische, biochemische, neuropsychologische und experimentalpsychologische Befunde bei Schizophrenen

Computertomographische Untersuchungen bei Schizophrenen haben vielfach eine Erweiterung der Seitenventrikel und damit indirekt Zeichen für hirnatrophische Prozesse ergeben; jedoch ist umstritten, in welcher Häufigkeit diese Veränderungen, die auch bei manchen Gesunden zu finden sind, tatsächlich bei Personen mit Schizophrenie auftreten; vor allem bleibt unklar, wieweit es sich hier nicht vielmehr um eine Krankheitsfolge handelt, nachdem in den meisten Studien dieser Art waren bereits länger Erkrankte untersucht worden waren. Mittlerweile besteht insofern gewisser Konsens, daß die Ventrikelerweiterungen eher für Personen mit Typ II-Schizophrenie, also mit überwiegender Minussymptomatik, charakteristisch sind (Comer 1995, S. 562). Untersuchungen an high-risk-Personen, Kindern schizophrener Eltern noch ohne auffällige Symptomatik, haben auch dort diese morphologischen Anomalien zeigen können, so daß man nun wenigstens mit gewisser Sicherheit die Interpretation als Krankheitsfolge ausschließen kann; gleichwohl ist die pathogenetische Bedeutung noch unklar.

Weniger gut repliziert sind mit Positronenemissionstomographie (PET[10]) gewonnene Befunde, die eine *verminderte aktivierungskontingente Hirnaktivität* bei Schizophrenen vor allem im Bereich des Frontalhirns ergaben. Auch Rezeptorbindungsstudien zum Nachweis veränderter Dichte vor allem der Dopaminrezeptoren haben bis jetzt noch nicht eindeutig interpretierbare Ergebnisse geliefert. Immerhin gibt es gewisse Hinweise, daß bei Schizophrenen – eventuell bevorzugt bei denen mit Typ I-Schizophrenie – diese Dopaminrezeptoren im frontalen Cortex und Teilen des Limbischen Systems vermehrt sein könnten; wieder ist es hier schwer auszuschließen, daß es sich erst um eine Folge der Krankheit und speziell der oft jahrzehntelangen Behandlung mit den dopaminantagonistischen Neuroleptika handelt; dies ist insbesondere bei der Interpretation von Ergebnissen aus post-mortem-Studien zu berücksichtigen, die typischerweise an den Gehirnen lange hospitalisierter Patienten durchgeführt werden.

Im Kontext der *Dopaminhypothese* der Schizophrenie (s. 4.2.7) hat sich das Interesse nicht so sehr auf die wenig aussagekräftigen Konzentrationen des *Dopamins* als vielmehr die seines Metaboliten, der *Homovanillinsäure*, gerichtet. Die Befunde sind nicht eindeutig zu interpretieren: Im Plasma Schizophrener ist die Homovanillinsäure-Konzentration wohl erhöht (s. Gaebel 1996, S. 122), während sie im Liquor cerebrospinalis – was direkter die Verhältnisse an den Synapsen widerspiegeln sollte – eher erniedrigt zu sein scheint (Davison & Neale 1996, S. 468).

Neuropsychologische Untersuchungen bei Schizophrenen kommen im wesentlichen zur Bestätigung des klinischen Befundes, daß *Aufmerksamkeit* und *Informationsverarbeitung* bei diesen Personen gestört ist, insbesondere unter einer Vielzahl von Informationen relevante von irrelevanten nicht mehr unterschieden werden können. In ähnliche Richtung deuten *psychophysiologische Studien*, bei denen als Zeichen von Aufmerksamkeitsdefiziten Verflachung der P 300-Welle gefunden wurde (s. Gaebel 1996, S. 121). Ein interessanter Befund, der vor einigen Jahren noch größere Diskussionen in Gang gesetzt hatte, ist der, daß ein Teil der schizophrenen Patienten (sogenannte nonresponders) auf externe Stimuli, beispielsweise Töne, keine Reaktionen in der Hautleitfähigkeit (SCR) zeigt, welche üblicherweise kennzeichnender Bestandteil der Orientierungsreaktion sind; bei einem anderen Teil hingegen habituieren diese Reaktionen bei wiederholter Reizdarbietung, anders als bei gesunden Kontrollpersonen, nicht (Schandry 1989, S. 292 ff.). Bedauerlicherweise ist es bis jetzt nicht gelungen, diese augenfälligen psychophysiologischen Subtypen konsistent mit den klinischen in Verbindung zu bringen.

4.2.7 Die Dopaminhypothese der Schizophrenie

Klärend ist hier zunächst vorauszuschicken, daß diese Hypothese keine eigentliche Aussage über die Entstehung der Schizophrenie beeinhaltet, also ihre Gültigkeit den Streit zwischen einer "psychogenetischen" und "somatogenetischen" Auffassung nicht entscheiden könnte; die Annahme der Dopaminüberaktivität bezieht sich auf biochemische Prozesse, die der Symptomatik zugrunde liegen oder noch vorsichtiger ausgedrückt: mit ihr korreliert sind, nicht aber als letztes kausales Glied sie verursachen. Die noch längst nicht gefundene Ursache der Dopaminüberaktivität wäre erst die gesuchte Ätiologie der Schizophrenie[11].

Wie in 1.3 ausgeführt, geschieht die Übertragung der Erregung von einer Nervenzelle zur anderen chemisch über Freisetzung von *Transmittern* aus den Vesikeln in den Endknöpfchen des *präsynaptischen* (zuerst erregten) Neurons; diese Transmitter lagern sich nach Überbrückung des synaptischen Spaltes an *Rezeptoren* der zweiten, der *postsynaptischen* Nervenzelle an und führen dort zur Veränderung der Membraneigenschaften. Synapsen, an denen die Übertragung mittels Dopamin erfolgt, heißen *dopaminerg*. *Dopamin*, ein Transmitter aus der Gruppe der Monoamine, wird in den präsynaptischen Zellen (im wesentlichen wohl direkt in den Endknöpfchen) aus Tyrosin über die Zwischenstufe L-Dopa gebildet. Die Inaktivierung des ausgeschütteten Dopamins geschieht durch Wiederaufnahme in die präsynaptische Zelle (reuptake) und erneute Einlagerung in die Vesikel, eventuell aber auch zusätzlich durch Abbau in Homovanillinsäure; das diesen Abbau katalysierende Enzym ist Monoaminooxydase (MAO).

Die Dopaminhypothese der Schizophrenie nimmt eine *Überaktivität bestimmter dopaminerger Synapsen* an; die Lokalisation dieser überaktiven Synapsen vermutet man dort, wo vom Mittelhirn ausgehende Neuronen mit Strukturen der Hirnrinde (insbesondere im Frontalbereich) und des Limbischen Systems (etwa des Hippocampus) zusammentreffen (Synapsen dopaminerger *mesocorticaler* und *mesolimbischer* Bahnen); an anderen dopaminergen Bahnen, beispielsweise denen des extrapyramidal-motorischen Systems, nimmt man bei Schizophrenen normale Aktivität an. Die Überaktivität an den dopaminergen mesocorticalen und mesolimbischen Bahnen ließe sich in Form einer vermehrten Dopaminauschüttung aus dem präsynaptischen Neuron, in erhöhter Empfindlichkeit der Dopaminrezeptoren oder in ihrer zahlenmäßiger Vermehrung an der postsynaptischen Membran vorstellen. Theoretisch könnte jede dieser drei Möglichkeiten gegeben sein, eventuell auch mehrere gleichzeitig zutreffen; augenblicklich wird im wesentlichen das letzte Modell, das einer *erhöhten Dichte der Dopaminrezeptoren*, favorisiert.

Mehrere Befunde legen dieses Modell der Dopaminüberaktivität nahe, wovon der wichtigste und historisch am Anfang stehende eine interessante Nebenwirkung der zur Therapie der Schizophrenie eingesetzten *Neuroleptika* ist. Bei einem beträchtlichen Teil der so behandelten Patienten tritt relativ bald ein sogenanntes *Parkinsonsyndrom* oder *Parkinsonoid* in Form der Symptomtrias Rigor (Muskelstarre), Tremor (Zittern, hier ein typischer Ruhetremor) und schließlich Akinesie (Bewegungsarmut, beispielsweise in Gestalt reduzierter Mitbewegungen und Mimik) auf. Dieses Parkinsonsyndrom wird auch bei der Parkinsonschen Erkrankung beobachtet (s. 2.5 sowie Kapitel 2, Fußnote 3), deren Pathogenese vergleichsweise gut geklärt ist: Untergang von Dopamin synthetisierenden Neuronen in der Substantia nigra des Mittelhirns und daraus resultierende eingeschränkte Übertragung an dopaminergen Synapsen des extrapyramidalen Systems, beispielsweise an den Bahnen, welche von der Substantia nigra zum Striatum im Endhirn ziehen (nigrostriatale Bahnen). Die daraus gezogene, heuristisch immens fruchtbare Annahme war die, daß die zur Therapie der Schizophrenie eingesetzten Stoffe ihre Wirkung durch eine relativ unspezifische *Dämpfung der Dopaminübertragung* entfalten, wobei die Hemmung an den dopaminergen extrapyramidalen Bahnen mit der Folge des Parkinsonoids als unerwünschte, aber prinzipiell zu tolerierende Nebenwirkung aufgefaßt wurde. Weiter wurde gefolgert, daß die bei Schizophrenen vor Therapie zu beobachtende, nach Neuroleptikagabe häufig verschwindende psychische Symptomatik in Zusammenhang mit einer Dopaminüberaktivität steht.

Zusätzliche Belege für diese Annahme leiten sich aus den sogenannten *Modellpsychosen* ab: Beispielsweise führt Einnahme von *Amphetaminen*, insbesondere in höheren Dosen, zu psychotischer Symptomatik in Form von Wahnerleben und Halluzinationen, die denen bei der paranoiden Schizophrenie auffällig gleichen. Amphetamine sind Dopamin- und Noradrenalin-Agonisten, verstärken also die Wirkung dieser Transmitter (s. 3.5); entsprechend liegt die Vermutung nahe, daß die "Amphetaminpsychosen" – und ebenso die klinisch ähnlichen Schizophrenieformen, deren Ausprägung man im übrigen durch kurzfristige Amphetamingabe noch verstärken kann – aus einer Überaktivität dieser Transmitter resultieren; daß Noradrenalin dabei nicht wesentlich beteiligt ist, läßt sich aus verschiedenen anderen, hier nicht dargestellten Befunden mit gewisser Sicherheit schließen. Die Tatsache, daß die Symptomatik der Amphetaminpsychosen durch Neuroleptika gut zu behandeln ist, bestätigt wiederum die Vermutung, daß diese Medikamente ihren therapeutischen Effekt über eine Verminderung der Dopaminwirkung, beispielsweise über Blockade von Dopaminrezeptoren, entfalten.

Ein recht eindrucksvoller Beleg für die Dopaminhypothese ist schließlich, daß Patienten mit Parkinsonscher Erkrankung, denen zur Behebung der motorischen Störungen L-Dopa, eine Vorstufe des fehlenden Dopamin, verabreicht wird, nicht selten unter dieser Therapie psychotische Symptome entwickeln (mutmaßlich durch eine so hervorgerufene Dopaminüberaktivität an Bahnen, die bei Parkinsonkranken intakt sind, etwa den mesolimbischen und mesocorticalen); ebenso scheint Gabe von L-Dopa bei schizophrenen Patienten die produktive Symptomatik zu verstärken (s. Comer 1995, S. 560 und die dort zitierte Literatur).

Rezeptorbindungsstudien mittels radioaktiv markierter Substanzen zeigen mittlerweile direkt, daß sich die Neuroleptika tatsächlich vornehmlich an Dopaminrezeptoren anlagern, und zwar vorwiegend an die sogenannten D_2-Rezeptoren; weiter gibt es erste, wenn auch zunächst noch mit Zurückhaltung zu betrachtende Hinweise darauf, daß bei Personen mit Schizophrenie die Dopaminrezeptoren (und dabei offensichtlich besonders die des Typs D_2) zahlenmäßig vermehrt sind[12]; die eher inkonsistenten erwähnten Befunde zur Homovanillinkonzentration im Serum oder Liquor cerebrospinalis Schizophrener wird man wohl in dem Sinne interpretieren können, daß die Dopaminausschüttung aus den präsynaptischen Neuronen nicht wesentlich verändert ist.

Diese Dopaminhypothese steht zwar im Einklang mit einer Reihe von Befunden, kann aber andere wichtige nicht erklären und erwartet deshalb mehr oder weniger tiefgreifende Modifikationen. Zum einen sprechen im wesentlichen nur die positiven, produktiven Symptome der Schizophrenie auf Neuroleptikabehandlung an (s. 4.2.9), so daß die Dopaminüberaktivität offenbar lediglich ihnen, nicht aber der Negativsymptomatik zugrunde liegt. Nach der in 4.2.1 erwähnten Unterteilung in Typ I- und Typ II-Schizophrenie wäre also die Dopaminüberaktivität (wenigstens die der D_2-Rezeptoren) nur die Grundlage der ersten Form; hingegen wird, wie in 4.2.6 ausgeführt, die Typ II-Schizophrenie eher mit morphologisch-anatomischen Veränderungen, beispielsweise Hirnatrophie, in Verbindung gebracht. Die Wirkung der atypischen Neuroleptika, insbesondere des möglicherweise auch an D_1-Rezeptoren bindenden Clozapins (s. 4.2.9) bei der Behandlung der Minussymptomatik, läßt vielleicht auch hier eine veränderte Rezeptoraktivität vermuten; alle diese Hypothesen sind jedoch weit von einer klaren Formulierung, geschweige von empirischer Absicherung, entfernt. Weiter wird man eine Blockade der Dopaminrezeptoren als einziges therapeutisches Prinzip der Neuroleptika wohl insofern ausschließen können, als dann die Wirkung sehr rasch einsetzen müßte, während bis zum Eintreten des antipsychotischen Effektes von Neuroleptika üblicherweise mehrere Tage bis hin zu Wochen vergehen; möglicherweise beruht die Wirkung erst auf einer Veränderung der Rezeptoren als Folge längerer Blockade.

4.2.8 Erklärungsansätze

Modelle zur Entstehung der Schizophrenie liegen in vergleichsweise großer Anzahl vor, werden von unterschiedlichsten theoretischen Schulen entwickelt und haben daher im wesentlichen auch nur geringe Gemeinsamkeiten. Andererseits schließen sie allein schon deshalb nicht notwendig einander aus, weil die Schizophrenie als nosologische Einheit sicher nicht existiert, sondern unter dem Begriff eine Reihe unterschiedlicher Störungsbilder zusammengefaßt sind. Zudem besteht allgemeine Übereinstimmung darin, daß auch für die einzelnen diagnostischen Subtypen eine multifaktorielle Genese am wahrscheinlichsten ist, also sowohl biologische wie psychologische Determinanten auf die Entwicklung im Einzelfall Einfluß nehmen können. Wie erwähnt, ist auch die Anerkennung biochemischer Prozesse als Grundlage der schizophrenen Symptomatik durchaus mit einem primär psychogenetischen Erklärungsansatz vereinbar.

Biologische Entstehungsmodelle der Schizophrenie basieren naturgemäß vor allem auf der deutlichen *hereditären Komponente* bei der Entwicklung der Störung. Wie in 4.2.5 ausgeführt, haben Kinder schizophrener Eltern, auch wenn sie unmittelbar nach Geburt in eine neue familiäre Umgebung kommen, ein gegenüber der Normalbevölkerung beträchtlich erhöhtes Erkrankungsrisiko; ebenso spricht die hohe Konkordanzrate eineiiger Zwillinge, bei aller kritischen Zurückhaltung, für eine erhebliche genetische Bereitschaft zur Entwicklung der Störung. Da andererseits die Penetranz dieser genetischen Disposition nur etwa bei 50% liegt, läßt sich folgern, daß im allgemeinen lediglich die Bereitschaft zur Entwicklung der Störung, nicht die Störung selbst aber vererbt wird. Genkartographische Versuche sind bis jetzt nur bedingt erfolgreich verlaufen; dabei stört weniger, daß das kritische Gen von den diversen Forschergruppen auf verschiedenen Chromosomen lokalisiert wurde – angesichts der mutmaßlich polygenetischen Vererbung wäre ähnliches zu erwarten –, sondern vielmehr, daß keine dieser Lokalisationen bis jetzt hinreichend bestätigt werden konnte.

Als weitere biologische Faktoren, die entweder bei genetischer Disposition die Ausbildung der Symptomatik begünstigen oder auch eventuell allein die Genese mehr oder weniger erklären könnten, werden *frühkindliche Infektionen* oder *pränatale Schädigungen* bei Infektionskrankheiten der schwangeren Mütter diskutiert. Hierfür spricht, wenn auch sehr indirekt, daß Personen mit Schizophrenie häufiger in den Herbst- und Wintermonaten geboren sind, also in Zeiten, wo die Infektionswahrscheinlichkeit für Neugeborenes sowie für die Mutter erhöht ist; beweiskräftiger scheint, daß Personen, die zu Zeiten von schweren Grippeepidemien geboren wurden, später überdurchschnittlich häufig die Störung entwickelten (s. Carlson 1991, S. 589 und die dort aufgeführte Literatur). Auch Schäden im Rahmen des *Geburtsvorgangs*, insbesondere akuter Sauerstoffmangel, werden als ursächliches Moment diskutiert. Wie ausgeführt, finden sich morphologische Veränderungen, wie sie als Folge von Infektionen zu erwarten sind, eher bei der Typ II-Schizophrenie mit vorwiegender Negativsymptomatik. Ein von Weinberger (1987) präsentiertes und augenblicklich intensiv diskutiertes Modell versucht, auch die Plussymptomatik indirekt mit strukturellen Hirnveränderungen in Verbindung zu bringen: Demnach könnten – etwas vereinfacht ausgedrückt – die erwähnten Noxen inhibitorische Neurone betroffen haben, deren Aktivierung wiederum normalerweise die dopaminerge Übertragung an mesolimbischen und gewissen mesocorticalen Bahnen dämpft. Eine Neuronenzerstörung könnte damit sowohl direkte

Defizite, insbesondere in Form der Negativsymptomatik, als auch zugleich Verhaltensüberschüsse als Folge mangelnder Hemmung hervorrufen. Genauere Informationen zu den ätiologischen Faktoren der beiden großen Schizophrenie-Subtypen sind unerläßlich, um diese interessante, jedoch sehr spekulative Theorie gebührend bewerten zu können.

Die erste genauer ausgearbeitete *psychologische Theorie* der Schizophrenie wurde von Freud in Zusammenarbeit mit Karl Abraham etwa um 1910 entwickelt. Sie ist vergleichsweise unscharf formuliert, bezieht sich eher auf den Entstehungsmechanismus als die Entstehungsbedingungen (die Ätiologie) und leidet unter anderem daran, daß in jener Zeit eine verbindliche Trennung zwischen Schizophrenie mit reiner Minussymptomatik, paranoider Schizophrenie und Paranoia noch ausstand. Ausgangspunkt der Theoriebildung war, daß Freud bei Patienten mit schizophrenen Störungen das therapeutisch höchst bedeutsame Moment der Übertragung vermissen mußte; dieses Wiederaufleben frühkindlicher Gefühle in der psychoanalytischen Situation, die der analytischen Theorie zufolge ursprünglich den Eltern gegolten haben, aber nun typischerweise auf den Analytiker transferiert werden, blieb nach seinen Erfahrungen unter anderem bei der Behandlung Schizophrener aus. Er grenzte deshalb die *narzißtischen Neurosen* (Schizophrenie, Paranoia, Melancholie) von den *Übertragungsneurosen* (etwa Hysterie, Zwangsneurose) konzeptuell ab und hielt nur die letzteren mit psychoanalytischen Mitteln für therapierbar: "Sie zeigen", schreibt er in den *Vorlesungen zur Einführung in die Psychoanalyse* über Patienten mit narzißtischen Neurosen, "keine Übertragung und darum sind sie auch für unsere Bemühung unzugänglich, durch uns nicht heilbar" (Freud 1916-17a, S. 465); die so erzwungene weitgehende Abstinenz von der Behandlung psychotischer Patienten führt zur eher beiläufigen Reflexion über zugehörige Genesemodelle.
Dieser Mangel an Interesse an der Außenwelt bei Schizophrenen, der sich insbesondere eben in fehlender Übertragung äußert, gibt für Freud zugleich den Schlüssel zum Verständnis der Störung: Alle libidinösen Strebungen seien von den äußeren Objekten abgezogen und auf das eigene Ich zurückgewendet worden, eine Situation, die dem ursprünglichen Zustand des Narzißmus, der Ichliebe vor der Herstellung von Objektbesetzungen, entspricht. Das pathogenetisch entscheidende Moment der Paranoia sieht Freud in einer Regression in ein spätes, beim Übergang zur Objektliebe liegendes Stadium des Narzißmus mit Ichvergrößerung in Form des Größenwahns. Für die Dementia praecox (also die Schizophrenie in damaliger Terminolo-

gie) nimmt er eine noch weitergehende Regression an, nämlich in ein sehr frühes Stadium des Narzißmus: "Die Regression geht nicht nur zum Narzißmus, der sich in Größenwahn äußert, sondern bis zur vollen Auflassung der Objektliebe und Rückkehr zum infantilen Autoerotismus." (Freud 1911c, S. 314) Die floride Symptomatik, etwa in Form der Halluzinationen, wird von ihm bereits als ein Versuch der Wiederherstellung aufgefaßt. Disponierende Bedingung ist in jedem Fall eine *Fixierung* auf ein mehr oder weniger frühes Stadium des Narzißmus, ohne daß diese Fixierung wiederum von Freud weiter ätiologisch abgeleitet wird. Bei der Paranoia dient die narzißtische Regression der Abwehr homosexueller Impulse, bei Freuds Ausführungen zur Dementia praecox bleibt die Psychodynamik weitgehend unbestimmt[13].

Anders als es teilweise dargestellt wird, geht Freuds Schizophreniekonzeption nicht wesentlich über die hier skizzierten groben Auffassungen hinaus. Insbesondere spezifiziert er weder den die Regression hervorrufenden Triebkonflikt noch gibt er ätiologische Faktoren an. Diese letzte Lücke wurde von verschiedenen, der Psychoanalyse mehr oder weniger nahe stehenden Klinikern zu füllen gesucht. Bekannt wurde insbesondere die von Fromm-Reichmann (1948) entwickelte Theorie der "*schizophrenogenen Mutter*", die durch ihre kalte, abweisende Haltung dem Kind gegenüber, gepaart mit scheinbarer Übervorsorglichkeit, die spätere Ausbildung der Schizophrenie entscheidend begünstigen sollte. Diese Theorie hat in ihrer monokausalen Schlichtheit große Popularität erlangt und vermutlich zu unzähligen unbegründeten Schuldzuweisungen geführt. Empirisch ist sie so gut wie nicht abgesichert, mittlerweile geradezu als widerlegt anzusehen (vgl. Comer 1995, S. 564 und die dort angeführten Studien) und ist erfreulicherweise auch in Laienkreisen zusehends in Vergessenheit geraten. Immerhin betont sie einen Sachverhalt, der in spätere Schizophreniekonzeptionen Eingang gefunden und die Entwicklung familientheoretischer Schizophreniemodelle zumindest stimuliert hat, nämlich die offenbar widersprüchliche Kommunikation innerhalb der Familie schizophren Erkrankter; in gewisser Weise wird die differenziertere "expressed-emotion"-Theorie (s.u.) hier vorgedacht. Die auf ähnlicher Beobachtung basierende, weniger eindeutig Schuldzuweisung leistende *double-bind-Hypothese* von Bateson (Bateson et al. 1956) geht grob gesprochen davon aus, daß verbale und non-verbale Aussagen der Angehörigen von Schizophrenen widersprüchliche Botschaften ausdrücken, etwa eine lobende Bemerkung von einem tadelnden Blick begleitet wird. Die spätere schizophrene Symptomatik wird als Versuch aufgefaßt, mit diesen kommunikativen Schwierigkeiten fertigzuwerden; Ignorieren der verbalen Aussagen und verstärkte Beachtung der eventuell aussagekräftigeren nonverbalen Botschaften könnte etwa die Ausbildung einer paranoiden Symptomatik zur Folge haben (verkürzt dargestellt nach Comer 1995, S. 566). Selbst wenn die Herleitung der Symptomatik in diesem Modell oft allzu schlicht und schematisch erscheint, so wird immerhin konsequent versucht, ein psychologisches Genesemodell schizophrener Störungen zu entwickeln und dabei auf prinzipiell überprüfbaren Annahmen zu basieren. Die Befunde zur Stützung dieser Hypothese sind jedoch insgesamt eher spärlich; insbesondere ist es nicht nachgewiesen, daß diese paradoxe Kommunikation spezifisch oder auch nur gehäuft in Familien Schizophrener zu beobachten ist (s. Comer 1995, S. 565 f.). Zu bedenken ist daneben, daß in der Verwandtschaft schizophrener Patienten, sicher wohl nicht zuletzt aufgrund genetischer Zusammenhänge, gehäuft Personen mit Schizophrenie oder der Schizophrenie verwandten Störungen zu finden sind, die einen auffälligen Kommunikationsstil zeigen; so würde möglicherweise als pathogene Bedingung interpretiert, was in Wirklichkeit nur Korrelat der Störung sein könnte. Trotzdem bleibt festzuhalten, daß die Betrachtung der Familie schizophrener Personen eine Anzahl recht interessanter Befunde und zumindest heuristisch fruchtbarer Hypothesen geliefert hat, die sich, wie das unten zu besprechende Vulnerabilitäts-Streß-Modell zeigt, gut mit anderen Erkenntnissen zu Entstehung und Verlauf der Schizophrenie verbinden lassen.

Frühe *lerntheoretische Erklärungsmodelle* der Schizophrenie, wie sie insbesondere von Ullman und Krasner (1975) entwickelt wurden, fassen die schizophrenen Symptome als ein von der Umwelt verstärktes abnormes Verhalten auf; als allgemeines Erklärungsmodell ist es so fern ab von den klinischen Tatsachen, daß ihm bestenfalls noch historische Bedeutung zukommt.

Neuere, im weiteren Sinne im Rahmen von Verhaltenstherapie konzipierte Entstehungstheorien, die nicht zuletzt unter dem Gesichtspunkt der Ableitung von Interventionsstrategien erstellt werden, basieren bestenfalls noch sehr bedingt auf lerntheoretischen Annahmen, sondern beziehen andere empirisch begründete oder begründbare Konzepte mit ein. Am bekanntesten ist hier ein *Vulnerabilitäts-Streß-Modell*, welches in besonderer Weise kognitive, mit verhaltenstherapeutischen Verfahren modifizierbare Momente als Entstehungsbedingungen betont (s. Kraemer & Möller 1994; Hahlweg 1996). Als Komponenten der Vulnerabilität (Verletzlichkeit), der Anfälligkeit für Schizophrenie, werden Störungen der Aufmerksamkeit, der Informationsverarbeitung sowie der psychophysiologischen Aktivierung (sogenannte Basisstörungen[14]) angesehen, über deren Ursachen keine weitergehenden Aussagen gemacht werden; daß diese wenigstens teilweise genetisch übertragen werden oder aus anderen biologischen Gegebenheiten zu erklären sind (prä- und perinatalen Schädigungen, frühkindlichen Infektionen), wird dabei keineswegs geleugnet. Als externe pathogene Bedingungen (Streßfaktoren) kommen nach diesem Modell, je nach Autor, belastende Lebensereignisse, "überstimulierende soziale Umgebung", unzureichendes "psychosoziales Netzwerk" und schließlich, in Anlehnung an familientheoretische Modelle, "emotional belastendes Familienklima" beziehungsweise "ungünstige Kommunikationsmuster innerhalb der Familie" hinzu. Letztere Begriffe beziehen sich auf Ergebnisse der in den letzten Jahren zunehmend ins Licht gerückten "expressed emotion"-Forschung, derzufolge für den Verlauf und die Rückfallprognose der Schizophrenie sich als ungünstiger Faktor "high-expressed-emotion" in der Familie erwiesen hat (also sich feindselig, kritisch, ebenso aber auch übervorsorglich, kurz: emotional überengagiert verhaltende Angehörige); dementsprechend setzen therapeutische Verfahren auf dem Hintergrund des skizzierten Modelles nicht zuletzt an einem Abbau dieser allzu großen Involviertheit von Angehörigen Schizophrener an (s. 4.2.9).

Kurz seien noch zwei Auffassungen von Schizophrenie angeführt, die – früher mehr als heute – in psychiatriekritischen Kreisen sich großer Beliebtheit erfreuten. Die insbesondere von Thomas Szasz (1974) vertretene, jedoch bereits auf ältere soziokulturelle Theorien zurückgehende Ansicht, daß der Schizophrene erst durch die Diagnose und die daraus resultierenden veränderten Reaktionen der Umwelt in stärker abnormes Verhalten hineingetrieben würde ("labeling-Theorie"), weist sicher zurecht auf den Sachverhalt einer mit der psychiatrischen Diagnose verbundenen Stigmatisierung hin; andererseits verharmlost sie aber schwere, zumeist vor jeglicher Behandlung auftretende Symptome wie Wahn und Halluzinationen als tolerable Verhaltensabweichungen, sicher nicht zum Nutzen der Betroffenen. Ernster zu nehmen ist die "existentialistische" Sichtweise der Schizophrenie von Laing (1974), da dieser die Störung als tatsächliche Gegebenheit analysiert und nicht allein als iatrogenes Kunstprodukt hinwegzudiskutieren versucht. Er sieht in den schizophrenen Symptomen den Versuch, mit einer gestörten Umwelt fertigzuwerden, eine im ersten Augenblick faszinierende und intellektuell reizvolle Betrachtungsweise, die aber wieder eine externe Schuldzuschreibung – auch hier nicht zuletzt wieder gegenüber der Familie – beinhaltet; zudem wird man schwerlich empirische Belege für die Theorie beibringen können. Gefährlich ist diese Auffassung aber vor allem deshalb, weil Laing die Symptomatik als einen Versuch der Selbstheilung betrachtet, damit implizit medikamentös-therapeutisches Eingreifen in Frage stellt und so die nicht seltene Ablehnung einer in ihrer Wirksamkeit nachgewiesenen Therapie ideologisch untermauern hilft.

4.2.9 Therapie

Die Therapie der Schizophrenie, wenigstens in den akuten Stadien, geschieht üblicherweise *medikamentös* und zwar in aller Regel mit *Neuroleptika*. Als erstes Neuroleptikum wurde zu Beginn der 50er Jahre Chlorpromazin synthetisiert, welches lange unter dem Namen Megaphen® im Handel war. Die neuroleptische Potenz eines Wirkstoffes, also seine Fähigkeit, psychotische Symptome wie Wahn und Halluzinationen zu beseitigen, wird noch heute mit der von Chlorpromazin verglichen, dessen neuroleptische Potenz definitionsgemäß gleich 1 gesetzt wird. Die meisten Neuroleptika haben eine sehr viel höhere neuroleptische Potenz, etwa Haloperidol von circa 50.

Neuroleptika gehören verschiedenen Stoffgruppen an, wovon die *Phenothiazine* und die *Butyrophenone* die wichtigsten sind. Die ersten bestehen aus einem Gerüst von drei Ringen (trizyklische Neuroleptika); zu ihnen gehören neben Chlorpromazin unter anderem Levomepromazin (Neurocil®), Thioridazin (Melleril®) oder Promethazin (Atosil®). Zu den strukturmäßig davon wesentlich verschiedenen Butyrophenonen wären Haloperidol (Haldol-Janssen®) oder Benperidol (Glianimon®) zu rechnen, zu den mit den Butyrophenonen verwandten Diphenylbutylperidinen beispielsweise Pimozid (Orap®) oder Fluspirilen (Imap®). Hinzu kommen noch eine Reihe sogenannter *atypischer Neuroleptika*, die weder von der Struktur noch teilweise hinsichtlich Wirkungen oder Nebenwirkungen in die bekannten Gruppen klar eingeordnet werden können; am bekanntesten sind hier wohl Clozapin (Leponex®) und Sulpirid (Dogmatil®).

Die Neuroleptika wirken quantitativ unterschiedlich auf schizophrene Symptome; die neuroleptische Potenz liegt im allgemeinen bei den Butyrophenonen und den damit verwandten Substanzen höher. Hauptsächlich von den Neuroleptika beeinflußt werden die Plussymptomatik und psychomotorische Phänomene, während die Minussymptome wie Affektverflachung oder Antriebslosigkeit auf die Substanzen aus den Gruppen der Phenothiazine und Butyrophenone wenig ansprechen; die atypischen Neuroleptika, insbesondere das Clozapin (Leponex®), haben daneben offenbar auch einen Effekt auf die Minussymptomatik (Benkert 1995, S. 87). Die Wirkung aller Neuroleptika tritt in der Regel nicht sofort, sondern nach Tagen bis Wochen ein; erst nach etwa 4 bis 6 Wochen Therapie ohne ausreichenden Effekt wird üblicherweise auf ein anderes Medikament, in der Regel aus einer anderen Substanzklasse, umgestellt.

Neben diversen vegetativen Nebenwirkungen, die in der Regel nicht zur Umstellung oder Beendigung der neuroleptischen Therapie Anlaß geben, finden sich relativ häufig, speziell nach Gabe hochpotenter Neuroleptika, *extrapyramidal-motorische Störungen*: Sogenannte *Frühdyskinesien* treten schon sehr bald, nach Stunden bis Tagen, auf und haben die Gestalt hyperkinetischer Störungen speziell im Gesichts- und Halsbereich, etwa Grimassieren oder Zungen-Schlundkrämpfe; sie lassen sich durch Gabe eines Anticholinergikums wie Biperiden (Akineton®) gut behandeln. Das *Parkinsonoid* oder *neuroleptisch induzierte Parkinsonsyndrom* ist üblicherweise erst nach mehreren Tagen bis Wochen zu beobachten, wobei weniger Tremor als vor allem Rigor (Muskelstarre) und Akinese (Bewegungsreduktion wie Fehlen von Mimik und Mitbewegungen, kleinschrittiger Gang) auffallen; auch das Parkinsonoid ist mit Biperiden wirksam zu therapieren. Ebenfalls früh kann eine *Akathisie* auftreten, innere Unruhe und Bewegungsdrang, die ebenfalls als extrapyramidal-motorische Störung aufgefaßt werden und auf Anticholinergika offenbar zuweilen weniger gut ansprechen, so daß Dosisreduktion, Wechsel auf ein niedrigpotentes Neuroleptikum oder Umstellung auf Clozapin empfohlen werden. Während alle diese früh auftretenden extrapyramidal-motorischen Störungen entweder spontan oder mit Absetzen des Neuroleptikums verschwinden, zudem zumeist durch Verabreichen von Anticholinergika beseitigt werden können, sind *Spätdyskinesien* in besonderem Maße ernst zu nehmen. Sie finden sich nach mehrmonatiger bis mehrjähriger Gabe von Neuroleptika, und zwar nicht selten bei Absetzen oder Dosisreduktion; zumeist haben sie die Gestalt von unwillkürlichen Bewegungen der Extremitäten und des Gesichtes (etwa schmatzende Bewegungen). Zwar treten sie seltener auf als die anderen extrapyramidalen Störungen, nämlich bei etwa 10-20% der langfristig mit Neuroleptika behandelten Patienten, sind aber schwer medikamentös zu beherrschen und in etwa der Hälfte der Fälle irreversibel (dargestellt nach Möller et al. 1989, S. 204 ff.). Gerade die Vermeidung dieser Spätkinesien wird eine wesentliche Erfordernis künftiger neuroleptischer Therapie sein. Clozapin (Leponex®) hat offenbar keine extrapyramidal-motorischen Nebenwirkungen, weder in Form der Frühdyskinesien und des Parkinsonsyndroms noch in Gestalt der gefürchteten Spätdyskinesien; da unter Gabe von Clozapin

jedoch schwere Schäden der weißen Blutkörperchen (Agranulozyto-
sen) beschrieben wurden, ist man mit dem Einsatz dieser Substanz
sehr zurückhaltend und verlangt dabei strenge Kontrollen des Blut-
bildes.

Die Wirkungsweise der Neuroleptika beruht nach augenblicklichen
Vorstellungen im wesentlichen auf einer *Blockade der Dopaminrezeptoren* vom Typ D_2, wobei die neuroleptische Potenz der einzelnen
Substanzen mit ihrer Affinität zu diesen Rezeptoren hoch korreliert.
Wie bereits in 4.2.7 erwähnt, ist der therapeutische Effekt anscheinend nicht direkte Folge der Blockade, da er in diesem Fall viel rascher einsetzen müßte; statt dessen wird die antipsychotische Wirkung – noch sehr vage – auf induzierte Veränderungen im Dopamin-
stoffwechsel zurückgeführt (Möller et al. 1989, S. 83 f.). Die extrapyramidalen Nebenwirkungen des Parkinsonsyndroms versucht man
durch gleichzeitige Dämpfung der dopaminergen Übertragung an
Bahnen von der Substantia nigra des Mittelhirns zum Striatum (einer
Substruktur der Basalganglien) zu erklären. Die Spätdyskinesien werden auf eine Vermehrung oder Sensibilisierung von Dopaminrezeptoren im nigrostriatalen System als Gegenreaktion auf die konstante
neuroleptische Blockade zurückgeführt; dem steht allerdings entgegen, daß ältere, lange vor Einführung der Neuroleptika niederge-
schriebene Fallgeschichten auf die Spontanentwicklung von Spätdyskinesien auch bei nicht mit diesen Medikamenten behandelten
schizophrenen Patienten hindeuten (s. Carlson 1991, S. 585 f.). Die
Wirkmechanismen der atypischen Neuroleptika sind sicher teilweise
ähnlich, basieren also auf der Blockade von D_2-Rezeptoren, wobei
Clozapin offenbar vergleichsweise selektiv an Strukturen des Limbischen Systems, insbesondere am Hippocampus, ansetzt und wenig
Wirkung an den Synapsen der dopaminergen extrapyramidal-motorischen Bahnen entfaltet. Diskutiert wird auch, ob Clozapin nicht zusätzlich eine Blockade der D_1-Rezeptoren ausübt; auch die Bindung
an D_4-Rezeptoren wird diskutiert (Barondes 1995, S. 190). Die anderen Nebenwirkungen der Neuroleptika, insbesondere die vegetativen,
versucht man durch Beeinflussung weiterer Transmitter, etwa von
Acetylcholin oder Serotonin, zu erklären.

Dank der therapeutischen Wirkung der Neuroleptika ist die früher
nicht selten praktizierte *Elektrokrampftherapie* bei der Schizophrenie
weitgehend in den Hintergrund getreten; lediglich schwere Formen
von Katatonie, die nicht rasch auf medikamentöse Therapie ansprechen, werden heute noch als Indikation für diese auch unter Psychiatern umstrittene Behandlungsmethode angesehen. Interessanterweise
scheinen auch gewisse Benzodiazepine auf die katatone Symptomatik

zu wirken, so daß ihnen vielleicht künftig eine größere Bedeutung bei der Behandlung der Schizophrenie zukommt (Benkert 1995, S. 86).

Die *medikamentöse Rezidivprophylaxe* der schizophrenen Störungen geschieht ebenfalls mit Neuroleptika, die dabei allerdings üblicherweise niedriger als im akuten Schub dosiert werden. Die Dauer der Prophylaxe richtet sich nach der Zahl der vorausgegangenen Schübe und der Dauer der beschwerdefreien Intervalle; nach Möller et al. (1989, S. 213) wird nach Erstmanifestation eine 1-2jährige Prophylaxe empfohlen, nach mehreren Rezidiven oder kurzen Intervallen zwischen den Schüben liegen die Empfehlungen etwa bei 2 bis 5 Jahren neuroleptischer Dauertherapie. Im Vergleich zu Placebobehandlung ist die Rezidivhäufigkeit dabei etwa um 50% vermindert. Da die Bereitschaft der Patienten zur regelmäßigen Einnahme unter ambulanten Bedingungen recht gering ist, versucht man zumeist eine parenterale Behandlung mittels Depotpräparaten. Auf die Diskussion über die Vor- und Nachteile langjähriger Rezidivprophylaxe, insbesondere das Risiko einer Entwicklung von Spätdyskinesien, kann hier nicht eingegangen werden; hierzu sei auf Möller et al. (1989, S. 212 ff.) verwiesen.

Bei der *psychologischen Behandlung* der Schizophrenie muß man zwischen der Beseitigung der akuten produktiven Symptomatik, der Behandlung von Minussymptomen, insbesondere im Rahmen chronischer Verläufe und Residualzustände, und schließlich der Rezidivprophylaxe unterscheiden. Für die erste Indikation sind psychologische Interventionen nicht oder nur eingeschränkt geeignet, und wenn, so nicht ohne gleichzeitige neuroleptische Behandlung. In Einzelfällen kamen zwar diverse, zumeist verhaltenstherapeutische Maßnahmen zur Beseitigung der Akutsymptomatik zur Anwendung, etwa Gedankenstop oder operante Techniken zur Verstärkung realitätsgerechten Verhaltens (für Literaturhinweise s. Gebhardt & Stieglitz 1996), ihre Effizienz muß man jedoch augenblicklich als schlecht evaluiert ansehen.

Die Behandlung der Negativsymptome wie sozialer Rückzug wurde lange vornehmlich mit den in den 60er Jahren beliebten Token-Economy-Programmen vorgenommen, bei denen in vergleichsweise mechanistischem Vorgehen erwünschtes Verhalten mit materieller Verstärkung belohnt wurde; der Wert dieser Interventionen wird retrospektiv weniger in der erfolgreichen operanten Konditionierung erwünschten Verhaltens gesehen als vielmehr in der eingehenderen Beschäftigung mit den Betroffenen und damit der eventuellen Vermeidung von Hospitalismusschäden. Heute kommen mehr und mehr kognitive Verfahren wie etwa Einübung sozialer Fertigkeiten (social skills training) zur Anwendung, über deren Effektivität bereits erste, recht ermutigende Ergebnisse vorliegen (s. Watzl & Rist 1997, S. 113 ff.). Teils der Beseitigung der Akutsymptomatik, teils der Rezidivprophylaxe dienen Trainingsprogramme zur Behandlung der erwähnten Basisstörungen, etwa zur *Verbesserung kognitiver Fähigkeiten*; Einzelheiten hierzu sind bei Kraemer & Möller (1994), Hahlweg (1996), Gebhardt & Stieglitz (1996) sowie bei Watzl & Rist (1997, S. 116 ff.) aufgeführt. Große Bedeutung unter den psychologischen Interventionsmethoden hat die *Familientherapie* (allgemeiner: Beeinflussung des sozialen Umfeldes) erhalten, deren Ziel man im wesentlichen in der Prophylaxe von Rückfällen und der Erreichung eines besseren Umgangs mit der Krankheit, also im sekundär- und tertiärprophylaktischen Bereich, sehen kann. Verändert werden sollen hier vor allem die Interaktionsmuster innerhalb der Familie, speziell soll eine Reduktion von "expressed emotion", von Übervorsorglichkeit und Kritik, hin zu einer insgesamt gelasseneren Haltung versucht werden. Indem gleichzeitig Patienten wie Angehörigen Information über die Krankheit, zu beachtende "Frühwarnsymptome" vor Ausbruch der eigentlichen Symptomatik und therapeutische Möglichkeiten vermittelt wird, besitzen diese Programme auch einen deutlich *psychoedukativen* Charakter; bezüglich einzelner Verfahren und Evaluationsstudien kann auf die oben erwähnte Literatur sowie auf Comer (1995, S. 587 ff.) und Davison & Neale (1996, S. 480 ff.) verwiesen werden.

Psychoanalytische Behandlung der Schizophrenie hat sich seit Freuds skeptischem Urteil über die entsprechenden Möglichkeiten (s. 4.2.8) offenbar nie richtig etablieren können, wie sich eindrucksvoll an dem Sammelband von Thomä & Kächele (1997) zeigen läßt, in dem ein Kapitel über die Therapie der Schizophrenie fehlt; immerhin haben aber Sullivan und Fromm-Reichmann in den 20er und 30er Jahren psychoanalytische Behandlung von Schizophrenen versucht und dabei über gute Erfolge berichtet (s. Davison & Neale 1996, S. 480). Allerdings läßt sich bezweifeln, ob es sich dabei wirklich um schwer schizophren gestörte Patienten handelte und ob die Therapie noch als psychoanalytische im Freudschen Sinne, nicht eher als stützende Maßnahme aufzufassen ist; zudem ist eine Absicherung der Therapieerfolge, etwa durch Verlaufskontrolle und Ausschluß von Spontanremissionen, letztlich unterblieben. Die wenigen späteren, methodisch meist unzulänglichen Evaluationsstudien sind bei Watzl & Rist (1997, S. 110 ff.) kurz dargestellt.

4.3 Schizotypie

Schizotypie ist erst in den letzten Jahres als eigenes Störungsbild eingeführt worden. Patienten mit dieser Diagnose wäre früher vermutlich entweder das diagnostische Etikett Schizophrenie oder schizoide Persönlichkeitsstörung zugekommen, möglicherweise auch das der *Borderline-Schizophrenie*, womit lange Zeit ein zwischen neurotischer und psychotischer Symptomatik angesiedeltes Störungsbild bezeichnet wurde[15]. Die Schwierigkeit, bei einzelnen Personen sich zu entscheiden, ob das gezeigte Verhalten noch im Rahmen einer Persönlichkeitsstörung interpretiert werden kann oder bereits den Symptomen einer floriden Psychose entspricht, hat die Einführung dieser Zwischenform in der ICD-10 – nicht im DSM-IV, wo eine schizotype Persönlichkeitsstörung aufgeführt wird – zur Folge gehabt; sie entspricht aber letztlich einer "Verlegenheitsdiagnose". ICD-10 (S. 113) definiert die schizotype Störung als eine "Störung mit exzentrischem Verhalten und Anomalien des Denkens und der Stimmung, die schizophren wirken, obwohl nie eindeutige und charakteristische schizophrene Symptome aufgetreten sind." In einer Liste von Symptomen, von denen kein einziges als "beherrschendes oder typisches Merkmal" aufgefaßt wird, sind einige aufgeführt, die eher der schizoiden, paranoiden oder zwanghaften Persönlichkeitsstörung (s. 8.2.2) entsprechen, etwa Kälte und Unnahbarkeit, Tendenz zu sozialem Rückzug, zwanghaftes Grübeln, Mißtrauen und paranoide Ideen; andere, wie "ungewöhnliche Wahrnehmungserlebnisse mit Körpergefühlsstörungen oder anderen Illusionen, Depersonalisations- oder Derealisationserleben" sowie "gelegentliche vorübergehende quasipsychotische Episoden mit intensiven Illusionen, akustischen oder anderen Halluzinationen und wahnähnlichen Ideen" haben eher Beziehung zur Schizophrenie; eine dritte Gruppe, zu der "seltsames, exzentrisches oder eigentümliches Verhalten und Erscheinung", "seltsame Glaubensinhalte und magisches Denken" sowie schließlich Eigenheiten von Denken und Sprache gehören (Vagheit, Umständlichkeit, Gekünsteltheit, dabei aber Fehlen von Zerfahrenheit) nehmen eine Zwischenstellung ein. Entwicklung und Verlauf der schizotypen Störung ähneln nach ICD-10 einer Persönlichkeitsstörung; "gelegentlich" entwickle sich eine "eindeutige Schizophrenie".

Die Codierung der schizotypen Störung nach ICD-10 erfolgt mit F21. Zur Diagnosestellung ist das Vorliegen von "drei oder vier" dieser Merkmale über einen gewissen Zeitraum erforderlich; der Betroffene dürfe nie die Kriterien einer Schizophrenie erfüllt haben. Angesichts der schwer präzisierbaren Bestimmungsstücke und der Probleme eindeutiger Abgrenzung von anderen psychischen Störungen – die Autoren nennen hier die schizoide und die paranoide Persönlichkeitsstörung sowie die Schizophrenia simplex – ist es verständlich, daß diese diagnostische Kategorie "nicht zum allgemeinen Gebrauch empfohlen" wird. Man wird abwarten müssen, ob sie in den weiteren Revisionen der ICD beibehalten wird.

Angaben zur Häufigkeit der schizotypen Störung liegen offenbar nicht vor oder wären dann ohnehin mit gewissem Vorbehalt zur Kenntnis zu nehmen; ebensowenig sind regelrechte Genesetheorien entwickelt worden. Gut nachgewiesen ist die enge Beziehung zur Schizophrenie, sei es im Sinne des erwähnten Übergangs in diese Störung, sei es hinsichtlich des gemeinsamen Vorkommens im Verwandtschaftskreis. Entsprechend gibt nach ICD-10 das Vorliegen einer Schizophrenie bei einem Verwandten ersten Grades der Diagnose Schizotypie "zusätzliches Gewicht."

4.4   Weitere mit der Schizophrenie verwandte Störungen

Diese, in der ICD-10 mit aller Zurückhaltung im Kapitel F2 (Schizophrenie, schizotype und wahnhafte Störungen) aufgeführten Symptombilder seien hier nur kurz und der Vollständigkeit halber vorgestellt. Im Vergleich zur Schizophrenie sind alle letztlich selten und haben wenig die Theoriebildung angeregt.

Schon lange steht in der Diskussion, ob Wahn auch als eigene psychiatrische Erkrankung, also nicht ausschließlich im Rahmen der paranoiden Schizophrenie vorkommt. Störungsbilder, bei denen die Patienten außer einem zumeist gut ausgearbeiteten Wahnsystem keine weiteren psychiatrischen Symptome zeigen (etwa die berühmte, autobiographisch beschriebene Wahnerkrankung des Gerichtspräsidenten Schreber, die von Freud [1911c] unter psychoanalytischen Gesichtspunkten neu interpretiert wurde), legen eine solche Annahme nahe. In der ICD-10 (S. 114 f.) gibt es deshalb eine eigene diagnostische Kategorie "anhaltende wahnhafte Störungen" (F22); dort sind Symptombilder einzuordnen, "bei denen ein langandauernder Wahn das einzige oder das auffälligste klinische Charakteristikum ist, und die nicht als organisch, schizophren oder affektiv klassifiziert werden können." Die schwierige Abgrenzung von der Schizophrenie wird aufgrund des Nichtvorhandenseins von Negativsymptomatik wie Affektverflachung, des Fehlens von akustischen Halluzinationen und aufgrund der spezifischen Wahninhalte vorgenommen: Verfolgungs-, Größen-, Querulanten- und Eifersuchtswahn wären mit der Diagnose

vereinbar, der für die Schizophrenie weitgehend typische Kontrollwahn nicht.

Der Bezug der anhaltenden wahnhaften Störungen zur Schizophrenie
wird als nicht gesichert angesehen (ICD-10, S. 114), regelrechte Genesetheorien sind nicht entwickelt. Eine Ausnahme bildet hier erwähntermaßen Freuds Theorie der Paranoia, die er über eine narzißtische Regression zur Abwehr homosexueller Impulse zu erklären versuchte (s. dazu Köhler 1993, S. 234 ff.). Als Therapie werden medikamentös Neuroleptika eingesetzt, wobei die Erfolge, insbesondere
bei den chronischen Formen, als recht gering eingestuft werden
(Gaebel 1996). Psychotherapeutische Behandlungen der wahnhaften
Störungen sind zu wenig dokumentiert, um hier dargestellt und beurteilt zu werden.

Die "akuten vorübergehenden psychotischen Störungen" (F23), über
deren nosologische Einheitlichkeit und Zuordnung zu anderen Störungsbildern weitgehend Unklarheit herrscht, sind durch akuten Beginn (oft auch rasche Rückbildung), das häufige Vorliegen vorausge-
gangener Belastungen und schließlich durch zeitlich sehr variable,
typisch schizophrene (produktive) Symptome wie Wahn und Halluzinationen gekennzeichnet. Für Einzelheiten der Klassifikation und
Diagnostik, speziell für die schwierigen Abgrenzungen von den Formen der Schizophrenie, gewissen affektiven, speziell manischen Psychosen, von substanzinduzierten und organischen psychischen Störungen muß auf Gaebel (1996) sowie insbesondere wieder die Ausführungen in der ICD-10 verwiesen werden. Die Therapie geschieht
standardmäßig mit Neuroleptika, die nach Verschwinden der Symptome nicht fortgesetzt werden muß; die Prognose ist günstig, wenn
auch Übergänge in Schizophrenien möglich sind (Gaebel 1996).

Bei der seltenen "induzierten wahnhaften Störung", nach ICD-10 mit
F24 zu codieren, übernimmt ein an sich zunächst unauffälliger Partner
im Zusammenleben mit einer anderen, im allgemeinen schizophrenen
Person deren Wahnvorstellungen (daher auch die Bezeichnungen
"symbiontischer Wahn" oder "folie à deux"). Häufig scheint ein Verhältnis der Abhängigkeit gegenüber der erkrankten Person zu bestehen; das sich den Wahn teilende Paar soll häufig in einer ungewöhnlich engen Beziehung leben und von anderen Menschen durch "Sprache, Kultur oder die geographische Situation" isoliert sein. Bei Trennung verschwindet die induzierte Wahnsymptomatik zumeist (nach
ICD-10, S. 122 f.).

Bei den *schizoaffektiven Störungen* (F25), deren nosologische Zuordnung augenblicklich weitgehend umstritten ist, handelt es sich um
"Mischpsychosen": Gleichzeitig oder nur durch wenige Tage getrennt

liegen dabei Symptome affektiver Störungen (manische Hochge-stimmtheit oder depressive Verstimmung) und der Schizophrenie vor, etwa Wahnvorstellungen, insbesondere Kontrollwahn oder Gedan-kenausbreitung. Entsprechend unterscheidet ICD-10 eine "schizo-affektive Störung, gegenwärtig manisch" (F25.0) von einer "schizo-affektiven Störung, gegenwärtig depressiv" (F25.1). Bei den mani-schen Formen der schizoaffektiven Psychosen ist der Beginn meistens akut, der Verlauf im allgemeinen kurz mit vollständiger Rückbildung. Antrieb und Stimmung sind gesteigert; es kann gereizt-aggressives Verhalten mit Verfolgungswahn auftreten. Die depressiven Formen der schizoaffektiven Psychosen zeichnen sich durch herabgesetzte Stimmung und Antrieb aus, verbunden mit diversen körperlichen Symptomen wie Schlaflosigkeit, Appetit- und Gewichtsverlust; Kon-troll- und Verfolgungswahn mit der Vorstellung sich ausbreitender Gedanken und akustische Halluzinationen entsprechen gleichzeitig Symptomen der Schizophrenie. Auch hier ist die Prognose insgesamt günstiger als bei den schizophrenen Erkrankungen; im Vergleich zu den manischen Formen ist die depressive schizoaffektive Störung we-niger auffällig, nimmt einen längeren Verlauf, Übergänge in einen schizophrenen Residualzustand kommen vor.

Die *Genese* ist unklar. Unter Verwandten von Personen mit schizo-affektiven Störungen sollen sowohl Schizophrenie als auch affektive Störungen sowie weitere schizoaffektive Psychosen gehäuft vorkom-men. Die *Therapie* der schizomanischen Formen geschieht in der Re-gel mit Neuroleptika, der depressiven mit Neuroleptika und Antide-pressiva; zur Vorbeugung werden Neuroleptika, bei ausgeprägter af-fektiver Symptomatik auch Lithiumpräparate und Carbamazepin (s. 5.10) empfohlen (verkürzt nach Gaebel 1996).

5. Affektive Störungen

5.1 Allgemeines; historische Vorbemerkungen

Affektive Störungen sind durch Veränderungen insbesondere der Stimmung gekennzeichnet, wobei sowohl eine ungewöhnlich gedrückte (depressive) als auch eine unangemessen gehobene (manische) unter diese Bezeichnung fällt. Andere Veränderungen der Affekte, beispielsweise gesteigerte Angst ohne begleitende depressive Symptomatik, werden nicht zu den affektiven Störungen gerechnet. Auf kaum einem Gebiet der Klinischen Psychologie beziehungsweise Psychiatrie gehen die theoretischen Vorstellungen so weit auseinander wie bei den affektiven Störungen. Die ältere psychiatrische Unterscheidung zwischen endogener ("psychotischer") und neurotischer Depression wird von verschiedenen Seiten hinsichtlich ihrer Zweckmäßigkeit angezweifelt, und sowohl in der ICD-10 als auch im DSM-IV nicht mehr durchgeführt. Andererseits weisen Kliniker, die mit auch jenen schweren Fällen von Depression zu tun haben, welche üblicherweise in der ambulanten Praxis nicht oder nur kurz gesehen werden, auf die Notwendigkeit hin, bezüglich Art, Schweregrad und Verlauf der Symptomatik depressiver Störungen grundlegende Differenzierungen vorzunehmen. In einigen psychiatrischen Lehrbüchern, etwa Möller (1997), wird auch entgegen den Klassifikationsvorschlägen der diagnostischen Systeme die alte Unterteilung beibehalten, sicher aus begründeten klinischen Erwägungen. Mit Zusammenfassung zweier möglicherweise qualitativ unterschiedlicher Störungen erhebt sich auch die Frage, wieweit die bisher gefundenen Zusammenhänge generalisiert werden können: So ist umstritten, ob man die biochemischen Korrelate, die bei den in der älteren Terminologie "endogen" genannten Depressionen gefunden wurden, auch bei den "neurotischen" als gegeben ansehen darf, sie also als generelles Charakteristikum depressiver Zustände aufzufassen sind; umgekehrt ist in der Diskussion, ob jene psychogenetischen Theorien, die nicht zuletzt von Psychologen an eher leichteren Fällen entwickelt wurden (etwa die Becksche Kognitionstheorie), auch für die schwereren und qualitativ möglicherweise unterschiedlichen "endogen" genannten Gültigkeit haben.

Wie in 4.1 ausgeführt, hatte Kraepelin in seinem Klassifikationssystem innerhalb der *"endogenen Psychosen"* zwei große Grundformen unterschieden, die *Dementia praecox* und das *manisch-depressive*

Irresein. Als Charakteristik der zweiten Krankheitsgruppe sah er vor allem Störungen der Affekte an, entweder im Sinne von Herabgestimmtheit (Depression) oder gehobener Stimmung (Manie). Da bei vielen Patienten abwechselnd die eine oder andere Stimmungslage zu beobachten war, wählte er die Bezeichnung manisch-depressives Irresein und faßte darunter auch Fälle zusammen, die nur durch depressive Phasen oder (sehr viel seltener) ausschließlich durch manische Episoden charakterisiert waren. Für die depressive Phase im Rahmen dieser endogenen Psychose wurde auch die Bezeichnung *"endogene Depression"* oder *Melancholie* gewählt. Spätere Namen für das manisch-depressive Irresein waren manisch-depressive Psychose, affektive Psychose sowie Zyklothymie (nicht zu verwechseln mit der Zyklothymia der ICD-10, s.u.). Von dieser "endogenen Depression" mit letztlich unbekannter Ätiopathogenese wurde schon bald die sogenannte *neurotische* unterschieden, für die man ein spezifisches Entstehungsmodell in Gestalt psychosexueller Konflikte annahm. Diese neurotische Depression wurde als weniger phasenhaft charakterisiert, insgesamt leichter verlaufend, mit oft besserem Befinden in den Morgenstunden, schließlich auch durch das weitgehende Fehlen sogenannter Leib- oder Vitalsymptome. Als charakteristisch für die endogene Depression oder Melancholie sollten hingegen neben der stärkeren Beeinträchtigung der eher phasisch begrenzte Verlauf mit nicht selten manischen Nachschwankungen oder zuweilen bald anschließenden manischen Phasen, ein typisches Morgentief sowie Vitalsymptome sein, etwa deutliche Schlafstörungen, Libido- und Potenzverlust, Appetitlosigkeit und Gewichtsabnahme, Kopfschmerzen und diffuse Bauchbeschwerden. Schließlich wurde auch noch eine *"reaktive Depression"* als übergroße Reaktion auf ein nachzuweisendes äußeres Ereignis als Kategorie angefügt. Hinzu kamen *organisch begründbare depressive Zustände*, etwa bei Infektionen, endokrinen Erkrankungen oder hirnorganischen Veränderungen.

Aus Gründen, die hier nicht im einzelnen dargestellt und diskutiert werden können, ist in der ICD-10 die Unterscheidung zwischen endogener, neurotischer und reaktiver Depression aufgegeben. Wesentliches Argument ist sicher, daß sich diese Trennung in der klinischen Praxis nicht mit hinreichender Zuverlässigkeit durchführen läßt und zudem damit allzu vorzeitig ätiologische Festlegungen getroffen werden, deren empirische Grundlagen noch zu schwach sind. Beibehalten wurde lediglich die Unterscheidung zwischen Depressionen, bei denen sich organische Ursachen mit gewisser Sicherheit nachweisen lassen (diese müßten mit F06.3, "organische affektive Störungen", verschlüsselt werden) und den anderen, unter F3 einzuordnenden

Symptombildern. Immerhin wird die Möglichkeit angeboten, das von vielen für endogene Depressionen als charakteristisch erachtete "somatische Syndrom" (s.u.) zusätzlich zu codieren.

Die folgende Darstellung hält sich an das Schema der ICD-10 und trennt zunächst nicht zwischen endogener und neurotischer Depression, wird aber auf diese Unterscheidung und ihre mögliche Zweckmäßigkeit wiederholt im Laufe dieses Kapitels hinweisen.

5.2   Das depressive und das manische Syndrom

Das *depressive Syndrom* ist im wesentlichen durch *Herabsetzung von Stimmung, Antrieb* und zumeist *Selbstwertgefühl* gekennzeichnet, weiter nicht selten durch Veränderung im Denken wie *Wahnvorstellungen*, schließlich in vielen Fällen durch eine Reihe *körperlicher Symptome*. Die *Psychomotorik* kann sowohl reduziert (*gehemmte Depression*) als auch gesteigert sein (*agitierte Depression*).

Die Stimmung ist nur sehr ungenügend mit dem Begriff Traurigkeit umschrieben; charakteristisch ist eher eine innere Verödung oder die Empfindung des Ausgebranntseins ("Gefühl der Gefühllosigkeit"). Der Antrieb für größere, einen gewissen intentionalen Bogen erfordernde Pläne ist reduziert. Dem widerspricht nicht, daß viele der Betroffenen psychomotorisch überaktiv sind, etwa in der Mimik ängstliche Anspannung zeigen, rastlos umherlaufen und dabei laut jammern. Diese treffend als "unproduktiv" beschriebene motorische Unruhe ist jedoch seltener als eine Bewegungsarmut, die im Extremfall die Form eines *depressiven Stupors*, vollkommener Regungslosigkeit, annehmen kann. Die Antriebsstörung zeigt sich vor allem in Interesselosigkeit, oft für die unmittelbarsten und bedeutsamsten Angelegenheiten familiärer, beruflicher oder wirtschaftlicher Natur. Auffällig sind *Konzentrationsschwierigkeiten* sowie eine *rasche Ermüdung* nach kleinsten körperlichen oder geistigen Tätigkeiten. Das erniedrigte Selbstwertgefühl manifestiert sich häufig in Selbstvorwürfen, oft bezüglich geringfügiger und lange zurückliegender Sachverhalte. In diesem Zusammenhang kann es zu regelrechten Wahnideen kommen, die persönliche Schuld, Verarmung und schließlich unheilbare, zum Tode führende Erkrankung zum Inhalt haben. *Suizidgedanken* sind häufig, entsprechende sehr ernst gemeinte und nicht selten erfolgreiche Versuche ebenfalls. An körperlichen Symptomen sind besonders *Schlafstörungen* und *verminderter Appetit* zu nennen.

Bei einer Anzahl der Betroffenen wird das sogenannte "*somatische Syndrom*" beobachtet – melancholisches oder endogenomorphes Syndrom wäre nach ICD-10 (S. 131) eine ähnlich treffende Bezeichnung. Es akzentuiert noch einmal generelle Charakteristika depressiver Zustände, so den Verlust von Interesse und Freude an "normalerweise angenehmen" Tätigkeiten, die Unfähigkeit, auf positive Reize emotional adäquat zu reagieren sowie die psychomotorische Agitiertheit oder Hemmung. Hinzu kommt das von vielen Autoren für die "endogene Depression" charakteristisch angesehene *Morgentief* und die deutliche *Verminderung von Libido, Appetit* und *Gewicht*. Das somatische Syndrom läßt sich diagnostizieren, wenn wenigstens vier der genannten Bestimmungsstücke zutreffen; sein Vorliegen kann (aber muß nicht) durch Anfügen einer weiteren Codenummer vermerkt werden (s.u.).

Das *manische Syndrom* zeichnet sich durch *gehobene Stimmung, gesteigerten Antrieb* und *erhöhtes Selbstwertgefühl* aus, stellt somit in vieler Hinsicht das Gegenstück des depressiven Syndroms dar. Die Stimmung ist dabei häufig, aber nicht immer euphorisch; gelegentlich kann auch eine "Überdrehtheit" oder aggressive Reizbarkeit auftreten; retrospektiv beschreiben Personen mit Manie ihren Stimmungszustand keineswegs regelmäßig als angenehm. Die Antriebssteigerung macht sich in einer Vielzahl von gleichzeitigen Aktivitäten bemerkbar, welche jedoch angesichts wieder neuer Ideen selten zu Ende geführt werden, so daß letztlich eine ausgesprochene Unproduktivität resultiert. Dem entspricht das *ideenflüchtige* Sprachverhalten, bei dem die Themen äußerst rasch gewechselt werden. Die Abgrenzung von der zerfahrenen, assoziativ restlos gelockerten Sprache Schizophrener kann in schweren Fällen von Manie nicht einfach sein. Das gesteigerte Selbstwertgefühl zeigt sich insbesondere in einer grenzenlosen Überschätzung der eigenen intellektuellen und oft auch finanziellen Möglichkeiten (bis hin zum regelrechten Größenwahn), die bisweilen zu ruinösen Unternehmungen und sinnlosen Anschaffungen verleitet. Die unrealistische Einschätzung der eigenen sexuellen Attraktivität zusammen mit gesteigertem Antrieb und vermehrter Libido kann zu entsprechender Distanzlosigkeit mit der Folge ausgesprochenen diesbezüglichen Fehlverhaltens führen. Körperlich fühlen sich Patienten mit manischem Syndrom zumeist ausgesprochen wohl; die Schlafdauer ist reduziert, ohne daß dies als unangenehm empfunden wird. Halluzinationen können vorkommen und erschweren bei zusätzlichem Größenwahn die Abgrenzung von der Schizophrenie.
Als *Hypomanie* bezeichnet man eine schwächere Ausprägung der Manie mit anhaltend leicht gehobener Stimmung, gesteigertem Antrieb und einem auffallenden Gefühl von Wohlbefinden und Lei-

stungsfähigkeit. Die affektiven Veränderungen wie vermehrte Geselligkeit und Vertraulichkeit oder Libidosteigerung sind nicht groß genug, um "zu einem Abbruch der Berufstätigkeit oder zu sozialer Ablehnung" zu führen; Wahn und Halluzinationen werden nicht beobachtet (nach ICD-10, S. 132).

5.3 Vorkommen und Verlauf depressiver und manischer Syndrome

Sowohl depressive wie manische Syndrome können im Rahmen *organischer Erkrankungen* auftreten (s. Möller 1997, S. 217 ff.) und verschwinden in aller Regel mit erfolgreicher Behandlung der zugrunde liegenden Veränderung. Als Ursache depressiver Zustände wären hier unter anderem Infektionskrankheiten zu erwähnen, degenerative Erkrankungen wie Morbus Parkinson oder Chorea Huntington, weiter Anämien und Stoffwechselerkrankungen, schließlich insbesondere Störungen im *endokrinen System*. Genannt seien hier neben Hyper-und Hypothyreose (Über- und Unterfunktion der Schilddrüse) Störungen im System von Hypothalamus-Hypophyse Nebennieren rinde (Addison-Krankheit bei Ausfall, Cushing-Syndrom bei verstärkter Aktivität der Nebennierenrinde)[1]. Gerade das Auftreten depressiver Symptomatik im Rahmen dieser endokrinologischen Erkrankungen hat dazu geführt, bei den nicht organisch zu erklärenden affektiven Störungen Dysfunktionalitäten im Bereich einzelner Hormonsysteme anzunehmen (s. 5.9). Manische Syndrome können ebenfalls im Rahmen von Infektions-, degenerativen und Stoffwechselerkrankungen auftreten, ebenso bei den bereits genannten endokrinen Störungen Addison-Krankheit, Cushing-Syndrom, Hyperthyreose; eine eindeutige Beziehung zwischen Aktivität eines Hormonsystems und depressiv-manischer Symptomatik ist also nicht anzunehmen.

Klinisch wohl relevanter und vor allem theoretisch von größerem Interesse sind depressive und manische Zustände als *Folge von Medikamenteneinnahme* oder *Konsum psychotroper Substanzen*. Insbesondere das blutdrucksenkende Reserpin hat als Nebenwirkung oft ein depressives Syndrom, welches man durch Verminderung von Monoaminmolekülen in den präsynaptischen Zellen zu erklären versucht (s. 5.8); auch findet sich unter anderem Dämpfung von Antrieb und Stimmung nach Gabe von Steroiden wie beispielsweise Cortisol. Ebenso können, ganz analog zu den erwähnten nicht einheitlichen Stimmungsveränderungen bei Erkrankungen der Nebennierenrinde, Steroide und das die Nebennierenrinde stimulierende ACTH auch ein manisches Syndrom hervorrufen. Bemerkenswert ist weiter die manische Symptomatik nach Konsum der sympathomimetisch wirksamen Amphetamine und des Kokain (s. 3.5 und 5.8) sowie insbesondere nach Gabe des Tuberkulosemittels Iproniazid, welche Entdeckung zur Entwicklung der antidepressiv wirksamen MAO-Hemmer geführt hat (s. 5.8 und 5.10). Die Wirkung all der erwähnten Substanzen hinsichtlich Stimmung und Antrieb ist im wesentlichen an ihre unmittelbare Gabe gebunden und verschwindet typischerweise nach Absetzen.

Der Großteil der depressiven und manischen Syndrome entwickelt sich nicht im Rahmen von nachweisbaren organischen Grundkrankheiten oder infolge von Substanzeinnahme. In vielen Fällen ist bei diesen (augenblicklich) nicht organisch erklärbaren Formen eine *phasenhaft* begrenzte Symptomatik zu finden. Die depressiven und manischen Episoden oder Phasen gehen, in der Regel erst nach Wochen bis mehreren Monaten, in einen Zustand normaler Stimmung über, häufig mit einem kleinen, teilweise wohl auch medikamentös induzierten Stimmungsüberschuß in die entgegengesetzte Richtung, beispielsweise mit einer hypomanischen Nachschwankung im Anschluß an eine depressive Episode. Vielfach folgen in mehr oder weniger großen Abständen weitere Phasen. Damit ergeben sich folgende Verlaufsmöglichkeiten: a) einmalige (monophasische) depressive oder manische Symptombilder, b) wiederholte Episoden mit stets einheitlich gedämpfter oder gehobener Stimmung (rezidivierende unipolare depressive oder manische Störungen) und c) wiederholte Episoden affektiver Symptomatik, wobei sowohl depressive wie manische Symptomatik in den verschiedenen Phasen beobachtet wird (bipolare affektive Störungen)[2].

Die Dauer der Episoden schwankt beträchtlich: Als Regel läßt sich formulieren, daß manische Phasen mit einer mittleren Länge von etwa vier Monaten kürzer als depressive (durchschnittlich etwa sechs Monate) sind, und daß mit zunehmendem Alter insbesondere die depressiven Episoden länger werden, oft mehr als ein bis zwei Jahre dauern (ICD-10, S. 135; Möller 1997, S. 222). Die Länge der symptomfreien Intervalle zeigt erhebliche Schwankungen, von wenigen Wochen bis zu mehreren Jahren. Eine Extremvariante stellen die "rapid cyclers" dar, bei denen sehr kurze, oft nur Tage dauernde depressive und manische Phasen ohne symptomfreies Intervall einander ablösen.

Die Häufigkeit von Episoden bei unipolaren depressiven Störungen ist bei Hautzinger & De Jong-Meyer (1994, S. 185) etwas detaillierter dargestellt: Eine einzige Episode erleben demnach etwa 20% bis 30% der Betroffenen, ein ähnlicher Prozentsatz macht deren zwei oder drei durch, die Hälfte der Patienten vier oder mehr. Bei den bipolaren affektiven Störungen wird ungefähr eine doppelt so hohe Phasenzahl angenommen. Wie erwähnt, gehen die Phasen (eventuell über eine kurze Nachschwankung) in einen Zustand affektiver Normalität über; Residuen wie bei Schizophrenie kommen selten vor; in einzelnen Fällen sollen aber nach intensiven multiphasischen Verläufen Beeinträchtigungen im Sinne chronisch depressiver Stimmung vorkommen (Möller 1997, S. 224). Ist die Prognose der affektiven Störungen zwar somit insgesamt gut, so muß doch der oft nicht geringe, zuweilen auch materielle Schaden bedacht werden, den Personen in einer manischen Phase anrichten. Schwerwiegender ist noch die hohe Suizidrate depressiver Patienten; man geht davon aus, daß zwischen 7% und 15% der Personen mit Depressionen Selbstmord begehen (Comer 1995, S. 288).

Angaben über die relative Häufigkeit der oben skizzierten Verlaufsformen sind mit aller Zurückhaltung zu betrachten; sie hängen nicht zuletzt davon ab, ob diesbezüglich affektive Störungen allgemein oder speziell die "endogenen" affektiven Psychosen betrachtet werden. Bei den letzteren gibt Möller (1997, S. 222 ff.) eine Häufigkeit von 60% für die monopolar-depressiven Verläufe an, wobei hier erwähntermaßen die Fälle mit einer einzigen Episode erheblich seltener als die rezidivierenden sind; bei etwa 35% der affektiven Psychosen werden bipolare Formen gefunden, Verläufe mit ausschließlich manischen Episoden sind mit circa 5% deutlich weniger häufig. Unterscheidet man nicht zwischen "endogenen" und sonstigen affektiven Störungen, nimmt man also insbesondere die in der früheren Terminologie "reaktiv" genannten depressiven Episoden hinzu, so dürfte sich der Anteil noch erheblich zugunsten der monopolaren depressiven Verläufe verschieben.

Neben diesen episodenförmig verlaufenden depressiven und manischen Syndromen kommen auch *anhaltende affektive* Störungen vor, welche zwar in der Intensität über die Zeit schwanken, aber dabei selten schwer genug sind, um die Diagnose einer depressiven oder manischen Episode zu rechtfertigen. Die chronisch depressive Verstimmung wird *Dysthymia* genannt und entspricht ungefähr der früher als "neurotisch" bezeichneten Depression mit leichterem und weniger klar phasenhaft abgegrenztem Verlauf. *Zyklothymia* (nicht zu verwechseln mit dem alten Begriff "Zyklothymie" als Synonym für manisch-depressive Psychose) bezeichnet eine andauernde Stimmungsinstabilität, bei der sich depressive und hypomanische Schwankungen finden, klinisch auffällig, jedoch nicht stark genug, um eine depressive oder (hypo)manische Phase zu diagnostizieren.

5.4 Diagnostik und Klassifikation

Die Diagnose einer affektiven Störung wird im wesentlichen im freien Gespräch durch Anamnese und Befunderhebung gestellt. Zunehmend kommen jedoch für Forschungszwecke, beispielsweise zur Verlaufskontrolle oder für die Zuteilung zu therapeutischen Bedingungen, stärker standardisierte Verfahren zum Einsatz. Besonders bekannt ist hier das *Becksche Depressionsinventar* oder die *Hamilton Depressionsskala* (für eine Zusammenstellung der Instrumente s. etwa Hautzinger 1994, S. 41 f. sowie Hautzinger 1997, S. 161 f.).

Die Diagnose *manische Episode* mit Codenummer F30 erfolgt, wenn die Person zum ersten Male entsprechende Symptomatik aufweist. Dabei wird nach Intensität und Zusatzsymptomen noch einmal unterteilt: Bei der *Hypomanie* (F30.0) findet sich leichtere Ausprägung manischer Symptome ohne Wahn und Halluzinationen, eventuell mit "Beeinträchtigung der Berufstätigkeit oder der sozialen Aktivität"; im Gegensatz zur Manie ist die Symptomatik nicht schwer genug, um "zu einem Abbruch der Berufstätigkeit oder zu sozialer Ablehnung" zu führen. Letzteres ist Zeichen der *Manie ohne psychotische Symptome* (F30.1) und der *Manie mit psychotischen Symptomen* (F30.2). Die zweite der beiden Formen ist schwerer und durch Wahnideen in Form von Größen-, Verfolgungs- oder religiösem Wahn gekennzeichnet. Die Abgrenzung von Schizophrenie und schizoaffektiven Störungen kann zuweilen schwierig sein. Für die Diagnose Manie ist erforderlich, daß die Symptome mindestens eine Woche bestehen und die erwähnte *Unterbrechung* beruflicher und sozialer Leistungsfähigkeit zur Folge haben; zudem muß, wie bereits betont, die manische Symptomatik die erste affektive Auffälligkeit darstellen.

Hat die betreffende Person vor ihrer Episode mit manischer Symptomatik bereits einmal eine depressive Episode durchgemacht, wird nicht eine manische Episode F30 diagnostiziert, sondern eine *bipolare Störung* (F31) mit einer augenblicklich manischen Episode; mit einer Zahl an vierter Stelle ist dann die Art der gegenwärtigen manischen Symptomatik zu beschreiben (F31.0: bipolare affektive Störung, gegenwärtig hypomanische Episode; F31.1: bipolare affektive Störung, gegenwärtig manische Episode ohne psychotische Symptome; F31.2: bipolare affektive Störung, gegenwärtig manische Episode mit psychotischen Symptomen). Gelangt die Person erst später in eine depressive Phase, so müßte rückwirkend die Diagnose korrigiert werden, wäre also beispielsweise F30.1 (Manie ohne psychotische Symptome) in F31.1 (bipolare affektive Störung, gegenwärtig manische Episode ohne psychotische Symptome) umzuwandeln.

Der Sachverhalt wird dadurch kompliziert, daß – zweifellos zunächst befremdend – auch dann von einer bipolaren affektiven Störung gesprochen wird, wenn dahin nur manische Phasen aufgetreten sind. Dahinter steckt die Überlegung, daß Personen mit ausschließlich rezidivierender manischer Symptomatik den Patienten, die daneben gelegentlich auch depressive Episoden erleben, "in Familienanamnese, prämorbider Persönlichkeit, Krankheitsbeginn und langfristiger Prognose" ähneln (ICD-10, S. 135). Hinzu kommt noch die Feststellung, daß solche rein manischen Verläufe offenbar sehr selten sind, somit auch nach wiederholten manischen Episoden mit großer Wahrscheinlichkeit eine depressive Phase zu erwarten ist.

Konnte bei einer Person bis zum Untersuchungszeitpunkt ein bipolarer Verlauf gefunden werden – beziehungsweise waren ausschließlich bis dahin manische Phasen zu beobachten – und zeigt sie dann depressive Symptomatik, so müßte die Diagnose *bipolare affektive Störung, gegenwärtig depressive Episode* gestellt werden, wobei hier eine zusätzliche Unterteilung nach Schweregrad des depressiven Syndroms (s.u.) und möglicher psychotischer Zusatzsymptomatik erfolgt. Es ergeben sich dann unter anderem folgende Diagnose- und Verschlüsselungsmöglichkeiten: F31.3 (bipolare affektive Störung, gegenwärtig leichte oder mittelgradige depressive Episode), F31.4 (bipolare affektive Störung, gegenwärtig schwere depressive Episode ohne psychotische Symptome) und F31.5 (bipolare affektive Störung, gegenwärtig schwere depressive Episode mit psychotischen Symptomen); zu letzteren wären Wahnideen, Halluzinationen oder depressiver Stupor zu rechnen (ICD-10, S. 143; s. auch unten); das Vorhandensein eines somatischen Syndroms im Rahmen der depressiven Episoden könnte mit der fünften Stelle gekennzeichnet werden (s.u.).

Von diesen sich durch eine einmalige manische Episode manifestierenden oder bipolar verlaufenden affektiven Störungen sind die unipolaren depressiven Formen anzugrenzen; dabei kann es sich um eine einzige Phase handeln oder um rezidivierende (rein) depressive Störungen. Eine *depressive Episode* (F32) wird dann diagnostiziert, wenn dies die erste ausgeprägtere affektive Symptomatik der betreffenden Person darstellt; wie bereits oben beschrieben, ist das Syndrom typischerweise gekennzeichnet durch die drei "Kernsymptome" depressive Stimmung, Verlust von Interesse und Freude sowie erhöhte Ermüdbarkeit (als Zeichen der Antriebsverminderung). Als sieben weitere häufige Symptome werden genannt: verminderte Konzentration und Aufmerksamkeit, vermindertes Selbstwertgefühl und Selbstvertrauen, Schuldgefühle und Gefühle von Wertlosigkeit, pessimistische Zukunftsperspektiven, Suizidgedanken oder Suizidhandlungen, Schlafstörungen und Abnahme des Appetits (verkürzt nach ICD-10, S. 139). Analog der Einteilung depressiver Episoden im Rahmen der bipolaren Störungen lassen sich bei den (bis zum Untersuchungszeitpunkt) als einmaliges affektives Syndrom auftretenden Episoden leichte (F32.0), mittelgradige (F32.1) sowie schwere depressive Episoden ohne (F32.2) und mit psychotischer Symptomatik (F32.3) unterscheiden. Für den Schweregrad ausschlaggebend ist das Vorliegen einer bestimmten Anzahl der drei genannten "Kernsymptome" (zwei davon bei den leichten und mittelgradigen depressiven Episoden, alle drei bei den schweren); zudem müssen noch eine gewisse Anzahl der sieben zusätzlich möglichen Symptome zu finden sein (für Einzelheiten s. ICD-10, S. 139 ff. sowie Haug 1996a, S. 142 f.). Die Diagnose "schwere depressive Störung mit psychotischen Symptomen" erfolgt dann, wenn Wahnideen (gewöhnlich Ideen der Versündigung, der Verarmung oder einer bevorstehenden Katastrophe, für die sich der Patient verantwortlich fühlen kann), Halluzinationen oder ein depressiver Stupor auftreten. Akustische Halluzinationen "bestehen gewöhnlich aus diffamierenden oder anklagenden Stimmen", Geruchshalluzinationen "beziehen sich auf Fäulnis oder verwesendes Fleisch" (ICD-10, S. 143 f.). Um von einer depressiven Episode sprechen zu können, sollten die Symptome in der Regel wenigstens zwei Wochen bestehen; dieses kritische Intervall kann kürzer sein, wenn die Symptome "ungewöhnlich schwer oder schnell aufgetreten" sind (ICD-10, S. 140).

Tritt eine depressive Episode nicht zum ersten Mal auf und sind bisher keine manischen Episoden beobachtet worden, so spricht man von einer *rezidivierenden depressiven Störung* (F33), wobei ganz analog zur einmaligen depressiven Episode die augenblickliche Symptomatik durch die vierte Stelle ausgedrückt wird: So würde beispielsweise F33.0 die Codenummer für eine *rezidivierende depressive Störung, gegenwärtig leichte Episode* darstellen.

Liegt eine dauernde Stimmungsstörung vor, bei der die Symptomatik nicht den Charakter regelrechter depressiver, hypomanischer oder manischer Phasen hat, so spricht man von einer *anhaltenden affektiven Störung* (F34) und unterscheidet *Zyklothymia* (F34.0) mit andauernder Instabilität der Stimmung und *Dysthymia* (F34.1) für chronische depressive Verstimmung; eine eigene Codenummer für anhaltend manische Gestimmtheit existiert nicht.

Faßt man die Klassifikation affektiver Störungen nach ICD-10 zusammen, so wird zunächst zwischen bis dato *einmaligen Episoden* und *rezidivierenden affektiven Störungen* differenziert. Bei den einmaligen Episoden läßt sich zwischen manischen (F30) und depressiven (F32) unterscheiden, wobei weitere Stellen die Symptomatik bezüglich Schweregrad oder Zusatzsymptomen psychotischer Art kennzeichnen. Handelt es sich wenigstens um die zweite Episode, so spricht man von einer rezidivierenden depressiven Störung dann, wenn alle Episoden einschließlich der gegenwärtigen depressiver Art waren; neben der allgemeinen Diagnose rezidivierende depressive Störung (F33) muß noch der Schweregrad sowie die Zusatzsymptomatik (psychotisch oder nicht-psychotisch) der gegenwärtigen Phase angegeben werden. Handelt es sich bei der gegenwärtigen bereits um mindestens die zweite manische Episode oder ist einer depressiven Episode mindestens einmal eine manische vorausgegangen, so ist die Diagnose *bipolare affektive Störung* (F31) zu stellen und mit der dritten Stelle Art (manisch oder depressiv) sowie Schweregrad und Zusatzsymptomatik der gegenwärtigen Phase zu vermerken. Affektive Störungen, deren Symptome nie so schwer sind, um regelrechte Episoden zu diagnostizieren, bilden eine eigene Gruppe *anhaltende affektive Störungen* (F34) mit den Unterformen Zyklothymia (F34.0) bei Schwankungen in beide Richtungen und Dysthymia (F34.1) bei ausschließlich depressiver Symptomatik.

Versucht man, diese neuere Klassifikation affektiver Störungen der älteren psychiatrischen gegenüberzustellen, so fällt zunächst auf, daß in der ICD-10 ätiologische Kategorien der Art "endogene", "reaktive" oder "neurotische" Depression vermieden werden. Lediglich gibt es die Möglichkeit (nicht aber die Verpflichtung), das Vorliegen von Symptomen, die besonders typisch für die "endogene Depression" erachtet werden (etwa das Morgentief), mit der zusätzlichen Codenummer für das "somatische Syndrom" zu vermerken. Gleichzeitig wird aber nun genauer nach dem Verlauf differenziert: Sprach (oder spricht) man im Sinne des alten Schemas oft von einer affektiven oder manisch-depressiven Psychose bereits dann, wenn eine einzige melancholische Phase beobachtet worden war, so werden heute eindeutig die lediglich einmal aufgetretenen Episoden von den rezidivierenden Verlaufsformen getrennt; innerhalb der letzteren wird noch einmal eine Unterscheidung zwischen den unipolar verlaufenden depressiven und den bipolaren Störungen getroffen, was üblicherweise im Rahmen der Diagnose "affektive Psychose" nicht genauer getrennt wurde. Da zunehmend Unterschiede zwischen den uni- und den bipolaren affektiven Störungen entdeckt werden, etwa hinsichtlich genetischer Determinanten oder Ansprechen auf Psychopharmaka, wird diese zunehmend differenziertere Einteilung nach dem Verlauf wohl bald weitere Einsichten ermöglichen; Ähnliches gilt für die nun noch schärfere Unterscheidung zwischen den in Episoden mit verstärkter

Symptomatik verlaufenden und eher kontinuierlichen depressiven Syndromen – letztere als Dysthymia weitgehend der früheren "neurotischen" Depression entsprechend.

Im DSM-IV (S. 375 ff.) ist die Einteilung ähnlich: Bei den depressiven Störungen kennt man – etwas vereinfacht wiedergegeben – neben der *Dysthymen Störung* die *Major Depression*, die eine einzelne Episode bildet oder rezidivierend verlaufen kann. Dem werden die *Bipolaren Störungen* gegenübergestellt, wobei hier auch rein manische Verläufe eingereiht werden; dabei wird noch einmal unterteilt in die *Bipolar I Störung* mit regelrechten manischen Episoden und *Bipolar II Störung*, wo nur hypomanische Episoden auftreten. Die *Zyklothyme Störung* entspricht der Zyklothymia der ICD-10.

5.5 Erstmanifestationsalter

Im Falle organisch bedingter oder durch psychotrope Substanzen und Medikamente hervorgerufener affektiver Störungen ist der Beginn der Symptomatik naturgemäß abhängig vom Beginn der Grunderkrankung oder der Substanzeinnahme, somit nur schwer genauer einzugrenzen.

Die vornehmlich episodenhaft abgrenzten depressiven Störungen können in jedem Lebensalter einsetzen; ihr Erstmanifestationsalter wird nach bei Comer (1995, S. 283) aufgelisteten Daten zwischen 24 und 29 Jahren angegeben[3]. Die bipolaren affektiven Störungen beginnen nach den erwähnten epidemiologischen Angaben zwischen 15 und 44 Jahren; im allgemeinen setzen sie einige Jahre früher als die unipolaren ein: Nach Daten in Hautzinger & De Jong-Meyer (1994, S. 184) liegt der Median des Ersterkrankungsalters etwa zwischen 20 und 30 Jahren bei den bipolaren, zwischen 30 und 40 Jahren bei den unipolaren Störungen.

Die anhaltenden depressiven Störungen (Dysthymia) machen sich typischerweise im frühen Erwachsenenalter bemerkbar und nehmen im allgemeinen einen chronischen, über Jahre bis Jahrzehnte sich erstreckenden Verlauf, wenngleich hinsichtlich Intensität Schwankungen zu beobachten sind.

5.6 Epidemiologie

Angaben zur *Häufigkeit affektiver Erkrankungen* schwanken beträchtlich, was zu einem großen Teil sicher auf die nicht einheitliche

Terminologie zurückzuführen ist (s. Anmerkung 3). Für die affektiven Psychosen, also die als "endogen" aufgefaßten bipolaren Störungen, wird im allgemeinen eine Lebenszeitprävalenz von etwa 0.5%-1% angegeben, was etwas unter der Häufigkeit der Schizophrenie liegt. Eine ähnliche Zahl nennt, ohne Differenzierung nach endogenen und nicht-endogenen Formen, auch Haug (1996a, S. 160), nämlich 1%, wobei allerdings dabei das Auftreten mindestens einer manischen Phase mit ausgeprägter Symptomatik verlangt wird; unter Einbeziehung hypomanischer Phasen und zyklothymer Persönlichkeitsstörungen – was offenbar bei epidemiologischen Angaben aus dem angloamerikanischen Bereich nicht selten der Fall ist – muß das Lebenszeitrisiko mit 6-8% deutlich höher angesetzt werden. Übereinstimmung besteht im wesentlichen darin, daß Frauen und Männer von bipolaren Störungen *ähnlich häufig* betroffen sind.

Noch größere Diskrepanz in den Angaben findet sich hinsichtlich der *Häufigkeit depressiver Syndrome*; hier macht sich unter anderem bemerkbar, daß zumeist nicht zwischen einmaligen Episoden und rezidivierenden depressiven Störungen unterschieden wird, zudem auch chronische Störungsbilder im Sinne von Dysthymie beziehungsweise neurotischer Depression zuweilen einbezogen werden. Weiter berücksichtigen manche Autoren offenbar auch leichte, nicht zur Behandlung führende depressive Zustände. So verwundert es nicht, daß in einigen Studien Lebenszeitprävalenzen depressiver Syndrome von bis zu 26% angegeben werden (Haug 1996a, S. 143; Comer 1995, S. 283; DSM-IV, S. 402), d.h. jede vierte Person hätte demnach in ihrem Leben mindestens einmal einen solchen Zustand durchgemacht. Bei den behandelten Fällen liegt die Häufigkeit niedriger (etwa 20% bei Frauen, 10% bei Männern), aber noch erheblich höher als die Lebenszeitprävalenz affektiver Psychosen; diese wurde oben mit bestenfalls 1% angegeben, wobei hier auch sämtliche "endogenen" Depressionen mit erfaßt sind. Übereinstimmung der vielen Daten ist lediglich hinsichtlich der Geschlechterverteilung zu konstatieren: Man geht allgemein davon aus, daß Frauen hier *deutlich überwiegen*, etwa im Verhältnis 2 : 1; bezüglich schwer depressiver Zustände scheint das Verhältnis sogar noch etwas extremer zu sein. Anders als bei der Schizophrenie sind bei den affektiven Störungen die verschiedenen Einkommensschichten weitgehend gleich betroffen, auch ist die Prävalenz für die schwarzen und die weißen Bevölkerungsanteile in den USA nicht wesentlich verschieden (Comer 1995, S. 283).

5.7 Familiäre Häufung und Vererbung

Affektive Störungen treten *familiär gehäuft* auf, wobei dies bei den bipolaren Formen deutlicher zu bemerken ist. Wieder ist die Diskrepanz der in der Literatur mitgeteilten Daten auf die mehr oder weniger weit gefaßten Definitionen zurückzuführen: je stärker die Beschränkung auf die schweren depressiven Zustände mit somatischem Syndrom beziehungsweise "endogener" Natur, desto eindrucksvoller offensichtlich der Nachweis genetischer Determiniertheit.

Nach Daten in Davison & Neale (1996, S. 269) haben Verwandte ersten Grades einer Person mit bipolarer Störung eine Wahrscheinlichkeit von etwa 10-20%, eine (nicht weiter spezifizierte) affektive Störung zu entwickeln; bei der hohen Prävalenz affektiver Syndrome (s. 5.6) ist dieser Befund nicht sehr aussagekräftig. Mehr läßt sich aus dem gehäuften Auftreten der Störungen bei Zwillingen ableiten: Ist ein Teil eines eineiigen Zwillingspaars an einer bipolaren Störung erkrankt, ist die entsprechende Wahrscheinlichkeit für den Partner 72%; bei dizygoten Zwillingen beträgt die Konkordanzrate nur 14%. Bezüglich unipolarer Depression sind diese Zahlen niedriger (nämlich 40% gegenüber 11%). Ähnlich wie bei der Schizophrenie läßt sich durch Untersuchungen von *Adoptivkindern* ausschließen, daß die familiäre Häufung affektiver Störungen allein die Folge gemeinsamer Umweltbedingungen ist (s. Davison & Neale 1996, S. 270).

5.8 Biochemische Korrelate affektiver Störungen

Wie bereits in 4.2.7 ausgeführt, sind biochemische Veränderungen, die bei psychischen Störungen gefunden werden, nicht als deren letzte Ursache zu betrachten, sondern als deren Korrelate beziehungsweise als ihnen zugrundeliegende Prozesse (s. auch Anmerkung 11 in Kapitel 4); entsprechend würden solche Befunde nicht im Widerspruch zu psychogenetischen Ansätzen stehen.

Die *Monoaminhypothese* ist augenblicklich das bekannteste biochemische Modell depressiver Störungen, obwohl sie vergleichsweise vage formuliert ist und selbst in dieser Unbestimmtheit im Widerspruch zu einer Anzahl empirischer Befunde steht. *Monoamine* haben unter anderem die Funktion von *Neurotransmittern*; zu ihnen zählt man üblicherweise *Serotonin*, *Dopamin* und *Noradrenalin*. Serotonin wird aus der Aminosäure Tryptophan gebildet und gehört zur Untergruppe der Indolamine, die Katecholamine Dopamin und Noradrenalin werden aus der Aminosäure Tyrosin synthetisiert.

Die Speicherung der Monoamine im präsynaptischen Neuron erfolgt wie bei den meisten Transmittern in Vesikeln, die ihren Inhalt bei Reizung in den synaptischen Spalt entleeren; nach Diffusion zur postsynaptischen Membran lagern sich die Transmitter an *Rezeptoren* an und führen zu Veränderung von Membraneigenschaften. Nach kurzem Kontakt mit dem Rezeptor diffundieren die Transmittermoleküle wieder in den synaptischen Spalt und werden früher oder später von der präsynaptischen Zelle aufgenommen (*reuptake*); sie können dann entweder erneut in Vesikel geschleust oder aber im Cytoplasma (außerhalb der Vesikel) abgebaut werden. Dieser Abbau findet offensichtlich bei augenblicklichem Überangebot an Transmittern statt und geschieht im wesentlichen (bei den Katecholaminen jedoch nicht ausschließlich) durch das Enzym *Monoaminooxydase* (MAO). Aus Serotonin entsteht dabei 5-Hydroxyindolessigsäure (englische und in der Literatur gebräuchliche Abkürzung: 5-HIAA = 5-hydroxyindoleacetic acid), aus Dopamin Homovanillinsäure, aus Noradrenalin MHPG (3-Methoxy-4-Hydroxy-Phenylglycol). Die Konzentration dieser Metaboliten im Blutplasma und in der Zerebrospinalflüssigkeit läßt einen (nicht immer sicheren) Rückschluß auf die Menge der entsprechenden Monoamine im präsynaptischen Neuron und synaptischen Spalt zu. Zu erwähnen ist noch, daß an der Membran des präsynaptischen Neurons sogenannte *Autorezeptoren* sitzen, die ebenfalls durch Monoamintransmitter aus dem synaptischen Spalt besetzt werden können. Der Grad der Besetzung dieser Autorezeptoren gibt somit Hinweis auf die Transmitterkonzentration im Spalt; ist diese hoch, so werden beim nächsten Impuls weniger Transmittermoleküle aus dem Endknöpfchen freigesetzt (dargestellt u.a. nach Möller et al. 1989, S. 49 ff.).

Die *Monoaminhypothese der Depression* nimmt eine *Minderaktivität an monoaminergen Synapsen* an. Dabei scheint Dopamin nicht wesentlich beteiligt zu sein (s.u.), so daß sich das Interesse auf *Noradrenalin* und *Serotonin* konzentriert hat. Entsprechend existiert eine Noradrenalin- und eine Serotonin-(Unter)hypothese, die *mangelnde Aktivität* an *noradrenergen* oder *serotonergen Synapsen* als *biochemisches Korrelat depressiver Zustände* annehmen. Ob beide biochemischen Veränderungen bei ein- und derselben depressiven Person gleichzeitig vorliegen oder ob jeweils nur in einem ihrer Transmittersysteme Störungen zu finden sind oder ob schließlich je nach Symptomatik (beispielsweise agitiert versus gehemmt depressiv) einmal eine Noradrenalin- und einmal eine Serotoninminderaktivität anzunehmen ist, wie also diese beiden Unterthesen der Monoamintheorie in Beziehung stehen – das alles ist bis jetzt wenig präzisiert. Ebenso-

wenig ist klar, an welchen monoaminergen Bahnen solche Minderaktivität zu finden sein könnte und wie man sich letztere genauer vorstellen könnte: Denkbar wären unter anderem mangelnde Ausschüttung von Transmitter aus dem präsynaptischen Neuron oder verminderte Rezeptorzahl und Empfindlichkeit an der postsynaptischen Nervenzelle.

Nicht notwendig nach historischen Gesichtspunkten wie Reihenfolge
der Entdeckung noch nach der Beweiskraft und empirischen Absicherung geordnet, sollen nun einige wichtige Befunde aufgelistet werden,
welche die Monoaminhypothese stützen. Ein vergleichsweise direkter
Hinweis ist die Tatsache, daß im Liquor cerebrospinalis von Depressiven, insbesondere von Personen nach Suizidversuch, *erniedrigte
Konzentration des Serotoninmetaboliten 5-HIAA* gefunden wurde,
was für eine niedrige Konzentration in den Endknöpfchen spricht.
Weniger eindeutig sind die entsprechenden Befunde zum *MHPG*,
dem *Abbauprodukt des Noradrenalin*; eine erniedrigte MHPG-Kon-
zentration im Urin scheint sich nur bei bipolar, nicht aber bei monopolar Depressiven zu finden (s. Davison & Neale 1996, S. 271).
Wichtiger Befund für Entwicklung und Beleg der Monoaminhypothese war die Feststellung, daß unter Gabe des Alkaloids *Reserpin* zur
Behandlung des Bluthochdrucks gehäuft depressive Syndrome auf-
traten; Reserpin macht nachweislich die Vesikel porös und führt die
Transmitter in den Endknöpfchen vermehrtem Abbau durch MAO zu.
Weitere Hinweise für die Gültigkeit der Monoaminhypothese ergeben
sich aus dem *Wirkmechanismus zur Depressionsbehandlung einge-
setzter Medikamente*. Die ursprünglich zur Therapie der Tuberkulose
verwendete Substanz Iproniazid führte bei depressiven Patienten zur
Stimmungsaufhellung; da sich die Wirkweise von Iproniazid über
eine Blockade der Monoaminooxydase (MAO-Hemmung) und damit
Erhöhung der Monoaminmenge in den Endknöpfchen erklären ließ,
schloß man daraus, den depressiven Syndromen müsse ein Mangel an
diesen Transmitterstoffen zugrundeliegen. Schließlich ist es die
Wirkweise der *tri-* und *tetrazyklischen Antidepressiva*, die mit gewissen Einschränkungen als Stützung der Monoaminhypothese aufgefaßt
werden kann. Diese Medikamente erhöhen die Konzentration von
Noradrenalin und Serotonin im synaptischen Spalt[4] durch Störung der
Wiederaufnahme in das präsynaptische Neuron (*reuptake-Hemmung*).
Indem sie in mehr oder minder starkem Maße gleichzeitig die
präsynaptischen Autorezeptoren blockieren, "täuschen" sie zusätzlich
einen Transmittermangel im Spalt vor und veranlassen die präsynaptische Nervenzelle zu verstärkter Ausschüttung bei Reizung. Die reuptake-Hemmung betrifft zumeist beide Transmittersysteme; bei den

zunehmend erfolgreicheren Versuchen, *selektive Serotonin-* und *Noradrenalin-Wiederaufnahme-Hemmer* zu entwickeln, wird es auf lange Sicht wohl möglich werden, eine genauere Zuordnung von spezifischem Transmittermangel und Symptomatik oder Personengruppen zu leisten; augenblicklich ist es zu früh, in diesem Rahmen entsprechende Hypothesen zu diskutieren (s. Anmerkung 9). Vergleichsweise deutlicher Konsens scheint zu bestehen, daß Dopamin bei der Entwicklung der depressiven Symptomatik keine wesentliche Rolle spielt, obwohl einige der oben genannten Befunde (etwa die Wirkung der MAO-Hemmer) auch mit der Hypothese einer Minderaktivität dieses Transmitters vereinbar wären; man leitet es daraus ab, daß Dopaminagonisten wie Kokain oder Amphetamine offenbar wenig auf die depressive Symptomatik wirken (Carlson 1991, S. 595).

Im Kontext der Monoaminhypothese bleiben einige Punkte zu klären. Als wichtigster wäre wohl der zu nennen, daß die Erhöhung der Serotonin- und Noradrenalinmenge im Spalt als Folge der reuptake-Hemmung und der Autorezeptor-Blockade rasch einsetzen müßte, während bis zum Wirkungseintritt der Antidepressiva im allgemeinen Wochen vergehen. So wird diskutiert, ob nicht die eigentliche Wirkung in einer Verminderung der Rezeptorempfindlichkeit als Folge permanent erhöhter synaptischer Konzentration besteht (down-regulation, s. 5.10), ein Modell, welches sich nur schwer mit der tradierten Monoaminmangel-Hypothese vereinbaren läßt. Im übrigen ist erwähntermaßen wenig geklärt, ob diese Korrelate bei allen depressiven Zuständen gefunden werden oder nur bei jenen Formen, welche man früher mit "melancholisch" oder "endogen depressiv" zu bezeichnen pflegte.

Nicht zuletzt aufgrund der Beobachtung, daß Überfunktion der Nebennierenrinde (Cushing-Syndrom, s. 5.3) häufig von affektiver Verstimmung begleitet ist, hat man als Grundlage depressiver Syndrome auch eine *Störung* im *Hypothalamus-Hypophysen-Nebennierenrinden-System* angenommen; man geht dabei von einer Fehlregulation der Rückkoppelungskreise aus, bei denen Erhöhung der Konzentration von Nebennierenrindenhormonen (etwa Cortisol) zu einer gedrosselten ACTH-Ausschüttung aus der Hypophyse und damit zu verringerter Hormonsekretion der Nebennierenrinde führt. Ein Beleg für solche veränderten Regelsysteme bei Depressiven ist der negative Ausfall des *Dexamethason-Suppressionstests*: Gabe von Dexamethason, einem synthetischen Corticoid, unterdrückt bei gesunden Personen die ACTH-Produktion der Hypophyse und läßt somit insbesondere die Cortisolkonzentration sinken, ein Effekt, der bei Depressiven häufig ausbleibt (s. Davison & Neale 1996, S. 272)[5].

Sehr viel unklarer ist noch, welche *biochemischen Veränderungen* der *Manie* zugrunde liegen. Da nach Einnahme der wenigstens partiell noradrenalinagonistischen Amphetamine und des Kokains manische Symptomatik mit Aktivitätssteigerung, mangelndem Schlafbedürfnis, gehobener Stimmung und Selbstüberschätzung auftreten kann, liegt eine Beteiligung von Noradrenalin bei diesem Störungsbild nahe. Auch soll bei diesen Patienten der MHPG-Spiegel im Liquor cerebrospinalis vermehrt sein und daher möglicherweise an den Synapsen auch mehr Noradrenalinmoleküle zur Verfügung stehen; überraschenderweise wurde gleichzeitig aber der 5-HIAA-Spiegel im Liquor erniedrigt gefunden; entsprechend soll sich bei tryptophanreicher Kost auch die manische Symptomatik bessern. Man hat daher angenommen, daß aufgrund niedrigen Serotoninspiegels die Noradrenalinkonzentration überhaupt erst die Schwankungen zeigt, durch die es zu depressiven und manischen Zuständen kommen könnte (s. Comer 1995, S. 318). Die interessante, aber letztlich nur bedingt empirisch untermauerte Hypothese lohnt weitere Untersuchungen.

5.9 Erklärungsansätze

Biologische Erklärungsansätze: Sie gehen im wesentlichen wieder von der *genetischen Komponente* bei der Entstehung von affektiven Störungen aus, wie sie durch die deutlich höhere Konkordanzrate bei eineiigen Zwillingen nahegelegt wird (s. 5.7); erwähntermaßen sprechen Studien an Adoptivkindern dafür, daß das Vorkommen depressiver Syndrome bei den leiblichen Eltern auch dann für Kinder ein Erkrankungsrisiko darstellt, wenn sie getrennt von diesen aufwachsen. Wie bei vielen anderen Störungen ist eine polygenetische Vererbung am wahrscheinlichsten; Versuche, für Depression verantwortliche Gene zu lokalisieren (etwa angesichts der größeren Häufigkeit bei Frauen beispielsweise auf dem X-Chromosom), sind bis jetzt wenig erfolgreich gewesen. Die nicht allzu hohe Konkordanzrate monozygoter Zwillinge spricht dafür, daß äußeren Einflüssen eine wichtige Rolle in der Genese zufällt, daß also wiederum, ähnlich wie bei der Schizophrenie, offenbar nur die Bereitschaft zur Entwicklung depressiver Symptomatik vererbt wird. Was genetisch hierbei festgelegt sein könnte, darüber läßt sich augenblicklich nur spekulieren; denkbar wären Dysfunktionen im endokrinen System oder in der Regulation der circadianen Rhythmen, welche die Ausbildung depressiver Zustände begünstigen könnten. Biologische Faktoren wie perinatale Komplikationen oder frühkindliche Infektionen, die das Risiko für Depression erhöhen könnten, sind – anders als bei der Schizophrenie – nicht gefunden worden.

Biologische Modelle zur *Entstehung* der *Manie* beziehungsweise der *bipolaren Störungen* sind kaum explizit formuliert worden; nicht einmal geklärt ist augenblicklich, ob bedeutsamere genetische Zusammenhänge zwischen den uni- und bipolaren affektiven Störungen existieren.

Psychologische Erklärungsansätze: Das erste bekanntere psychologische Modell der Depression ist von Freud in "Trauer und Melancholie" (Freud 1916-17g) entwickelt worden, dies jedoch in aller Zurückhaltung und mit der Einschränkung, hiermit nur Zusammenhänge für eine "kleinere Gruppe" gefunden zu haben. Die Gedankengänge der schwierigen Schrift können hier nur sehr schematisch wiedergegeben werden (für eine genauere Darstellung s. Köhler 1993, S. 243 ff.). Freud hebt die Ähnlichkeit zwischen Trauer und Depression hervor (gedrückte Stimmung, Verlust von Interesse an der Außenwelt); beides, nimmt er an, stelle eine Reaktion auf Verlust dar, der im Falle der Trauer immer bewußt sei, bei der Melancholie häufig unbewußt. Bei der Trauer werde nach gewisser Zeit (nach Ableistung der *Trauerarbeit*) die libidinöse Beziehung zum verlorenen Objekt gelöst, bei der Melancholie hingegen dieses sogleich introjiziert: Die depressive Person identifiziert sich nach Freud mit dem Objekt, die Selbstvorwürfe gelten nicht der eigenen Person, sondern stellen Vorwürfe gegenüber dem Verlorenen dar: "So hat man denn den Schlüssel des Krankheitsbildes in der Hand, indem man die Selbstvorwürfe als Vorwürfe gegen ein Liebesobjekt erkennt, die von diesem weg auf das eigene Ich gewälzt sind." (Freud 1916-17g, S. 434) Der psychodynamische Mechanismus ist sehr kompliziert: Diese Introjektion stellt eine *narzißtische Regression* dar – insofern rechnet Freud die Melancholie zu den *narzißtischen Neurosen*, vermißt dort die Übertragung und folglich die psychotherapeutische Zugänglichkeit (s. 4.2.8). Die Regression geht hier jedoch nicht so weit wie bei der Schizophrenie, sondern in ein Stadium zwischen der Ichliebe mit gänzlichem Fehlen äußerer Objektbesetzungen und ersten libidinösen Besetzungen der Außenwelt: In diesem Stadium werden die Objekte gewissermaßen einverleibt, bilden Teil des eigenen Ichs und werden im Rahmen der Ichliebe ebenfalls geliebt. Freud fügt noch hinzu, daß dieses Einverleiben ein Charakteristikum der *oralen Phase* der Libidoentwicklung darstellt: "Dürfen wir eine Übereinstimmung der Beobachtung mit unseren Ableitungen annehmen, so würden wir nicht zögern, die Regression von der Objektbesetzung auf die noch dem

Narzißmus angehörige orale Libidophase in die Charakteristik der Melancholie aufzunehmen." (Freud 1916-17g, S. 436). Zu den Bedingungen einer solchen Regression äußert er sich aber entgegen vielen Darstellungen nicht; die Theorie, daß in der oralen Phase eine Frustration vorgefallen sei, welche die Depressionsentwicklung begünstige, findet sich nicht in "Trauer und Melancholie". Es handelt sich hier um Zutaten späterer Analytiker.

Erwähntermaßen ist Freud in seiner Theoriebildung sehr zurückhaltend: "An diese Erörterungen schließt die Frage an, ob nicht Ichverlust ohne Rücksicht auf das Objekt (rein narzißtische Ichkränkung) hinreicht, das Bild der Melancholie zu erzeugen, und ob nicht direkt toxische Verarmung an Ichlibido gewisse Formen der Affektion ergeben kann." (Freud 1916-17g, S. 440) Diese Überlegungen Freuds sind vor allem im metapsychologischen Rahmen von Bedeutung und stellen eher beiläufige Bemerkungen über ein spezielles Krankheitsmodell dar, keineswegs eine allgemeine psychoanalytische Theorie der Depression; trotzdem haben sie umfangreiche Forschung angeregt. Speziell die Annahme eines Verlustes als Auslöser der Depression[6], analog zum Vorgang bei der Trauer, ist mehrfach, auch in einigen interessanten Tierexperimenten überprüft worden (für eine Darstellung s. Comer 1995, S. 296 ff.); gewisse Hinweise für die Gültigkeit gibt es, der Bezug zur psychoanalytischen Theorie bliebe zu diskutieren. Auch sind Versuche gemacht worden, die aggressiven Reaktionen Depressiver (gegen das angenommene introjizierte Objekt) nachzuweisen, dies aber mit unterschiedlichen Resultaten; Problem ist hier einerseits die etwas dubiose Methodik (projektive Tests, Inhaltsanalysen von Träumen), andererseits die Tatsache, daß Freud sein Modell ohnehin bestenfalls für eine Untergruppe melancholischer Patienten als gültig angesehen hatte. Untersuchungen, die frühe orale Frustration mit Depressionsneigung in Verbindung zu bringen versuchen (s. Comer 1995, S. 297), haben ebenfalls methodische 'Schwächen (beispielsweise den retrospektiven Ansatz) und stehen nur in sehr bedingter Beziehung zu Freuds Theorie.

In "Trauer und Melancholie" versucht der Autor auch (vorsichtig) eine Erklärung der Manie, die er unter ökonomischen Bedingungen Jubel und Freude gleichsetzt, bei denen ein psychischer Aufwand überflüssig werde und nun eine beliebige Abfuhr erfahren könne: "In der Manie muß das Ich den Verlust des Objekts [...] überwunden haben, und nun ist der ganze Betrag von Gegenbesetzung, den das schmerzhafte Leiden der Melancholie aus dem Ich an sich gezogen und gebunden hatte, verfügbar geworden." Der Manische, setzt sich die Argumentation fort, "demonstriert auch unverkennbar seine Befreiung von dem Objekt, an dem er gelitten hatte, indem er wie ein Heißhungriger auf neue Objektbesetzungen ausgeht." (Freud 1916-17g, S. 442)

Ein *lerntheoretisches* Entstehungsmodell der Depression ist die *Theorie des Verstärkerverlusts*, bei Comer (1995, S. 298 f.) unter der etwas mißverständlichen Bezeichnung "behavioristische Ansicht" ausführlich dargestellt. Sie geht auf Lewinsohn (Lewinsohn et al. 1984) zurück und war früher deutlich populärer als heute. Zentrale Annahme ist, daß aus verschiedenen Gründen die gewohnten *Verstärkungen* für die üblichen Verhaltensweisen *entfallen* und entsprechend das Aktivitätsniveau der Betroffenen sinkt bis hin zur depressiven Verstimmung und Interesselosigkeit. Lewinsohn und seine Mitarbeiter haben diese Annahme auch in einer Anzahl von Untersuchungen bestätigen können, allerdings zumeist (wenn auch nicht nur) aufgrund von Selbsteinschätzungen der depressiven Versuchspersonen; dies belegt zunächst jedoch nicht mehr als die bekannte Tatsache, daß im depressiven Zustand eine bevorzugt negative Sichtweise objektiv unveränderter Sachverhalte vorliegt. Zudem verhalten sich Depressive häufig genug selbst abweisend und ziehen sich zurück, so daß positive Verstärker zwangsläufig seltener werden. Auch wäre zu diskutieren, ob die Probanden der einschlägigen Studien wirklich regelrechte depressive Episoden aufwiesen oder ob es sich nicht vielmehr um chronisch Depressive, also Personen mit neurotischer Depression beziehungsweise Dysthymia handelte.

Bekannter und auch wesentlich interessanter ist die Theorie der "*gelernten Hilflosigkeit*", die zudem nicht nur auf klinischen Beobachtungen, sondern auch auf tierexperimentellen Untersuchungen basiert und somit die bei Humanstudien oft schwer zu klärende Ursache-Wirkungs-Beziehung eindeutiger herausarbeitet. Diese von Seligman in den 70er Jahren entwickelte Theorie (Seligman 1979) ist genauer (inklusive ihrer späteren attributionstheoretischen Modifikationen) bei Comer (1995, S. 302 ff.) und Davison & Neale (1996, S. 262 ff.) dargestellt, denen die Wiedergabe hier weitgehend folgt. In einem sehr beachteten Versuch der Seligmanschen Arbeitsgruppe wurden zwei Gruppen von Hunden mit angekündigten Elektroschocks konfrontiert, die sie leicht durch Wechsel von einer Abteilung der Versuchsbox in die andere vermeiden konnten. Der einen Gruppe der Versuchstiere, den "naiven" Hunden, die keine Vorerfahrung hatten, gelang dies leicht. Die andere Gruppe war zuvor mit unvermeidbaren Elektroschocks konfrontiert worden und zeigte im Versuch keine Fluchtreaktionen. Statt dessen legten sich die Tiere hin und ließen die aversiven Reize winselnd über sich ergehen. Hunde, die länger mit unvermeidbaren Schocks konfrontiert worden waren, fraßen schließlich weniger, nahmen ab und verloren auch sexuelle und sonstige soziale Interessen. Diese Versuche wurden verschiedentlich repliziert; dabei ergab sich bei Ratten der interessante Befund, daß nach gewisser Zeit die Aktivität von Noradrenalin im Gehirn abnahm. Ähnliche, wenn auch kürzere und weniger aversive Versuche wurden bei Menschen durchgeführt. So nutzten Probanden, die längere Zeit mit einem unangenehmen, nicht kontrollierbaren akustischen Reiz konfrontiert worden waren, später nicht die Gelegenheit, Geräusche abzustellen, auch als es schließlich mittels eines einfachen Hebeldrucks möglich war.

Seligman vertrat die Auffassung, Menschen würden depressiv, wenn sie glauben, "daß sie 1) keine Kontrolle mehr über die Verstärkungen in ihrem Leben haben und 2) für diesen hilflosen Zustand selbst verantwortlich sind." (Comer 1995, S. 302) Nach Seligmans Ansicht, so Comer, "erwachsen alle Symptome der Depression aus dieser Wahrnehmung von Hilflosigkeit und Selbstbeschuldigung." Die erste Hypothese läßt sich wohl bedingt aus den Experimenten ableiten, die zweite ist offenbar vor allem Resultat klinischer Beobachtungen, wobei möglicherweise als Ursache der Depression angesehen wird (Eigenverantwortlichkeit für Unglück), was nach anderer Auffassung lediglich ein typisches wahnhaftes Symptom darstellt (s. 5.2 u. 5.4). Daß alle Symptome der Depression aus der Wahrnehmung von Hilflosigkeit und Selbstbeschuldigung erwachsen, ist eine unbelegte Behauptung. Bestenfalls gezeigt konnte in den Tierversuchen werden, daß Resignation, Appetit- und Libidoverlust durch induzierten (massiven) Kontrollverlust hervorgerufen werden können; ob dies auch beim Menschen gilt, ob auch andere Symptome der Depression (erniedrigtes Selbstwertgefühl, Wahnideen) so erzeugt werden können und schließlich vor allem, ob es nicht ganz andere Wege der Entstehung gibt, bleibt völlig offen.

Später wurde die Theorie unter *kognitionspsychologischen* und *attributionstheoretischen Gesichtspunkten* revidiert beziehungsweise genauer formuliert. Zunächst mußte sie dahingehend geändert werden, daß nicht der *Kontrollverlust an sich*, sondern die *Empfindung des Kontrollverlustes* (die nicht den tatsächlichen Gegebenheiten entsprechen muß) die depressive Symptomatik hervorruft. Weiter wurde herausgearbeitet, daß es die Attributionen, die Arten der Zuschreibung sind, welche die Ausbildung der Depression begünstigt: Speziell anfällig sollen Personen sein, die *internal, global* und *stabil* attribuieren, also insbesondere negative Ereignisse sich selbst zuschreiben sowie sie für allgemeine und nicht situationsabhängige Vorkommnisse halten. Diese Revision hat eine Anzahl von Untersuchungen angeregt, deren Ergebnisse höchst konträr beurteilt werden (s. Hautzinger 1997, S. 174 f.). Hingewiesen sei hier nur darauf, daß die meisten dieser Studien offenbar nicht an "endogen" Depressiven, sondern an Probanden mit reaktiven oder neurotischen Depressionen durchgeführt wurden, nicht selten sogar mit klinisch unauffälligen Personen, die lediglich in Depressionsinventaren relativ zu Stichproben- oder Populationsmedianen erhöhte Scores aufwiesen. Die wesentliche Frage bleibt jedoch die, warum Personen aus offenbarem psychischen Wohlbefinden und Stabilität heraus zum Teil schwer depressive Symptomatik entwickeln und ob dies durch von außen herbeigeführten Kontrollverlust oder durch Änderungen des Attributionsstils hervorgerufen werden kann. Nur Längsschnittstudien, die angesichts der Phasenhäufigkeit bei rezivierenden depressiven Störungen eigentlich nicht allzu aufwendig sein dürften, könnten über den tatsächlichen Erklärungswert der Hilflosigkeitstheorie entscheiden.

Am bekanntesten, weil auch häufig therapeutischen Interventionen als rationale Begründung unterliegend, ist die von Beck (etwa Beck 1967) entwickelte *kognitive Theorie* der Depression; sie ist am ausführlichsten bei Comer (1995, S. 299 ff.), knapper und daneben kritischer bei Davison & Neale (258 ff.) und Hautzinger (1997, S. 179 ff.) dargestellt. Beck sieht Depression als Folge *fehlangepaßter Einstellungen*, einer *bestimmten Betrachtungsweise* (der sogenannten kognitiven Triade), *gewisser Denkfehler* und schließlich *automatischer Gedanken*; wie diese vier Bestimmungsstücke logisch und genetisch zusammenhängen, bleibt offen (für Versuche einer Klärung s. Davison & Neale 1996, S. 259); sie seien hier ohne eingehendere Erörterung dieses Problems kurz skizziert. Fehlangepaßte Einstellungen haben nach Beck ihren Ursprung bereits in der Kindheit und stellen inadäquate Schemata dar, sich in Relation zur übrigen Welt zu beurteilen. Sie bilden die kognitive Grundlage für bestimmte Formen des Denkens, die im Falle von Belastungen manifest werden, eben die *kognitive Triade*: negative Interpretation eigener Erfahrungen, des eigenen Ichs und der eigenen Zukunft. Im Rahmen dieser kognitiven Triade zeigen sich *typische Denkfehler*: Beim *willkürlichen Schlußfolgern* leiten die Betroffenen in logisch unzulässiger Weise aus zufälligen Gegebenheiten Aussagen (typischerweise negativer Natur) über sich selbst ab; bei der *selektiven Abstraktion* wird ein negatives Ereignis besonders beachtet, während andere neutrale oder positive ignoriert werden; *Übergeneralisierung* zeigt sich darin, daß aus einem einzigen (in der Tat negativen Sachverhalt) der eigene Wert generell in Frage gestellt wird; bei der *Maximierung* wird die Bedeutung negativer Ereignisse überschätzt, bei der *Minimierung* die positiver Vorkommnisse unterschätzt; bei der *Personalisierung* wird der eigenen Person Schuld für nicht beeinflußbare Ereignisse zugeschrieben (nach Comer 1995, S. 300; dort auch Beispiele für solche Denkfehler). Ein weiteres, bei Depressiven nicht fehlendes Moment sind *automatische*, immer wiederkehrende und schwer zu abzustellende *Gedanken*, die sich vornehmlich um die eigene Wertlosigkeit drehen. Im Sinne eines *Rückkoppelungssystems* führen die negativen Kognitionen zur Depression, und die depressiven Symptome verstärken weiter die pathogenen Denkfehler.

Becks kognitive Theorie der Depression hat eine große Anzahl von Untersuchungen stimuliert, die vielfach auch die Beziehung zwischen Depressivität und den erwähnten negativen Denkschemata bestätigen konnten. Die Schwierigkeit ist zum einen wiederum die Auswahl der Probanden, die oft Normalpersonen mit erhöhten Depressivitätsscores in Fragebogen, selten aber depressiv gestörte Patienten waren. Zum anderen drängt sich die Frage geradezu auf, ob der gefundene kognitive Stil tatsächlich die Ursache der Depression ist und nicht nur eine Umschreibung der in den ICD-10-Kriterien gewissermaßen als Definition depressiver Symptomatik eingeführten negativen Sichtweisen. Ob diese Denkfehler der depressiven Phase vorausgehen und deshalb vielleicht als ihre Ursache aufgefaßt werden können, wird kontrovers diskutiert: Comer (1995, S. 301) sieht dies zumindest teilweise bestätigt, während Hautzinger (1997, S. 178) und Davison & Neale (1996, S. 260 f.) es als nicht hinreichend erwiesen ansehen. Nach Davison & Neale (1996, S. 261) scheint Beck selbst auch mittlerweile von der Auffassung abgerückt zu sein, daß die negativen Kognitionen die Ursache depressiver Störungen darstellen.

Bei all diesen erwähnten Theorien ist zudem letztlich nicht genauer spezifiziert, auf welche Art depressiver Syndrome sie sich beziehen, ob auf die eher chronisch verlaufenden Formen im Sinne von Dysthymia (neurotischer Depression) oder die episodenhaft abgegrenzten Störungen; bei letzteren scheint es unerläßlich zu unterscheiden zwischen depressiven Zuständen bei Personen, die in gewissen Abständen ausschließlich diese erleiden und anderen, bei denen oft genau die gegenteilige Stimmungsschwankung erfolgt, die also eine bipolare Störung aufweisen. Daß beispielsweise in der Kindheit erworbene negativistische Denkstile wiederholt depressive Zustände begünstigen können, wirkt durchaus plausibel; daß dieselben Personen plötzlich konträre Einschätzungen ihrer Person und der Realität zeigen, ist sehr schwer mit einer solchen Sicht vereinbar. Überhaupt ist auffällig, wie sehr die Manie – von jenen wenigen Bemerkungen Freuds abgesehen (s.o.) – als Forschungsgegenstand von der Psychologie ignoriert wurde, obgleich sie ein besser definiertes und vielleicht auch interessanteres Störungsbild bietet. Allerdings steht, wie oben erwähnt, die Psychologie mit dieser Abstinenz nicht isoliert da; auch biochemische Theorien der Manie sind kaum, und wenn, dann eher beiläufig formuliert.

5.10 Therapie

Pharmakologische Behandlung: Die Behandlung episodenhaft depressiver Zustände, insbesondere der schweren, geschieht zumeist medikamentös, oft begleitend zu psychotherapeutischen Maßnahmen[7]. Bevorzugt kommen hier *Antidepressiva* (häufiges Synonym: Thymoleptika) zum Einsatz, Medikamente, die speziell auf die Besserung der Stimmung und Veränderung des Antriebs zielen[8]. Mit Benkert (1995, S. 54) kann man die Antidepressiva unterteilen in die *trizyklischen* und *tetrazyklischen* Antidepressiva, die *MAO-Hemmer* und die *selektiven Serotonin-Rückaufnahmehemmer* (reuptake-Hemmer). Die bekanntesten, am längsten im Einsatz befindlichen und nach wie vor wichtigsten Antidepressiva sind die *trizyklischen*, die (wie die Neuroleptika der Phenothiazingruppe) durch ein Gerüst mit drei Ringen gekennzeichnet sind; neben Imipramin, dessen stimmungsaufhellender Effekt bereits 1957 entdeckt wurde und das unter dem Namen Tofranil® im Handel ist, gehören dazu unter anderem Desipramin (Pertofran®), Clomipramin (Anafranil®), Amitriptylin (Saroten®) oder Doxepin (Aponal®); durch Modifikation von Seitenketten sind weitere entwickelt worden wie etwa Lofepramin (Gamonil®) oder Dibenzepin (Noveril®). Der stimmungsaufhellende Effekt ist bei allen prinzipiell gleich, wenn auch mehr oder weniger stark ausgeprägt; bedeutsamer sind die Unterschiede in der Wirkung auf den Antrieb, indem Desipramin (Pertofran®) eher einen antriebssteigernden Effekt hat, Amitriptylin (Saroten®) hingegen einen sedierenden, während Imipramin (Tofranil®) sich weitgehend antriebsneutral verhält (s. Gastpar 1996, S. 283). Diese Wirkunterschiede sind zu berücksichtigen, etwa bei der Therapie agitiert depressiver Patienten.
Der therapeutische Effekt der trizyklischen Antidepressiva tritt (wie der anderer Thymoleptika auch) in der Regel erst nach ungefähr zwei Wochen ein, so daß nur nach längerem Ausbleiben des Therapieerfolgs der Wechsel auf ein anderes Präparat indiziert ist. Wiederholt

wurde vermerkt, daß der antriebssteigernde Effekt vor dem stimmungsaufhellenden einsetzt und gefolgert, in dieser kritischen Übergangsphase sei deshalb die Suizidgefahr besonders groß ("Suizidermöglichung"); diese Möglichkeit sollte prinzipiell im Auge behalten werden. Die Wirksamkeit der trizyklischen Antidepressiva ist in zahlreichen Doppelblindstudien im Vergleich zu Placebo gut nachgewiesen, wobei offenbar nicht die eigentliche Phasenlänge, nur der Schweregrad der Symptomatik reduziert wird (Haug 1996a, S. 152).

Der *Wirkmechanismus* der trizyklischen Antidepressiva besteht in der *Wiederaufnahmehemmung für Monoamine*, gleichzeitig in der *Blockade präsynaptischer Autorezeptoren*. Mehr und mehr setzt sich aufgrund der langen Latenz des Wirkungseintritts die Auffassung durch, der eigentliche therapeutische Effekt beruhe nicht auf einer erhöhten Verfügbarkeit der Transmitter im synaptischen Spalt, sondern auf einer Verringerung der postsynaptischen Rezeptoren als Anpassung an das vergrößerte Angebot (down-regulation). Die Diskussion dieser Annahme, die mit den gängigen Monoaminmangeltheorien nicht oder nur schwer vereinbar ist, kann hier nicht geleistet werden (s. dazu etwa Möller et al. 1989, S. 57 f. oder Gastpar 1996, S. 282). Die trizyklischen Antidepressiva wirken nicht selektiv auf Serotonin- und Noradrenalin; Amitriptylin beeinflußt nach Möller et al. (1989, S. 52) sowie Gastpar (1996, S. 282) beide Systeme etwa gleich, während Imipramin und insbesondere Desipramin stärker die Wiederaufnahme von Noradrenalin hemmen, Clomipramin hingegen etwas mehr die von Serotonin; eine eindeutige Beziehung zwischen Wirkprofil (speziell: Antriebshemmung versus Antriebssteigerung) und Beeinflussung der jeweiligen Transmittersysteme scheint noch nicht gefunden (s. Anmerkung 9).

Neben Serotonin und Noradrenalin werden auch andere Transmitter beeinflußt, beispielsweise Acetylcholin, so daß eine Reihe von vegetativen Nebenwirkungen auftreten können, die bei Anwendung der trizyklischen Antidepressiva bedacht werden müssen; insbesondere die kardialen Nebenwirkungen wie Blutdrucksenkung und Verlängerung der Überleitungszeiten am Herzen verbieten zuweilen den Einsatz bei vielen Personen mit Herz-Kreislauferkrankungen.

Die sogenannten *Antidepressiva der zweiten Generation* sind diesbezüglich oft besser verträglich; hierzu rechnet man üblicherweise die *tetrazyklischen Antidepressiva*, beispielsweise Maprotilin (Ludiomil®)[9] oder Mianserin (Tolvin®), selektive Serotonin-Wiederaufnahme-Hemmer wie Fluvoxamin (Fevarin®) oder Fluoxetin (Fluctin®) sowie einige andere, die nicht oder nur bedingt in das oben eingeführte Schema passen, etwa Trazodon (Thombran®), Mirtazepin

(Remergil®) oder Venlafaxin (Trevilor®). Wieweit diese weniger mit Nebenwirkungen behafteten Medikamente hinsichtlich ihres antidepressiven Effektes mit den trizyklischen Substanzen vergleichbar sind, ist noch in der Diskussion (s. Möller 1997, S. 396).

Eine interessante Gruppe bilden die *MAO-Hemmer*, deren antidepressive Wirksamkeit ebenfalls 1957 – mehr oder weniger zufällig – entdeckt wurden. Sie verhindern den Abbau unter anderem von Noradrenalin und Serotonin in der präsynaptischen Zelle und erhöhen damit deren Verfügbarkeit für die synaptische Übertragung. MAO baut auch andere Stoffe ab, beispielsweise das mit der Nahrung aufgenommene Tyramin (welches insbesondere in Käse reichlich vorhanden ist), so daß die Hemmung dieses Enzyms zur Anhäufung von Tyramin mit der ernsten Gefahr von Blutdruckkrisen führen kann. Neuere selektive MAO-A-Hemmer, die den Tyraminabbau nicht stören, beispielsweise Moclobemid (Aurorix®), sind seit einiger Zeit im Einsatz, nachdem MAO-Hemmer in Deutschland über viele Jahre so gut wie nicht verordnet wurden.

Antidepressiva werden üblicherweise auch nach Ende der depressiven Episoden für einige Monate verabreicht und dann ausschleichend abgesetzt. Bei rezidivierenden depressiven Zuständen können sie auch länger zur Prophylaxe eingenommen werden. Bedeutsamer bei der Phasenprophylaxe sind aber mittlerweile *Lithiumpräparate*, insbesondere bei bipolaren Störungen, da Antidepressiva manische Phasen nicht verhindern, sie möglicherweise sogar provozieren können. Lithium liegt in den Medikamenten als Salz vor, beispielsweise als Lithiumacetat (Quilonum®), Lithiumkarbonat (Hypnorex retard®, Quilonum retard®) oder Lithiumsulfat (Lithium-Duriles®); als einwertiges Ion entspricht es Kalium und Natrium. Die phasenreduzierende Wirkung ist nachgewiesen, allerdings erst nach mehrmonatiger Einnahme; ob bipolare affektive Störungen besser ansprechen als unipolare rezidivierende depressive Syndrome, wird noch diskutiert (s. Benkert 1995, S. 79 f.; Davison & Neale 1996, S. 255). Der Wirkmechanismus ist letztlich noch nicht geklärt; es wird vermutet, daß Lithium in Konkurrenz zu anderen Ionen wie Natrium, Kalium oder Calcium tritt und auf diese Weise stabilisierend auf die Membranen von Neuronen wirkt (Möller 1997, S. 404; s. auch Benkert 1995, S. 75 für weitere zur Diskussion stehende Wirkmechanismen). Da Lithiumionen in höheren Konzentrationen sehr toxisch sind, ist eine sorgfältige Dosierung und regelmäßige Kontrolle des Lithiumspiegels im Serum unerläßlich. Bei Überdosierung (beispielsweise bei nicht beachteter Niereninsuffizienz) kommt es unter anderem zu neurologischen Symptomen wie Artikulations- und Gangstörungen, epileptischen Anfällen, Verwirrtheit sowie Bewußtseinstrübung bis hin zum Koma (für Genaueres s. Gastpar 1996, S. 288). Auch in normaler Dosierung wird Lithium von vielen Personen nicht vertragen (Tremor, Übelkeit, kardiale Nebenwirkungen), so daß man häufig auf das ebenfalls phasenprophylaktische *Carbamazepin* (Tegretal®, Timonil®) überwechselt; die Wirkmechanismen sind ebenfalls nicht bekannt. Beide Substanzgruppen wirken auch therapeutisch bei manischen Phasen, bei depressiven bestenfalls in Form der Verstärkung der Wirkung von Antidepressiva.

Bei der "neurotischen Depression", der Dysthymia in neuerer Terminologie, ist man traditionsgemäß mit der Gabe von Antidepressiva sehr zurückhaltend, obwohl dazwischen auch damit gute Erfolge berichtet werden (60% Remission nach einer bei Benkert 1995, S. 56 zitierten Studie). Nicht selten kamen auch Benzodiazepine bei dieser Indikation zum Einsatz, wobei man aufgrund des hohen Abhängigkeitspotentials davon zunehmend abrückt.

Manische Phasen werden üblicherweise mit *Neuroleptika* behandelt, oft zusätzlich mit Lithiumsalzen oder Carbamazepin, insbesondere wenn an eine anschließende Prophylaxe gedacht ist; alleinige Gabe dieser Medikamente scheint in vielen Fällen auszureichen.

Psychotherapeutische Verfahren: Diese sind am ausführlichsten bei Comer (1995, S. 325 ff.) besprochen, dem auch die Darstellung hier auf weite Strecken folgt; für eingehende Evaluationen psychologischer Therapien bei Depressionen sei auf Hautzinger & De Jong-Meyer (1996) verwiesen. *Psychoanalytische* (oder allgemeiner: *psychodynamische*) Therapien depressiver Zustände werden nicht selten durchgeführt, sind aber nicht in größeren Therapiestudien evaluiert worden. Unklar ist in den Falldarstellungen, ob es sich bei den Patienten eher um chronisch Depressive oder um solche mit episodenhaft verlaufenden depressiven Zuständen handelte. Ersteres dürfte häufiger der Fall sein, da die Kürze depressiver Episoden (im Schnitt etwa sechs Monate) und die folgende typische Beschwerdefreiheit oder gar manische Symptomatik klassischen psychoanalytischen Behandlungen große Schwierigkeiten entgegensetzt. Außerdem hatte erwähntermaßen Freud die Melancholie zu den *narzißtischen Neurosen* gerechnet, also das für die psychoanalytische Behandlung seines Erachtens entscheidende Moment der Übertragung bei diesen Patienten vermißt. Die Therapien basieren im großen und ganzen auf der Freudschen Annahme, daß der Depression ein Verlusterlebnis (oft unbewußter Natur) zugrundeliegt und versuchen, dies dem Bewußtsein zugänglich zu machen und zu bearbeiten. Der Wert klassischer, sich über lange

Zeit erstreckender psychoanalytischer Therapien bei der Depressions-behandlung wird nach Comer (1995, S. 329) eher gering geschätzt, wobei in schwer depressiven Zuständen wohl auch die Behandlung intellektuell zu anstrengend sein dürfte. Die therapeutische Hoffnung scheint zunehmend auf anders gestalteten Kurztherapien zu liegen, über deren Effizienz jedoch augenblicklich wenig gesagt werden kann.

Verhaltenstherapeutische Interventionen im engeren Sinne, also nach den älteren Modellen der Umkonditionierung durch alleinige Verän-derung von Stimuli und Konsequenzen konzipiert, basieren auf der von Lewinsohn vertretenen Annahme, daß depressiven Zuständen ein Verlust von verstärkenden Reizen zugrunde liegt (s. 5.9). Entspre-chend wird versucht, alte vor Beginn der Störung effektive Verstärker zu finden (beispielsweise gern verrichtete Tätigkeiten) und bei den Betroffenen wiedereinzuführen; weiter soll depressives Verhalten wie Weinen oder Jammern ignoriert, erwünschte Verhaltensweisen hinge-gen belohnt werden; hinzu kommt ein Training sozialer Fertigkeiten, damit die Depressiven durch verstärkte Kontakte wieder mehr in den Genuß von Verstärkungen aus sozialen Beziehungen kommen. Insge-samt werden gute Ergebnisse berichtet, allerdings nur, wenn sämtli-che der erwähnten Methoden gleichzeitig zum Einsatz kommen; nicht überraschend ist, daß dieses Therapieverfahren bei leichten und mit-telschweren Depressionen besser anspricht als bei schweren (Comer 1995, S. 331).

Gängiger sind *kognitiv-verhaltenstherapeutische* Verfahren, welche die klassischen verhaltentherapeutischen Techniken mit Elementen einsichtsorientierter Behandlungsverfahren verknüpfen. Die ersteren zielen auf direkte Verhaltensbeeinflussung und Abbau von defizitären Verhaltensweisen, wozu unter anderem Methoden zur *Hebung des Aktivitätsniveaus* (Planung des Tagesablaufes, Herbeiführen von ver-stärkenden Bedingungen und Vermeidung unangenehmer Stimuli) und *Verbesserung der sozialen Kontaktfreudigkeit* (Kompetenz-trainings und Rollenspiele) gehören (s. Hautzinger 1997, S. 207 f.). Die kognitiven Methoden setzen im wesentlichen an dem von Beck (s. 5.9) als pathogen betrachteten negativen Denk- und Bewertungsstil und den automatischen Gedanken an. Techniken sind dabei zunächst genaue *Selbstbeobachtung* mit Protokollierung negativer und auto-matischer Gedanken hinsichtlich Auslösesituationen und dabei auf-tretender Empfindungen, danach ihre Veränderung, unter anderem durch Überprüfung ihrer Angemessenheit und Entwicklung alternati-ver Überzeugungen (für Beispiele solcher Vorgehensweisen s. Haut-zinger 1994, S. 52 ff. oder Comer 1995, S. 336 f.).

Eine neue, sich besonders in den letzten Jahren zunehmend verbreitende Interventionsmethode bei Depressiven ist die "*Interpersonelle Psychotherapie*" (s. Comer 1995, S. 332 f.; Hautzinger 1997, S. 211 f.). Es handelt sich dabei um ein weitgehend ekklektizistisches Verfahren, welches Methoden der Konfliktbearbeitung im analytischen Sinne, direktiver verhaltenstherapeutischer Interventionen und einsichtsorientierter Therapien kombiniert und nicht zuletzt durch seine Kürze (etwa 15-20 Sitzungen, die im Laufe von drei bis vier Monaten durchgeführt werden) sowie seine starke Strukturiertheit überzeugt hat. Ziel ist insbesondere die Bearbeitung aktueller interpersoneller und sozialer Probleme, die im Zusammenhang mit der Entwicklung der depressiven Störung gesehen werden; dabei werden auch Bewältigungsstrategien und soziale Fertigkeiten geübt sowie Veränderung von Einstellungen versucht. Kontrollierte Studien zur Überprüfung der Wirksamkeit scheinen in Deutschland noch auszustehen; in den USA wird über gute Erfolge auch bei schweren Depressionen berichtet (Comer 1995, S. 332).

Die Wirksamkeit dieser Therapien, insbesondere der kognitiv-verhaltenstherapeutischen, ist auch im Vergleich zu rein pharmakologischen Behandlungen mehrfach evaluiert worden und hat sich als zufriedenstellend herausgestellt, wobei offensichtlich die Einschätzung von Psychiatern diesen Sachverhalten noch nicht die gewünschte Anerkennung gezollt hat (s. Hautzinger 1997, S. 206). Immerhin besteht wenigstens insoweit Konsens, daß Pharmako- und Psychotherapie nicht als unvereinbare Alternativen angesehen werden, sondern in vielen Fällen eine Kombination als sinnvoll betrachtet wird. Bei leichten und mittelschweren depressiven Zuständen wird auch von Psychiatern teilweise reine Psychotherapie empfohlen, während bei schwer depressiven Symptombildern eine pharmakologische Behandlung als unerläßlich betrachtet wird; in Diskussion steht noch, ob nicht auch dort (zusätzliche) Psychotherapie hilfreich und indiziert ist (s. Hautzinger 1997, S. 206 und die zu dieser Debatte zitierte Literatur). Eine Indikation, die augenblicklich noch zu wenig beachtet scheint, ist die *Rückfallprophylaxe* rezidivierender depressiver Störungen; gerade im Intervall, wo die eigentliche Symptomatik fehlt und das Interesse der Betroffenen nicht an sich ziehen kann wie in der floriden Phase, sollte es am sinnvollsten sein, pathogene Denkstrukturen zu verändern und eventuell Rezidive begünstigende Situationen aus der Welt zu schaffen.

So gut wie nichts findet sich in der Literatur zur *Psychotherapie* der *Manie*, wobei den wenigsten Autoren offenbar überhaupt diese Leerstelle auffällt. Schwierigkeiten bei einem therapeutischen Versuch bereiten sicher hier die mangelnde Krankheitseinsicht und der fehlende Leidensdruck der Betroffenen, zudem ihre oft große Impulsivität und Aggressivität, weiter ihre Schwierigkeit, sich länger mit ein und derselben Tätigkeit abzugeben. Die wenigen Therapiestudien beziehen sich im wesentlichen auf das symptomfreie Intervall, wo die Betroffenen unter anderem zur korrekten Durchführung der Lithiumeinnahme angehalten werden ("Medikationsmanagement") und psychoedukative, aufklärende Maßnahmen die Patienten und Angehörigen mit der Krankheit und Bewältigungsmöglichkeiten vertraut machen. Wichtig wäre es auch, die Patienten in den symptomfreien Intervallen so zu schulen, daß sie die ersten Anzeichen manischen Verhaltens und Stimmung erkennen können, um sich dann rechtzeitig, bei noch vorhandener Krankheitseinsicht, in Behandlung begeben zu können.

6. Neurotische, Belastungs- und somatoforme Störungen

6.1 Allgemeines; historische Vorbemerkungen

Die große Kategorie "Neurotische, Belastungs- und somatoforme Störungen" (F4) umschließt in der ICD-10 eine Anzahl äußerlich recht verschiedener Syndrome, deren Zusammenfassung sich vornehmlich *historisch* begründen läßt. Es handelt dabei um wesentlichen um Symptombilder, die den *Übertragungsneurosen* (*Zwangsneurose*, *Angst-* und *Konversionshysterie*) in Freuds Einteilung entsprechen und deren Genese in der Verdrängung psychosexueller Konflikte unter Symptombildung gesehen wurde. Obwohl dieses psychoanalytische Modell der Ätiopathogenese keineswegs je unumstritten war und erst recht heute nicht ist, blieb diese Gruppe als diagnostische Kategorie auch in der betont deskriptiven ICD-10 weiter erhalten; zudem wurden noch einige Symptombilder darunter subsumiert, die nach Freud anders einzuordnen sein müßten; es sind dies die *generalisierten Angststörungen* und die *Neurasthenie* (von Freud als Aktualneurosen aufgefaßt, s.u.), die *Belastungsstörungen* (der klassifikatorisch unklaren traumatischen Neurose Freuds entsprechend) und die *somatoformen Störungen*, die als wesentlich vegetative Syndrome in der Freudschen Klassifikation keinen rechten Platz gefunden hatten. Versucht man darüber hinaus, die klinisch-phänomenologischen Gemeinsamkeiten der mit F40 - F48 codierten Syndrome herauszuarbeiten, so ist im Gegensatz zu den organischen psychischen Störungen der fehlende Nachweis von Organveränderungen und in Abgrenzung zu den Störungen durch psychotrope Substanzen der nicht feststellbare Zusammenhang mit Substanzkonsum anzuführen; in Abhebung von Schizophrenie und wahnhaften Störungen wäre der nicht gestörte Bezug zur Realität zu nennen. Am schwierigsten stellt sich die Abgrenzung von den affektiven Störungen dar; Kriterium muß eher ein quantitatives sein, daß affektive Symptome bei den Störungen der Kategorie F4 nicht in entscheidender Weise das klinische Bild prägen – eine unter anderem für manche Phobien sicher nicht ganz unproblematische Aussage.

Wie bereits in 4.1 angedeutet, herrschte gegen Ende des 19. Jahrhunderts bezüglich der Einteilung psychischer Störungen eine erhebliche terminologische Verwirrung und Willkür, indem unter diversen Begriffen wie Psychosen, Neurosen, Psychasthenie und Neurasthenie, teils auch unter Hysterie recht unterschiedliche Bilder wenig konsistent zusammengefaßt wurden. Erst Freud hat hier eine gewisse Ordnung geschaffen (s. dazu Köhler 1993, S. 248 ff.); einige der von ihm geprägten Begriffe wie Zwangsneurose oder Angstneurose haben sich lange gehalten und werden erst in den letzten Jahren aufgrund allzu eindeutiger ätiologischer Implikationen der Namensgebung verlassen. Freud, der selbst für einige Zeit Neuropsychose und Psychoneurose mehr oder weniger austauschbar verwendete und zu dieser Kategorie neben Hysterie und Zwangsneurose auch Fälle von halluzinatorischen Psychosen zählte, unterschied ab etwa 1898 eindeutig die *Aktualneurosen* (Angstneurose und Neurasthenie) von den *Psychoneurosen*. Die Störungen der ersten Gruppe waren dadurch gekennzeichnet, daß sie letztlich *keine psychische Ableitung* zuließen, also nicht über die komplizierten Prozesse der Verdrängung und Ersatzbildung erklärt werden konnten, sondern sich als direkte, zumeist körperliche Manifestationen von Sexualstau oder Sexualerschöpfung präsentierten. Die Psychoneurosen gehen hingegen nach Freud auf die *Kindheit* zurück und stellen in komplizierter Art die Lösung intrapsychischer Konflikte dar; die Symptome als deren verdeckter Ausdruck gestatten eine *sprachlich-symbolische Ableitung*, die nach Aufhebung der Verdrängung möglich wird. Später, etwa ab 1914, unterteilte Freud noch einmal die Psychoneurosen in die *narzißtischen Neurosen* (im wesentlichen Schizophrenie, Paranoia, Melancholie und Manie), bei deren Behandlung sich *keine Übertragung* einstellte und die *Übertragungsneurosen*, wo dieses Moment in der Therapie rasch zu Tage trat und – trotz dadurch auftretender Schwierigkeiten – die Aufdeckung und Bearbeitung unbewußter Konflikte überhaupt erst ermöglichte. Zu den Übertragungsneurosen rechnete Freud zum einen die Hysterie mit den Unterformen Konversionshysterie (heute teils den somatoformen, teils den dissoziativen sensorischen und motorischen Störungen zugeordnet), Dissoziationshysterie (etwa den dissoziativen Amnesien entsprechend) und Angsthysterie (in erster Näherung mit Phobien gleichzusetzen); die zweite große Übertragungsneurose im Freudschen System stellte die Zwangsneurose dar. Diese Einteilung ist in der späteren psychoanalytischen Krankheitslehre im wesentlichen beibehalten worden, wobei allerdings das Konzept der Aktualneurosen sehr an Bedeutung verloren hat und auch die Scheidung zwischen den Übertragungsneurosen und den nach Freud therapeutisch schlecht zugänglichen narzißtischen Neurosen weniger streng durchgeführt wird.

Im Rahmen der zunehmenden Entwicklung *alternativer Genesekonzepte*, etwa der *verhaltenstheoretischen*, welche die genannten psychischen Störungen nicht mehr als Ausdruck eines durch Verdrängung partiell unschädlich gemachten Konfliktes frühkindlichen Ursprungs sehen, sondern als oft spät *erworbenes Fehlverhalten*, ist der Neurosebegriff zunehmend kritischer reflektiert worden. Hinzu kommt, daß auch mehr und mehr pharmakologische Therapie hier angewendet wird; die alte pragmatische Unterscheidung von *Psychosen*, die vornehmlich medikamentös zu behandeln sind und *Neurosen* mit eindeutiger Indikation für Psychotherapie wird dadurch immer problematischer. Insofern ist es nicht unwahrscheinlich, daß in späteren Revisionen der ICD Störungen der Kategorie F4 Zuordnungen zu anderen Störungskategorien erfahren oder neue diagnostische Subgruppen bilden werden. Im DSM-IV werden unter der großen Rubrik "Angststörungen" unter anderem Agoraphobie, Panikstörung, spezifische Phobie, soziale Phobie, Zwangsstörung, akute Belastungsstörung, posttraumatische Belastungsstörung und generalisierte Angststörung aufgeführt, während somatoforme und dissoziative Störungen eigene Kategorien bilden.

Die anschließende Darstellung der "neurotischen, Belastungs- und somatoformen Störungen" folgt den Subkategorien der ICD-10 und stellt für jede einzelne – unter gewissen Auslassungen, etwa der Neurasthenie – Symptomatik, Genesemodelle und Therapiemöglichkeiten zusammen. Brüche innerhalb der Subkategorien sowie Redundanzen bei den Darstellungen der verschiedenen Subkategorien sind unvermeidlich, da die ICD-10-Klassifikation im wesentlichen phänomenologisch erfolgt.

6.2 Phobische Störungen

6.2.1 Symptomatik, Klassifikation, Epidemiologie

Phobien sind nach ICD-10 (S. 155 ff.) durch Angst vor im allgemeinen ungefährlichen Situationen und Objekten gekennzeichnet. Definitionsgemäß müssen diese außerhalb der betroffenen Person liegen; nicht gerechtfertigte Angst vor Krankheit wäre als hypochondrische Neurose (s. 6.7.1) zu klassifizieren.

Die ICD-10 nennt drei Untergruppen phobischer Störungen, nämlich *Agoraphobie, soziale Phobien* und die Sammelkategorie der *spezifischen (isolierten) Phobien*, welche durch Angst vor sehr umschriebenen Situationen oder Objekten gekennzeichnet sind. Die *Agoraphobie*, früher und teilweise auch heute noch in der eingeschränkten Bedeutung als Angst vor offenen Plätzen gebraucht (griech. agora = Marktplatz), wird in der ICD-10 im weiteren Sinne verwendet; sie definiert sich als Angst, die eigene schützende Wohnung zu verlassen und sich auf Plätze, in Menschenmengen oder Geschäfte zu begeben, auch die, allein in Zügen, Bussen oder im Flugzeug zu reisen. Das Gemeinsame der angstauslösenden Situationen ist das Fehlen einer sofortigen Rückzugsmöglichkeit (Gefühl, in der Falle zu sitzen); insofern entspricht die Agoraphobie in gewisser Hinsicht der früher häufiger gebrauchten Bezeichnung "Klaustrophobie" (Angst vor Eingeschlossensein). Die angstauslösende Vorstellung für die Patienten ist "zu kollabieren und hilflos in der Öffentlichkeit liegen zu bleiben"; infolge dessen verlassen viele ihre Wohnung selten oder gar nicht[1]. Nach Reinecker (1993, S. 35; s. auch Ehlers & Margraf 1994, S. 122) beginnen Agoraphobien meist später als die anderen phobischen Störungen, nämlich im wesentlichen im 3. Lebensjahrzehnt und nehmen dann einen chronischen Verlauf; immerhin treten nach Linden (1996, S. 348) in 40-50% der Fälle nach einigen Jahren spontane Besserungen auf. Kompliziert wird der Verlauf oft dadurch, daß chronischer Alkoholismus und Medikamentenabusus bei agoraphobischen Personen häufig ist, Folge möglicherweise von Selbsttherapien der Ängste; zudem treten vergesellschaftet mit Agoraphobien nicht selten schwere Depressionen auf (s. Margraf & Becker 1997, S. 259 und die dort angeführte Literatur).

Die Diagnose Agoraphobie (F40.0) wird nach ICD-10 gestellt, wenn 1) die Symptome "primäre Manifestationen der Angst" sind und "nicht auf anderen Symptomen wie Wahn- oder Zwangsgedanken beruhen", 2) die Angst in mindestens zwei der folgenden Situationen auftritt: "in Menschenmengen, auf öffentlichen Plätzen, bei Reisen mit weiter Entfernung von Zuhause oder bei Reisen alleine" und 3) Vermeidung der phobischen Situation stattfindet (verkürzt und vereinfacht nach ICD-10, S. 157). Bei einem Wahnkranken, der aus Angst vor Verfolgung nicht seine Wohnung verläßt, wäre also nicht diese Diagnose zu stellen; auch Personen, welche die geschilderten Ängste haben, aber trotzdem sich in die genannten Situationen begeben, würden ebenfalls nicht als Agoraphobiker bezeichnet werden. Die Autoren der ICD-10 weisen auf den schon oben erwähnten Sachverhalt hin, daß phobische Ängste, so auch Agoraphobien, häufig gleichzeitig mit Depressionen auftreten, wobei die Hauptdiagnose nach der beherrschenden Symptomatik gestellt wird. Tritt in den gefürchteten Situationen eine Panikattacke auf, so kann dies in der Diagnose vermerkt werden (F40.00 = Agoraphobie ohne Panikstörung, F40.01 = Agoraphobie mit Panikstörung); die Panikstörung bildet hingegen eine eigene Kategorie, wenn sie unabhängig von den erwähnten Stimuli in Erscheinung tritt (s. 6.3.1).

Soziale Phobien zentrieren sich nach ICD-10 (S. 157 f.) "um die Furcht vor prüfender Betrachtung durch andere Menschen in verhältnismäßig kleinen Gruppen (nicht dagegen in Menschenmengen)"; Folge ist, daß soziale Situationen vermieden werden. Soziale Phobien beginnen zumeist zwischen 15. und 20. Lebensjahr und scheinen wie andere Phobien vornehmlich chronisch zu verlaufen; wiederum liegt oft gleichzeitig Alkoholmißbrauch vor. Die diagnostischen Leitlinien für die Einordnung in die Kategorie soziale Phobien (F40.1) sind analog denen für die Agoraphobie (Symptome als primäre Manifestationen der Angst, Vermeidung der betreffenden Situationen), wobei die Angst "auf bestimmte soziale Situationen beschränkt sein muß."

Spezifische (isolierte) Phobien (F40.2) beziehen sich auf sehr eingegrenzte Situationen; als Beispiele werden unter anderem angegeben: Nähe bestimmter Tiere, Höhen, Donner, Dunkelheit, geschlossene Räume, "Urinieren oder Defäzieren auf öffentlichen Toiletten", "Verzehr bestimmter Speisen", Zahnarztbesuch oder die Furcht, bestimmten Krankheiten ausgesetzt zu sein. Der Beginn wird im allgemeinen früher angesetzt als bei sozialen und vor allem Agoraphobien; im Vergleich zu letzteren Störungen gelten spezifische Phobien als weniger einschränkend auf die Lebensgestaltung; so sollen etwa 8% der US-Bevölkerung zwar davon betroffen, nur etwa 0,2% aber im klinischen Sinne behandlungsbedürftig sein (nach Reinecker 1994b, S. 96). Die diagnostischen Leitlinien entsprechen denen für Agoraphobien und sozialen Phobien; insbesondere gehört dazu, daß die "phobische Situation – wann immer möglich – vermieden" wird.

Agoraphobien sind nach relativ übereinstimmenden Angaben in der Literatur sehr *häufig*; nach bei Margraf & Becker (1997, S. 259) zitierten Studien beträgt die Lebenszeitprävalenz zwischen 3% und 9%, die Sechs-Monats-Prävalenz zwischen 2,7% und 5,8%; danach hätte also im letzten Halbjahr vor der Untersuchung jede 20. bis 30. Person die Symptome einer Agoraphobie gezeigt. Konsens besteht auch darin, daß Frauen circa zwei- bis dreimal häufiger als Männer betroffen sind. Soziale Phobien sind nach manchen Autoren (etwa Margraf & Becker 1997; Reinecker 1993) etwa halb so häufig wie Agoraphobien[2]. Das Leiden betrifft die beiden Geschlechter nach allen präsentierten epidemiologischen Daten ungefähr gleich oft, möglicherweise mit einem leichten Überwiegen der Frauen; diskutiert wird, ob in höheren sozialen Schichten die Prävalenzraten tatsächlich größer sind oder ob sich diese Patienten nur häufiger in Behandlung begeben (s. Reinecker 1993, S. 17). Mit 4% bis 7% ist die Sechs-Monats-Prävalenzrate spezifischer Phobien sehr hoch, wobei allerdings die Beeinträchtigung erwähntermaßen weniger stark als bei Agoraphobien ist;

Frauen sind deutlicher öfter betroffen, bei Tierphobien etwa zehnmal mehr als Männer (s. Reinecker 1993, S. 17; etwas höhere Prävalenzen bei Comer 1995, S. 199).

Familiäre Häufung bei phobischen Störungen ist gut belegt: So sollen Verwandte ersten Grades von Personen mit Phobien im Vergleich zur Normalbevölkerung ein etwa zwei- bis viermal höheres Erkrankungsrisiko aufweisen. Zwillingsuntersuchungen zur Quantifizierung eines genetischen Anteils und Studien bei Adoptivkindern zum Ausschluß der Bedeutung eventuellen Lernens am Modell scheinen hinsichtlich Phobien weitgehend auszustehen; für Angststörungen allgemein wird eine Konkordanzrate von 42% für monozygote, von 11% für dizygote Zwillinge angegeben (Reinecker 1993, S. 19); speziell für Agoraphobie legen Untersuchungen ebenfalls eine höhere Konkordanzrate bei monozygoten Zwillingen nahe (s. dazu Davison & Neale 1996, S. 155).

6.2.2 Erklärungsansätze

Spezifische *biologische Erklärungsmodelle* der Phobien stehen aus; Theorien der Ängstlichkeit im allgemeinen sollten wenigstens zum Teil aber auch für das Verständnis dieser situationsspezifischen Ängste hilfreich sein. Sie werden an anderer Stelle (6.3.2) ausführlicher dargestellt. Hier sei nur angedeutet, daß möglicherweise auch Phobien eine angeborene Angstbereitschaft zugrunde liegt; diese könnte in gesteigerter Reaktionsfähigkeit des Autonomen Nervensystems, erhöhter Aktivität im Bereich des Locus coeruleus oder in erniedrigter Dichte von Benzodiazepinrezeptoren begründet sein.

Psychoanalytische Erklärungen der Phobien sind wesentlich komplizierter als gemeinhin dargestellt. Die Agoraphobie rechnet Freud in seinen frühen Schriften zu den *Angstneurosen*, stellt sie also pathogenetisch in die Nähe der situationsungebundenen frei flottierenden Ängste (s. 6.3.2); später, beispielsweise in den *Vorlesungen zur Einführung in die Psychoanalyse* (1916-17a, S. 278 f.) ordnet er sie den Psychoneurosen zu und sieht hier dieselben Bildungsmechanismen wie bei den spezifischen Phobien, etwa den Tierphobien. Der wesentliche dabei angenommene psychodynamische Prozeß ist der der *Verschiebung*, der Ersetzung durch eine assoziativ verbundene andere Vorstellung: Das ursprüngliche Angstobjekt wird gegen ein anderes vertauscht, wie beispielsweise in der berühmten Pferdephobie des "kleinen Hans" der Vater durch ein Pferd; die Ersetzung ist nicht willkürlich, sondern begründet sich teils durch äußere Gemeinsamkeiten, teils durch Erlebnisse, die Hans mit Pferden in Gesellschaft des Vaters hatte; hinzu kam ein angedeutetes traumatisches Erlebnis des Knaben mit Pferden, welches diesen eine weitere Eignung als phobisches Objekt verlieh[3] (Freud 1909b; für eine ausführliche Darstellung s. auch Köhler 1993, S. 202 ff.). Die Zwischenglieder zwischen zu Ersetzendem und Ersatz sind im allgemeinen zahlreich und die assoziativen Wege so verschlungen, daß das ursprüngliche Angstobjekt nicht mehr als solches erkannt wird; um das neue wird nun das System von Vermeidungsmaßnahmen errichtet, welches im allgemeinen, wenn auch unter Einschränkungen der Lebensqualität, Angstfreiheit gestattet. Die Angst vor dem ursprünglichen Objekt ist im Zusammenhang mit dem Sexualleben zu sehen und kommt weitgehend aus der Verdrängung libidinöser Impulse, welche, wenigstens nach der frühen Freudschen Theorie, in Form von Angst wieder auftauchen.

Lerntheoretische Erklärungen von Phobien basieren teils auf Vorstellungen einer *klassischen Konditionierung* mit anschließendem *Vermeidungsverhalten*, teils auf den Konzepten des *Modellernens* und schließlich zunehmend auch auf der Annahme einer *phylogenetischen Erbschaft* situationsgebundener Ängste (preparedness). Seit den berühmten und vielzitierten Versuchen von Watson und Rayner (1920) mit dem kleinen Albert, dem durch Paarung mit aversiven Stimuli Angst vor einer Ratte ankonditioniert[4] worden war, wurde das Zusammentreffen eines unangenehmen Eindrucks mit einem neutralen Reiz vielfach als Genesemodell einer Phobie angesehen. Eine mit Annahme der klassischen Konditionierung verbundene Schwierigkeit ist die Frage, warum die konditionierte Reaktion nicht bei fehlender Paarung mit dem aversiven Stimulus im weiteren gelöscht würde; diese kann durch das *Zwei-Faktoren-Modell* von Miller und Mowrer (Mowrer 1939; Genaueres bei Reinecker 1993, S. 68 ff.) als befriedigend beantwortet angesehen werden: Demnach löst ein Stimulus S_1, der mit dem ursprünglich neutralen, jetzt aber angstauslösenden konditionierten CS verbunden ist (also beispielsweise eine Situation, in der CS auftreten könnte), ebenfalls (geringere) Angst aus und wird deshalb gemieden; Folge ist eine Reduktion der durch S_1 hervorgerufenen Angst (negative Verstärkung) und damit eine im weiteren immer konsequentere Vermeidung von S_1 (in Folge auch von immer weiter entfernten Stimuli); das betreffende Individuum bringt sich durch diese Kette von präventiven Fluchtmaßnahmen um die Möglichkeit, die einmal festgestellte Assoziation von CS mit dem aversiven UCS erneut zu prüfen.

Läßt sich zwar auf diese Weise das Problem der Löschungsresistenz konditionierter Angstreaktionen erklären, so bleiben doch eine Anzahl weiterer Schwierigkeiten bei diesem Genesemodell, welche seinen Erklärungswert insgesamt sehr verringern. Zunächst ist anzumerken, daß in den Pawlowschen Versuchen CS und UCS mehrfach gleichzeitig präsentiert werden mußten, um eine erfolgreiche Konditionierung hervorzurufen, und eine wiederholte Paarung von aversivem und neutralem Reiz war auch in den Versuchen von Watson und Rayner durchgeführt worden (s. Anmerkung 4); insofern wäre die Wahrscheinlichkeit einer solchen Entwicklung schon aus statistischen Überlegungen nicht allzu groß[5]. Hinzu kommt, daß das ohnehin nur mäßig gelungene Experiment von Watson und Rayner (1920) nie mehr wirklich erfolgreich an Menschen repliziert werden konnte und daß ein Großteil der phobischen Personen keine begründenden aversiven Erlebnisse mit dem phobischen Objekt angibt (Davison & Neale 1996, S. 149; Margraf & Becker 1997, S. 250), so daß dieses Genesemodell (Erwerb durch klassische Konditionierung, Aufrechterhaltung durch operante Konditionierung im Sinne antizipatorischer Fluchtreaktionen) bestenfalls einen kleinen Teil der zahlreichen Phobien erklären könnte. In den letzten Jahren hat man daher als eine weitere Möglichkeit des Erwerbs mehr und mehr *Lernen am Modell* ins Auge gefaßt und die Gültigkeit dieser Annahme in Tierversuchen auch recht eindrucksvoll bestätigen können. So entwickeln etwa domestizierte Affen, die noch nie mit einer Schlange konfrontiert waren, Angst davor, wenn sie wilde Artgenossen beobachten, die angesichts von Schlangen Furcht zeigen (s. die bei Comer 1995, S. 211 f. dargestellten Versuche und die dort zitierte Literatur). Als eine besondere Form des Modellernens wird auch die Wissensvermittlung durch verbale Botschaften betrachtet, also beispielsweise die Warnungen vor Tieren durch Eltern oder Erzieher.

Eine weitere Schwierigkeit lerntheoretischer Genesevorstellungen resultiert aus der Tatsache, daß verschiedene Objekte (beispielsweise eher seltene Tiere wie Spinnen oder Schlangen) häufig Gegenstände von Phobien sind, andere, sehr viel mehr verbreitete, wie technische Instrumente hingegen selten, obwohl doch gerade hier die Verknüpfung mit aversiven Eindrücken öfter vorkommen sollte. Das von Seligman (1971) entwickelte Konzept der "preparedness" (etwa: Bereitschaft) trägt diesem Befund Rechnung, indem es angesichts von Objekten, welche in der Stammesgeschichte für das Überleben eine besondere Rolle spielten, eine leichtere Angstentwicklung annimmt; so wäre also eine Schlangenphobie unter evolutionsbiologischen Erwägungen für Tiere und Menschen früherer Zeiten durchaus ein Vorteil, während es sich heute nur noch um eine hinderliche Einschränkung ohne wirkliche Schutzfunktion handelte. Für diese zweifellos interessante, insbesondere auch in Anbetracht der ausgesprochenen Irrationalität mancher Phobien für das Verständnis möglicherweise sehr hilfreiche Theorie sei auf Reinecker (1993, S. 83 ff.) sowie Davison & Neale (1996, S. 150 f.) verwiesen.

6.2.3 Therapie

Medikamentöse Therapie phobischer Störungen ist in den letzten Jahren zwar etwas in den Hintergrund gerückt, hat aber weiterhin große Bedeutung. Mittel der Wahl waren für viele Jahre die *Benzodiazepine*, also Substanzen aus der Gruppe der Sedativa oder Anxiolytika (s. 3.4). Sie wirken nach allen bisherigen Kenntnissen über eine Verstärkung der GABAergen Hemmung im Zentralnervensystem. Ihre kurzfristige angstreduzierende Wirkung ist unumstritten, der Effekt hält jedoch im allgemeinen nach Absetzen nicht an, wenn nicht gleichzeitig noch psychotherapeutische Verfahren zum Einsatz kommen. Problematisch wird das hohe Abhängigkeitspotential der Medikamente gesehen, dazu ihre negative Wirkung auf Wachheit und Konzentration. Mehr und mehr kommen deshalb *Betarezeptorenblocker* wie etwa Propranolol (Dociton®) zum Einsatz, das bereits in niedrigen Dosen durch Dämpfung sympathischer Reaktionen (beispielsweise Senkung der Pulsfrequenz) die vegetativen Begleiterscheinungen der Angst vermindern und somit den Circulus vitiosus von Symptomwahrnehmung und Angststeigerung unterbrechen. Ebenso werden *trizyklische Antidepressiva* wie Imipramin (Tofranil®) in den letzten Jahren verstärkt bei Angststörungen, so auch Phobien, eingesetzt (Benkert 1995, S. 60); ihr Wirkmechanismus ist hier letztlich nicht bekannt.

Psychoanalytische Therapie wird bei Phobien praktiziert und zielt, hält man sich das oben gegebene Entstehungsmodell vor Augen, auf Rückgängigmachen der Verschiebungen und Aufarbeitung der pathogenen Konfliktsituationen. In einzelnen Fallberichten wird durchaus Wirksamkeit festgestellt; leider fehlen größere Evaluationsstudien mit Vergleich zu unbehandelten Kontrollgruppen. Im übrigen hatte bereits Freud, etwa in seinem Aufsatz "Wege der psychoanalytischen Therapie" (1919a), von einer rein intellektuellen Bearbeitung des Angstproblems abgeraten; speziell Agoraphobikern, die durch Verharren im Hause praktisch angstfrei waren, legte er nahe, sich auf der Straße mit der Angst zu konfrontieren und sie so auf ein gewisses Maß zurückzuschrauben, bei dem erst eine Therapie möglich sei.

Verhaltenstherapeutische Interventionen werden von vielen augenblicklich als psychotherapeutische Behandlung der Wahl bei Phobien angesehen und sind auch am besten evaluiert (für Einzelheiten der Vorgehensweise und Belege der Wirksamkeit s. beispielsweise Reinecker 1993, S. 103 ff.; Öst 1996; Margraf & Becker 1997). Über lange Zeit war die *systematische Desensibilisierung* die gebräuchliche verhaltenstherapeutische Behandlungsmethode der Phobien; die Patienten stellen dabei eine Hierarchie von angstauslösenden Situationen auf, setzen sich in Gedanken oder in Realität diesen Situationen aus, beginnend mit der am wenigsten die Angst induzierenden, und praktizieren gleichzeitig angst-antagonistische Verfahren, bevorzugt Progressive Muskelentspannung. Obwohl die Erfolge der systematischen Desensibilisierung bei Phobien nicht prinzipiell in Frage gestellt werden, bevorzugen Verhaltenstherapeuten in den letzten Jahren zunehmend direktere Konfrontationsverfahren, insbesondere *Exposition mit Reaktionsverhinderung*. Hier setzen sich die Patienten, typischerweise in Begleitung des Therapeuten, den angstauslösenden Situationen (wenn möglich in der Realität) aus und werden angehalten, kein Vermeidungsverhalten zu praktizieren; Beginn mit den am stärksten aversiven Situationen (*Reizüberflutung*) scheint sich mehr und mehr durchzusetzen. Dieser vornehmlich auf Verhaltensebene angreifenden Intervention werden gleichzeitig noch *kognitive* Elemente angefügt, indem die Betroffenen genau über die Rolle von Vermeidungsstrategien bei der Aufrechterhaltung der Phobien aufgeklärt werden; auch eine realistische Einschätzung der angstauslösenden Situation soll erreicht werden. Rein kognitive Verfahren scheinen bei Agoraphobie und spezifischen Phobien wenig wirksam zu sein, in Kombination mit den verhaltensorientierten, konfrontierenden Verfahren jedoch in hohem Maße und mit lange anhaltendem Erfolg (Reinecker 1993; Schneider & Margraf 1994; Margraf & Becker 1997). Im Falle sozialer Phobien ist ein differenzierteres therapeutisches Vorgehen sinnvoll: Bei jenem Teil von Patienten mit sozialen Phobien, bei denen gleichzeitig ein "soziales Kompetenzdefizit" vorliegt (also Unsicherheiten und mangelnde Ausbildung sozialer Fertigkeiten), scheint Training dieser Fertigkeiten, etwa mittels Rollenspielen, oft allein schon gute Erfolge zu bringen; eine Darstellung dieser Techniken findet sich bei Pfingsten (1994; 1996). Personen, die trotz ausreichender Kompetenzen soziale Ängste entwickeln, scheinen hingegen bevorzugt von den Konfrontationsverfahren zu profitieren (Margraf & Becker 1997).

6.3 Panikstörung und generalisierte Angststörung

6.3.1 Symptomatik, Klassifikation, Epidemiologie

Die *Panikstörung*, in der ICD-10 auch als "episodisch paroxysmale" (anfallsartige) Angst bezeichnet, ist durch wiederkehrende schwere Angstattacken charakterisiert, die meist einige Minuten, bei manchen auch länger dauern. Sie beginnen typischerweise plötzlich mit Herzklopfen, Brustschmerz, Erstickungsgefühlen und Schwindel; Entfremdungsgefühle, beispielsweise die Empfindung der Unwirklichkeit und der Fremdheit des eigenen Körpers, kommen hinzu, weiter auch Todesangst oder die Furcht, verrückt zu werden. Der Patient flieht aus der Situation, in der die Attacke auftritt, etwa aus einer Menschenmenge, und vermeidet entsprechende Situationen in Zukunft; die unvorhersehbaren Panikattacken können Angst vor dem Alleinsein hervorrufen; Furcht vor einem neuen Angstanfall beherrscht das Denken (verkürzt und verändert nach ICD-10, S. 160). Das Paniksyndrom kommt häufig assoziiert mit der Agoraphobie auf, ist aber als eigenständiges Störungsbild zu betrachten. Es setzt typischerweise im frühen Erwachsenenalter ein, das erste Auftreten kommt meist unvermittelt. Der Verlauf ist im allgemeinen chronisch, Spontanremissionen sind selten, wenn die Symptomatik schon länger als ein Jahr besteht (Margraf & Becker 1997, S. 259).

Die *generalisierte Angststörung* ist durch eine nicht an Objekte gebundene, "frei flottierende" Angst gekennzeichnet; die Beschwerden ähneln denen der Panikattacke, sind aber weniger ausgeprägt und dafür länger anhaltend: Nervosität, Benommenheit, Schwindelgefühle, Herzklopfen, Muskelanspannung, um nur einige zu nennen. Die Patienten berichten über eine Anzahl relativ unspezifischer Sorgen und Vorahnungen; nicht selten werden Befürchtungen geäußert, der erkrankten Person selbst oder ihren Angehörigen werde etwas (nicht näher Bestimmtes) zustoßen (nach ICD-10, S. 161). Die ersten Symptome treten typischerweise im dritten Lebensjahrzehnt auf, die Störung verläuft im allgemeinen chronisch.

Die Symptomatik der Panikstörung und der generalisierten Angststörung nach ICD-10 entspricht zusammengenommen im wesentlichen der von Freud in die Literatur eingeführten "Angstneurose" (Freud 1895b), welche sich zum einen durch nicht oder bestenfalls sehr variabel an Objekte gebundene, als "frei flottierend" bezeichnete Angst charakterisieren läßt; daneben finden sich in Freuds Beschreibung (objektlose) Angstanfälle mit Arrhythmien, Schwindel und Schweißausbrüchen.

Panikstörung und generalisierte Angststörungen werden in der ICD-10 unter der Bezeichnung "sonstige Angststörungen" (F41) zusammengefaßt, welche sich von den "phobischen Störungen" (F40) dadurch unterscheiden, daß die das Bild beherrschende Angst nicht auf "bestimmte Umgebungssituationen" begrenzt ist. Die Diagnose Panikstörung wird dann diagnostiziert und mit F41.0 verschlüsselt, wenn die oben geschilderte anfallsartig begrenzte psychische und körperliche Symptomatik mehrfach binnen eines Monats aufgetreten ist und zwar in objektiv gefahrlosen Situationen, die als Auslöser nicht vorhersagbar und nicht bekannt sind; treten die Panikattacken jedoch bei bekannter Phobie auf, sind sie also auf die mehr oder weniger scharf bestimmten und vorhersagbaren angstauslösenden Situationen, insbesondere die des "Gefangenseins", beschränkt, so wäre primär Phobie als Diagnose zu stellen, in diesem Fall Agoraphobie mit Panikstörung (F40.01). Generalisierte Angststörung (F41.1) nach ICD-10 wird dann diagnostiziert, wenn die oben geschilderten Symptome während eines zumindest mehrwöchigen Zeitraums an den meisten Tagen aufgetreten sind und aufgrund der Symptomatik und der Auslösesituationen nicht anderweitig zu klassifizieren sind (verkürzt und vereinfacht nach ICD-10, S. 160 ff.).

Panikstörungen sind recht häufig; die Sechs-Monats-Prävalenz wird etwa mit 1% angegeben, die Lebenszeit-Prävalenz mit 1,4% bis 2,4%; Frauen sind etwa doppelt so oft betroffen wie Männer. Eine hohe Komorbidität des Paniksyndroms mit anderen psychischen Störungen wie Depressionen sowie mit Alkohol- und Medikamentenabusus ist in umfangreichen Studien belegt. Für das generalisierte Angstsyndrom schwanken die Häufigkeitsangaben beträchtlich, sicher Folge bis jetzt wenig verbindlicher Diagnosekriterien; die Lebenszeit-Prävalenz wird zuweilen auf 4% geschätzt, in anderen Untersuchungen nur etwa halb so hoch. Frauen und Männer erkranken ungefähr gleich häufig (nach Schneider & Margraf 1994, S. 68 f.; Margraf & Becker 1997, S. 255 ff.). Nach ziemlich übereinstimmenden Angaben sind generalisierte Angststörungen (wie übrigens auch Phobien) in den unteren Einkommensschichten deutlich häufiger zu finden (Comer 1995, S. 205 f.).

Die *familiäre Häufung* der Panikstörung ist gut belegt. Etwa 30% der Verwandten ersten Grades von Personen mit Paniksyndrom leiden ebenfalls an dieser Störung, die Konkordanzrate bei eineiigen Zwillingen liegt höher als bei dizygoten (Carlson 1991, S. 602). Für die generalisierte Angststörung sind die Verhältnisse weniger klar: Nach einer bei Davison & Neale (1996, S. 163) zitierten Untersuchung lag die Konkordanzrate monozygoter Zwillinge deutlich höher als die dizygoter (49% vs. 4%), nach einer anderen, an gleicher Stelle angeführten Arbeit unterschieden sich die Konkordanzraten nicht (s. auch Margraf & Becker 1997, S. 272).

6.3.2 Erklärungsansätze

Biologische Erklärungsansätze der Panikstörung gehen davon aus, daß die Bereitschaft zur Entwicklung des Symptombildes in gewissem Grade genetisch determiniert ist und zum Tragen kommt, wenn entsprechende innere oder äußere Bedingungen vorliegen. Als Beleg für diese Annahme wird gerne angeführt, daß klinisch unauffällige Verwandte von Personen mit Panikstörungen in Provokationsversuchen (Natriumlaktatinfusionen oder Atmen von Luft mit erhöhter CO_2-Konzentration) überdurchschnittlich häufig Angstattacken entwickeln (Carlson 1991, S. 602). Worin diese Bereitschaft begründet ist, ist augenblicklich Gegenstand von Spekulationen. So wird eine besondere Überaktivität gewisser Hirnregionen diskutiert, die mit der Ausbildung von Angstreaktionen zu tun haben könnten, etwa Teilen des Temporallappens oder des Gyrus parahippocampalis (s. Carlson 1991, S. 602 f.); andere Studien haben das Augenmerk auf den Locus coeruleus im Hirnstamm gelenkt, dessen elektrische oder pharmakologische Stimulation bei Tieren, mutmaßlich durch Aktivierung noradrenerger Bahnen, Panikattacken auslöst (Davison & Neale 1996, S. 164). Dieselben Strukturen werden – ebenfalls in recht vager Weise – mit der Ausbildung generalisierter Angststörungen in Verbindung gebracht, wobei in diesem Zusammenhang vor allem auch auf die Rolle des *Überträgerstoffs GABA* und der *Benzodiazepinrezeptoren* hingewiesen wird. Wie in 3.4.2 ausgeführt, ist GABA ein hemmender Transmitter im ZNS, dessen Wirkung offenbar durch Benzodiazepine verstärkt werden kann. Eine (möglicherweise etwas grobe) Modellannahme ist, daß sich in funktioneller Nähe der GABA-Rezeptoren Rezeptoren für Benzodiazepine befinden, bei deren Besetzung die GABA-Rezeptoren ihre Empfindlichkeit erhöhen (s. auch Barondes 1995, S. 216). Als genetische Grundlage vermehrter Ängstlichkeit (und damit auch erhöhter Wahrscheinlichkeit, eine klinisch relevante Angststörung zu entwickeln) vermutet man eine reduzierte Dichte von Benzodiazepinrezeptoren. Dafür spricht nicht nur die anxiolytische (angstlösende) Wirkung der Benzodiazepine; auch Tierversuche zur Reduktion der Rezeptoren deuten in diese Richtung: So konnte gezeigt werden, daß Junge von Katzen, die während der Tragzeit Benzodiazepine erhalten hatten, besonders ängstlich waren und auch weniger Benzodiazepinrezeptoren in verschiedenen Hirnarealen aufwiesen, Folge wohl eines Abbaus aufgrund von Benzodiazepinüberangebot im Embryonalstadium (s. Carlson 1991, S. 603).

Psychoanalytische Erklärungen von Panik- und generalisierter Angststörung entsprechen im wesentlichen denen der *Angstneurose*. Wie ausgeführt, nahm Freud für die Angstneurose eine *aktualneurotische Genese* an, sah also im Gegensatz zu seinen sonstigen Neurosemodellen die verursachenden Faktoren nicht in der Kindheit, sondern in Störungen des aktuellen Sexuallebens. Er ging davon aus, daß aufgestaute Sexualerregung sich in körperlichen und psychischen Angstsymptomen Bahn schaffe, vertrat somit letztlich die These einer *toxischen Entstehung*; Ursache war seiner Auffassung nach Erregung ohne adäquate Abfuhr, so bei Frauen etwa Einschränkungen im Sexualleben bei Impotenz des Mannes, bei Männern beispielsweise Koitus interruptus als Praxis der Empfängnisverhütung, bei unverheirateten Paaren sexuelle Stimulierung ohne folgenden Geschlechtsverkehr. Die Theorie hat letztlich wenig Anerkennung gefunden und ist auch in der psychoanalytischen Literatur häufig nicht erwähnt (vgl. dazu etwa Freyberger & Stieglitz 1996, S. 171 f.); Freud selbst ist übrigens nie explizit von dieser frühen Theorie abgerückt, hat sogar nachdrücklich in der *Selbstdarstellung* noch einmal auf ihre Plausibilität hingewiesen (Freud 1925d, S. 49 f.).

Lerntheoretische Modelle der Panikstörungen (im behavioristischen Verständnis beispielsweise Watsons) existieren nicht; *verhaltenstheoretische Erklärungsansätze* beziehen sowohl kognitive als auch biologische Faktoren ein und werden am besten mit der Bezeichnung "psychophysiologische Modelle" belegt (s. dazu ausführlich Margraf & Becker 1997, S. 260). Etwas verkürzt formuliert nehmen sie an, daß kleine körperliche Veränderungen als bedrohlich wahrgenommen werden können (etwa leichte Erhöhung der Herzfrequenz als erstes Anzeichen einer schweren kardiovaskulären Störung, im schlimmsten Fall als Vorbote oder Symptom eines Herzinfarkts interpretiert wird), wobei die so induzierte Angst zu weiteren körperlichen Veränderungen führt. Ein wichtiger pathogenetischer Mechanismus ist dabei möglicherweise die *Hyperventilation*, die übermäßige Abatmung von CO_2 mit der Folge von pH Verschiebungen im Blut (respiratorische Alkalose) und Veränderungen des Calciumspiegels; dies führt unter anderem zu Schwindel, Mißempfindungen und muskulären Verkrampfungen (Hyperventilationstetanie), verstärkt also noch die körperlichen Beschwerden und die Angstsymptome. Ebenso könnte dieser Prozeß der "positiven Rückkoppelung", also der Selbstverstärkung der körperlichen und psychischen Angstsymptomatik, mit einem kognitiven Stimulus beginnen, zum Beispiel mit der Erinnerung an einen ähnlichen Anfall in denselben oder vergleichbaren Räumlichkeiten, was nun wiederum körperliche Reaktionen, erst schwacher und schließlich immer intensiverer Natur hervorruft. Demnach wären Personen mit Paniksyndrom vor allem dadurch gekennzeichnet, daß sie körperliche Reaktionen als besonders bedrohlich wahrnehmen und daß der beschriebenen Aufschaukelung hier nicht negative Rückkoppelungsprozesse wie Gewöhnung oder Ermüdung entgegenwirken; die erstere Annahme wird gut belegt durch die Beobachtung, daß die gleiche Induktion körperlicher Veränderungen bei Panikpatienten größere Angstzustände als bei klinischen unauffälligen Personen auslöst. Dieses Modell, nützlich auch insofern, als sich auf diesen Annahmen rationale Therapien aufbauen lassen, bezieht sich allerdings mehr auf die Pathogenese als auf die Ätiologie des Paniksyndroms, läßt dabei insbesondere die Frage offen, bei welchen Personen diese gestörte Wahrnehmung und Bewertung körperlicher Vorgänge auftritt; insofern diskutiert man auch hier Dispositionen nicht zuletzt biologischer Natur.

Lerntheoretische Genesemodelle der *generalisierten Angststörung* im engeren Sinne existieren nicht oder haben nie besondere Kenntnisnahme erfahren; im weiteren Sinne *verhaltenstheoretische* Entstehungshypothesen, die unter anderem auch biologische und kognitive Faktoren berücksichtigen, werden zunehmend in den letzten Jahren erstellt und überprüft. Sie sind ungenügend ausgearbeitet und letztlich noch zu wenig empirisch bewährt, um hier eine genauere Darstellung zu rechtfertigen (s. dazu Margraf & Becker 1997, S. 272 ff.). Nur so viel sei angedeutet, daß bei den betroffenen Personen ein erhöhtes Angstniveau (im Sinne von trait-Angst) angenommen wird sowie eine erhöhte Aufmerksamkeit (Hypervigilanz), die sich jedoch vornehmlich auf irrelevante und speziell auf bedrohliche Sachverhalte konzentrieren soll. Zu diesen Theorien ist, ebenso wie zur Auffassung Becks und Ellis, daß diese Personen besonders von irrationalen Gedanken beherrscht werden (s. Comer 1995, S. 213 f.), anzumerken, daß es sich mehr um eine detaillierte Symptombeschreibung als um Genesemodelle handelt.

6.3.3 Therapie

Die *medikamentöse Therapie* des akuten Paniksyndroms besteht im wesentlichen in der Gabe der sedierend und anxiolytisch wirksamen *Benzodiazepine*, unter anderem um den erwähnten Circulus vitiosus zwischen Symptomwahrnehmung, sich dabei steigernder Angst und Ausbildung weiterer Symptome zu unterbrechen; auch die "Angst vor der Angst", die Erwartung eines Anfalls, soll damit reduziert werden; letzteres könnte jedoch eine Dauertherapie mit Benzodiazepinen notwendig machen, wovon man angesichts des erheblichen Suchtpotentials dieser Substanzen möglichst Abstand nimmt. Zur Prophylaxe der Panikanfälle wird augenblicklich die Gabe *trizyklischer Antidepressiva*, beispielsweise von Imipramin (Tofranil®) oder Clomipramin (Anafranil®) empfohlen (Benkert 1995, S. 58; Möller 1997, S. 273). Eine in den letzten Jahren mehr und mehr bewährte Behandlung der häufig im Rahmen des Paniksyndroms auftretenden Hyperventilationstetanie ist die *CO_2-Rückatmung*, beispielsweise mittels einer Plastiktüte, so daß der pH-Wert des Blutes gesenkt und die Ionenverschiebungen rückgängig gemacht werden.

Psychoanalytische Therapie bei Panik- und generalisierter Angststörung scheint nicht häufig zur Anwendung zu kommen und wenn, dann wurden die Verfahren in aller Regel nicht hinreichend evaluiert. Freud selbst sah die Angstneurose nicht als Indikation für die Psychoanalyse an, da es bei diesem Störungsbild seiner Auffassung nach nicht um die Aufhebung von Verdrängungen ging. Die von ihm vorgeschlagene Behandlung bestand vornehmlich im Auffinden und Aufzeigen der Zusammenhänge zwischen Libidostau und Angstsymptomatik sowie in der Anleitung zu einer diesbezüglich weniger pathogenen Lebensweise, also letztlich in der Einleitung psychohygienischer Maßnahmen.

Wie bei den Phobien, so gilt auch bei Panikstörung *Verhaltenstherapie unter Einbeziehung kognitiver Verfahren* augenblicklich als psychotherapeutische Methode der Wahl. Dabei werden den Patienten Informationen über die Entstehung von Angstanfällen und insbesondere die Bedeutung des Circulus vitiosus bei der Ausbildung der Symptome gegeben, auf die Rolle von Fehlinterpretationen körperlicher Anzeichen hingewiesen und Bewältigungsstrategien vermittelt; hinzu kommt Konfrontation mit auslösenden Situationen und mit körperlichen Symptomen, die beispielsweise über Hyperventilation provoziert werden. Der Erfolg dieser Verfahren ist in mehreren Studien belegt worden (nach Schneider & Margraf 1994, S. 82 ff; Margraf & Becker 1997, S. 265 ff.).

Die *medikamentöse Therapie* der *generalisierten Angststörungen* geschieht nach Benkert (1995, S. 58) bevorzugt mit Antidepressiva, etwa Imipramin (Tofranil®), nach Möller (1997, S. 272) mit Benzodiazepinen; für die psychoanalytische Therapie gilt das oben bezüglich des Paniksyndroms Gesagte. Da keine klaren situativen Auslöser bei generalisierten Angststörungen vorliegen, sind *kognitiv-verhaltenstherapeutische* Interventionen eher unspezifisch und bestehen unter anderem in Entspannungsverfahren, Biofeedback oder Angst-Management-Training; neuere Ansätze versuchen, die Patienten mit den diversen Sorgen kognitiv zu konfrontieren und durch oftmaliges Vorstellen die begleitende Angst abzubauen. Insgesamt sind die Erfolge noch nicht genau evaluiert; großer therapeutischer Optimismus, vergleichbar dem bei der Behandlung von Phobien, scheint nicht angebracht (s. Margraf & Becker 1997, S. 274 f.).

6.4 Zwangsstörungen

6.4.1 Symptomatik, Klassifikation, Epidemiologie

Die *Zwangsstörung* (früher und teilweise auch heute noch mit *Zwangsneurose* bezeichnet) ist charakterisiert durch wiederkehrende *Zwangsgedanken* und *Zwangshandlungen.* Zwangsgedanken können verschiedene Gestalt annehmen, etwa die von Zwangsvorstellungen (sich immer wieder aufdrängenden, zumeist unangenehm empfundenen Bildern, beispielsweise obszöner oder blasphemischer Natur), von Zwangsimpulsen (einem inneren Drang, bestimmte, häufig aggressive oder sexuelle Handlungen auszuführen) oder von Zwangsgrübeln (hartnäckigem Sich-Beschäftigen-Müssen mit nebensächlichen Problemen); Zwangsgedanken sind im wesentlichen quälend, die betroffene Person versucht dagegen (zumeist erfolglos) Widerstand zu leisten; charakteristisch und nützlich in Abgrenzung von auftauchenden Vorstellungen im Rahmen etwa schizophrener Erkrankungen ist, daß die Zwangsgestörten ihre Gedanken als unsinnig ansehen und dabei doch als ihr eigenes Produkt betrachten, nicht als Einwirkung äußerer Mächte.

Zwangshandlungen, zuweilen besser als *Zwangsrituale* charakterisiert, sind zumeist *stereotype Handlungen,* die ständig wiederholt werden, obwohl sie der betroffenen Person als sinnlos erscheinen und ihre Ausführung kein Vergnügen bereitet, oft sogar als ausgesprochen unangenehm empfunden wird; ihrer Durchführung wird wenigstens zu Beginn der Erkrankung noch Widerstand entgegengesetzt, der aber meist nicht lange anhält. Häufig ist nach Abschluß der Handlung eine kurzfristige Erleichterung zu bemerken, bis sich der Zwang erneut einstellt und abgewehrt werden muß. Oft werden die Zwangshandlungen als Vorbeugung gegen Unheil für die eigene Person angesehen, zuweilen dienen sie im Denken der Zwangskranken auch der Abwendung von Schäden, die sie selbst anderen Personen zufügen könnten. Die meisten Zwangshandlungen beziehen sich nach ICD-10 (S. 166) auf *Reinlichkeit* (besonders *Händewaschen*), auf *Ordnung* und auf *Kontrollen*, mit denen eine gefährliche Situation verhindert werden soll. Die Ausführung dieser Rituale nimmt oft lange Zeit in Anspruch[6]; damit einher geht manchmal ausgesprochene Entschlußlosigkeit und Langsamkeit (verändert und verkürzt nach ICD-10, S. 164 ff.)[7].

Zwangsstörung (F42) wird nach ICD-10 dann diagnostiziert, wenn für wenigstens zwei Wochen an den meisten Tagen Zwangssymptome (Zwangsgedanken und/oder Zwangshandlungen) nachweisbar sind, die entweder als quälend empfunden werden oder die normalen Aktivitäten stören. Sie müssen darüber hinaus vier charakteristische Merkmale besitzen, nämlich als "eigene Gedanken oder Impulse für den Patienten erkennbar" sein, die Gedanken oder die Handlungsausführung dürfen "nicht an sich angenehm sein", müssen sich zudem "in unangenehmer Weise wiederholen". Hinzu kommt, daß wenigstens einem Gedanken oder einer Handlung, wenn auch erfolglos, noch Widerstand geleistet werden muß (verkürzt nach ICD-10, S. 165). Charakteristisch ist für Zwangssymptome also ihr *wiederholtes Auftreten*, wobei sie *nicht als angenehm empfunden* werden und *Widerstand* erfahren; letztere Eigenschaften würden sie von schlichten Angewohnheiten unterscheiden; insofern ist es auch höchst mißverständlich, von "zwanghaftem" Spielen oder Trinken zu sprechen, denn in aller Regel leiden die Betroffenen nicht unter der Ausführung (bestenfalls an ihren Folgen). Obwohl ich-fremd und sinnlos, werden sie als *eigene psychische Produkte* angesehen, was sie erwähntermaßen von den Vorstellungen und Handlungen Schizophrener unterscheidet, die den Patienten als von außen eingegeben erscheinen (Eindruck des "Gemachten")[8].

Liegen vorwiegend Zwangsgedanken oder Grübelzwang vor, ist dies mit F42.0 zu codieren, beim Vorherrschen von Zwangsgedanken (Zwangsritualen) wäre die Codenummer F42.1 einzusetzen; wenn, wie häufig der Fall, Zwangshandlungen und Zwangsdenken in ungefähr gleicher Weise das Symptombild prägen, soll die Unterkategorie F42.2 (Zwangsgedanken und -handlungen, gemischt) verwendet werden. Nachdrücklich weisen die Autoren der ICD-10 darauf hin, daß Zwangssymptome und Depression häufig vergesellschaftet vorkommen, wobei die Diagnose aufgrund der vorherrschenden oder zuerst aufgetretenen Symptomatik gestellt wird (für Einzelheiten s. ICD-10, S. 164 f.).

Über die *Symptomgestaltung* einer typischen Zwangsstörung gibt es wenig verbindliche Angaben: Eine amerikanische Studie findet am häufigsten Zwangsgedanken und Zwangshandlungen gemischt (bei etwa 69%), reine Zwangsgedanken bei einem Viertel der Betroffenen, während ausschließliche Zwangshandlungen mit circa 6% deutlich seltener beobachtet wurden; hingegen wurde in einer deutschen Klinik ein deutliches Überwiegen reiner Zwangshandlungen festgestellt, nämlich bei fast 90% der Patienten; diese wiesen wiederum vorwiegend Kontrollzwänge auf und zu kleineren, etwa gleichen Teilen, reine Waschzwänge und Mischungen von Wasch- und Kontrollzwang (alle Angaben nach Reinecker 1994a, S. 6 f.).

Der Beginn der Störung liegt typischerweise zu Beginn des dritten Lebensjahrzehnts, durchschnittlich bei etwa 23 Jahren; Kontrollzwänge scheinen im Mittel fast ein Jahrzehnt früher als Waschzwänge aufzutreten; da Frauen häufiger an Waschzwängen leiden, Männer bei Kontrollzwängen deutlich überrepräsentiert sind, liegt das Erstmanifestationsalter bei Männern früher (im Mittel bei etwa 20 Jahren gegenüber 25 Jahren bei weiblichen Zwangskranken). Waschzwänge sollen eher abrupt beginnen, Kontrollzwänge hingegen schleichend (Reinecker 1994a, S. 13 f.). Bis es, wenn überhaupt, zur Therapie kommt, vergeht fast ein Jahrzehnt; unbehandelt nimmt die Störung in der Regel einen chronischen Verlauf. Auf eine Häufung prämorbider zwanghafter Persönlichkeitszüge bei Erkrankten weisen nachdrücklich die Autoren der ICD-10 (S. 164) hin.

Epidemiologische Studien zur Häufigkeit von Zwängen sind nach Reinecker (1994a, S. 10) insofern nur bedingt aussagekräftig, als offenbar nie die Prävalenz von Zwängen allein untersucht wurde, sondern dies im Rahmen einer Erfassung von Angstsymptomatik allgemein geschah; möglicherweise existiert auch eine erhebliche Dunkelziffer. Sechs-Monats-Prävalenzen wurden früher sehr niedrig geschätzt, heute mit 1-2% ausgesprochen hoch. Bei Comer (1995, S. 199) angeführte neuere Studien aus dem amerikanischen Raum liefern ähnliche Zahlen, nämlich eine Ein-Jahres-Prävalenz von 2%. Frauen und Männer sind nach übereinstimmenden Angaben ungefähr gleich häufig betroffen; daß Handwaschrituale bei Frauen, Kontrollzwänge und krankhafte Verlangsamung von Handlungsabläufen bei Männern häufiger sind, war schon erwähnt worden. Entgegen früheren Angaben geht man heute davon aus, daß schichtspezifische Unterschiede in der Prävalenz von Zwangsstörungen nicht nachzuweisen sind; in der Diskussion ist, ob Zwangsgestörte möglicherweise im Durchschnitt ein höheres Intelligenzniveau als die Allgemeinbevölkerung aufweisen (Reinecker 1994a, S. 11 f.; Comer 1995, S. 199). Wenig aussagekräftig sind Daten zur *familiären Häufung*, da sie sich selten auf Zwänge allein, sondern allgemein auf neurotische oder Angststörungen beziehen; man kann jedoch wohl davon ausgehen, daß unter Verwandten von Zwangskranken Fälle von Zwangsstörungen gehäuft auftreten (Reinecker 1994a, S. 12; Comer 1995, S. 199). Größere Untersuchungen an Zwillingspaaren und Adoptivstudien scheinen hier auszustehen.

6.4.2 Erklärungsansätze

Zur Erklärung von Zwangssymptomatik gibt es verschiedenartige Ansätze, was insofern nicht erstaunt, als auch Zwangsstörungen höchst unterschiedliche Gestalt annehmen können, von der reichen, phantasievollen Symptomatik der Freudschen Fallgeschichten bis hin zu stereotypen Kontrollzwängen und Zwangsverlangsamung.

Biologische Erklärungsmodelle basieren zum einen auf der häufigen Vergesellschaftung von Depression und Zwangsstörungen sowie auf der therapeutischen Wirkung einiger Antidepressiva auch bei den letzteren, zum anderen aus Ergebnissen der frühen nicht selten praktizierten "Psychochirurgie" und auf Zufallsbefunden nach Hirnverletzungen. Daß Stoffe, welche die Wiederaufnahme von Serotonin hemmen, beispielsweise Clomipramin (Anafranil®), Zwangssymptome bessern (s. Benkert 1995, S. 59), hat das Augenmerk auf diesen Transmitter gelenkt; dabei besteht aber keineswegs Übereinstimmung, ob man einen relativen Mangel an Serotonin annehmen soll (Comer 1995, S. 230) oder umgekehrt eine Überaktivität an serotonergen Synapsen (Davison & Neale 1996, S. 169). Für letztere Hypothese würde sprechen, daß die Wirkungsweise trizyklischer Antidepressiva mehr und mehr nicht in einer Erhöhung der synaptischen Verfügbarkeit des Transmitters, sondern in einer langfristigen Abnahme der Empfindlichkeit der Serotoninrezeptoren gesehen wird (down-regulation, s. 5.10); hierzu würde passen, daß die therapeutische Wirkung von Clomipramin bei Zwangsstörungen noch stärker verzögert einsetzt als bei Depression (Benkert 1995, S. 59 f.). Auch weisen einige Studien darauf hin, daß Stimulation von Serotoninrezeptoren die Zwangssymptomatik verstärkt (Benkert & Lenzen-Schulte 1997, S. 60).

Diskutiert wird auch, ob bei Zwangskranken eine Überaktivität in jenen (serotonergen?) Strukturen vorliegt, die im Sinne eines geschlossenen Kreises tiefer gelegene Hirnteile wie Basalganglien und Thalamus mit der Orbitalhirnregion im Stirnlappen verbinden und (sehr vereinfacht ausgedrückt) für die Bewertung von Eindrücken und Aktivierung von Impulsen verantwortlich sind (s. dazu auch Volk 1994; Benkert & Lenzen-Schulte 1997, S. 60 ff.). Dafür spricht, daß nach Hirnverletzungen zuweilen Zwangssymptomatik verschwindet und daß die früher keineswegs selten bei Zwangskranken durchgeführte Leukotomie, die Durchtrennung der erwähnten Fasern direkt über der Orbita (Augenhöhle), zumindest eine affektive Distanzierung von den Symptomen erreichte. Neuere Studien mit der Positronenemissionstomographie (PET, s. Anmerkung 10 in Kapitel 4) weisen direkt auf eine Überaktivität in diesen Regionen bei Zwangsgestörten hin (Comer 1995, S. 230). Völlig unklar ist noch, woher diese Veränderungen kommen könnten; Auftreten von Zwangssymptomen beispielsweise nach Infektionen des Zentralnervensystems wurden zwar beschrieben, können aber nicht die Verbreitung des Störungsbildes erklären.

Psychoanalytische Modelle von Zwangsstörungen sind kompliziert und tragen unter anderem der komplexen Symptomatik der entsprechenden Freudschen Fallgeschichten Rechnung. Freud, der erwähntermaßen die Zwangsneurose als nosologische Entität einführte, hatte in seiner frühen Abwehr- und Verführungstheorie der Psychoneurosen (s. 6.6.2) Zwangsvorstellungen als entstellte Wiederkehr frühkindlicher (aktiver) Sexualerlebnisse aufgefaßt; die Zwangshandlungen betrachtete er, hier seine späteren Auffassungen und die vieler Theroretiker anderer Provenienz vorwegnehmend, als Versuche, die unangenehmen Zwangsvorstellungen zu bekämpfen. Im Rahmen seiner späteren triebthereotischen Neuformulierung der Neurosenlehre ist der Sachverhalt wesentlich komplizierter und kann hier gerade angedeutet werden (für Genaueres s. Köhler 1993, S. 226). Frühkindliche Bedingung der Zwangsneurose ist danach eine *anal-sadistische Fixierung*, teils bedingt durch besondere anatomische Gegebenheiten ("Sexualkonstitution"), teils durch Erlebnisse in jener Zeit, die Freud übrigens keineswegs allein, wie es häufig dargestellt wird, auf eine übertriebene Reinlichkeitserziehung zurückführt. Begünstigt durch die anale Fixierung kann im Erwachsenenalter eine *anal-sadistische Regression* stattfinden, beispielsweise dann, wenn die genitale Sexualbetätigung behindert wird (s. dazu die grundlegende Schrift "Die Disposition zur Zwangsneurose"; Freud 1913i). Die zwangsneurotische Symptomatik dient der Abwehr der anal-sadistischen Impulse, wobei die *Reaktionsbildung*, die Mobilisierung gegensinniger Antriebe, hier den wohl wichtigsten Abwehrmechanismus darstellt; so würde, etwas vereinfacht ausgedrückt, ein Waschzwang als Versuch aufgefaßt werden, durch gesteigerte Reinlichkeit die exzessiven Verschmutzungstendenzen zu bekämpfen und sich ihre Existenz nicht einzugestehen. Die Zwangsvorstellungen entstehen wenigstens teilweise durch den bereits bei der Phobie eingeführten Abwehrmechanismus der *Verschiebung* (s. 6.2.2): Der Affekt wird einer aus dem Bewußtsein zu tilgenden Vorstellung entrissen und auf eine andere, zwar unangenehme, aber doch tolerablere transponiert, die dann als Zwangsvorstellung das Denken beherrscht. Abwehr dieser Zwangsvorstellung wird mit einer Zwangshandlung versucht, eine Praxis, die eine Wurzel im archaischen magischen Denken aufweist[9]. Die unangenehmen Symptome der Zwangsneurose haben nach Freud also auch einen positiven Effekt für die erkrankte Person, nämlich die Unterdrückung von Inhalten, die sie (möglicherweise fälschlich) als noch weniger erträglich ansieht (*primärer Krankheitsgewinn*). Bekanntermaßen ist diese Theorie, die vor allem die Aufrechterhaltung der neurotischen Symptomatik gut erklären kann, nicht in befriedigendem Maße empirisch abgesichert. Immerhin stimmt sie mit Auffassungen anderer Theoretiker überein (genauer gesagt: nimmt diese vorweg), daß Zwangshandlungen wenigstens teilweise zur Bekämpfung der Zwangsvorstellungen dienen. Zudem trägt sie durch die Annahme der disponierenden analen Fixierung (Stichwort: analer Charakter) der Beobachtung Rechnung, daß sich zwangsneurotische Symptomatik bevorzugt bei gewisser prämorbider Persönlichkeitsstruktur entwickelt (s. 6.4.1 und 8.2). Schließlich auch liefert das Freudsche Konzept der Abwehrmechanismen (Reaktionsbildung, Verschiebung, Ungeschehenmachen u.v.a.m.) nützliche Begriffe zur Beschreibung der psychischen Prozesse bei Zwangssymptomen und erleichtert den Vergleich mit magisch-animistischem Denken und Praktiken.

Ältere *lerntheoretische Erklärungsansätze* von Zwangshandlungen basieren im wesentlichen auf dem *Zwei-Faktoren-Modell* von Mowrer, nehmen also eine analoge Entstehung und Aufrechterhaltung wie bei den Phobien an (s. 6.2.2). So könnte Angst vor Schmutz über klassische Konditionierung erworben werden; das Waschen der Hände beseitigt kurzfristig die mit der Verschmutzung verbundene Angst (negative Verstärkung) und würde entsprechend häufiger eingesetzt (verkürzt nach Reinecker 1994a, S. 47 ff.); statt oder neben der Fluchtreaktion vor Schmutz reduziert das Waschen die Angst. Dieses an sich plausible Modell hätte allerdings die Schwierigkeit entsprechender Genesetheorien von Phobien, nämlich daß der Erwerb über klassische Konditionierung nur selten nachgewiesen werden kann; daneben wäre zu erklären, warum die aversiven Reize der durch das Waschen hervorrufenen Schädigung und der Einschränkung des Aktionsradius nicht auf lange Sicht die kurzfristig bewirkte Angstreduktion als Konsequenzen bedeutungsmäßig übersteigen. Ähnlich, wenn auch etwas komplizierter ist die Erklärung von Zwangshandlungen, die nicht in sofort nachvollziehbarer Weise einen aversiven Stimulus entfernen, etwa irgendwelche magischen Rituale. Hier geht man davon aus, daß das vage Befürchtete, beispielsweise ein unwahrscheinliches Unglück, nach Ausführung des Rituals immer wieder ausgeblieben ist, so daß diese Handlung als effektiver Verhinderungsmechanismus dem Verhaltensrepertoire eingegliedert wurde. Da die Ausführung der Zwangshandlung nicht unterbleibt, kann sich die betroffene Person niemals davon überzeugen, daß das Befürchtete auch sonst nicht eingetreten wäre. Das Verhalten erinnert hier an das der "abergläubischen" Tauben Skinners, die eine bizarre Bewegung immer wieder ausführen, weil zufällig einmal in zeitlichem Zusammenhang damit ein Futterkorn präsentiert wurde (nach Reinecker 1994a, S. 48 f.). Die Schwierigkeit des Modells reduziert sich auf die Herleitung der Zwangsbefürchtungen, wie überhaupt das Auftauchen der Zwangsvorstellungen, die ja einen starken aversiven Stimulus darstellen, nicht mit dem Modell einer instrumentellen Konditionierung erklärt werden kann.

Neuere verhaltenstheoretische Erklärungsansätze beziehen auch biologische Gegebenheiten (beispielsweise im Sinne erhöhter neurophysiologischer Reaktivität) oder kognitive Faktoren ein. Ein verbreitetes auf Rachman zurückgehendes und später ausgearbeitetes Modell (s. etwa Salkovskis 1985; s. dazu auch Reinecker 1994a, S. 55 ff.; Davison & Neale 1996, S. 168) geht davon aus, daß negative Vorstellungen durchaus etwas Normales sind und von den meisten ohne Probleme akzeptiert und kaum beachtet werden; bei zwangsgestörten Personen komme es hingegen zu einem vergeblichen Versuch, diese zu unterdrücken und in Folge zu einer zunehmend schuldbewußten Auseinandersetzung mit den aufdringlichen Gedanken; der Versuch, sie beispielsweise mit Ritualen zu "neutralisieren", führe zu weiterer Steigerung des Aktivitätsniveaus und zur Verstärkung des beschriebenen Prozesses. Dieses Modell steht gut im Einklang mit experimentellen Befunden, etwa daß der Versuch der Unterdrückung von Vorstellungen diese erst recht ins Bewußtsein hebt, muß aber wiederum eine Erklärung liefern, warum es bei diesen Personen zu der ungewöhnlichen Beachtung jener negativen Gedanken kommt; zudem sind die Zwangsvorstellungen – betrachtet man etwa die Freudschen Kasuistiken von Zwangsneurosen – oft so fern von den üblichen negativen Alltagsgedanken, daß man ihr Zustandekommen wohl ohne Annahme ausgiebiger, in dem Modell nicht berücksichtigter Entstellungsprozesse über Verschiebungen und Symboldarstellungen kaum erklären könnte.

6.4.3 Therapie

Die erfolgreiche *medikamentöse* Behandlung[10] von Zwangsstörungen mittels vornehmlich die *Serotonin-Wiederaufnahme hemmender Antidepressiva* wie Clomipramin (Anafranil®) und Fluvoxamin (Fevarin®) war schon erwähnt worden (s. Benkert 1995, S. 59; Möller 1997, S. 272; Benkert & Lenzen-Schulte 1997, S. 99 ff.). Wie in 6.4.2 ausgeführt, ist der Wirkmechanismus möglicherweise nicht die Erhöhung des Serotoninspiegels im synaptischen Spalt, sondern die Herabsetzung der Empfindlichkeit von Serotoninrezeptoren als Folge eines Überangebots von Transmitter; daß die Wirkung hier spät eintritt, noch später als bei der Therapie von Depressionen (s. 5.10), würde mit dieser Annahme in Einklang stehen. Benzodiazepine, wie sie früher zur Erreichung einer affektiven Distanzierung von den Zwangsvorstellungen verordnet wurden, kommen heute bei dieser Indikation offenbar im wesentlichen kaum mehr zum Einsatz.

Psychoanalytische Therapie bei Zwangsstörungen besteht üblicherweise in der Aufhebung von Verdrängung und Bearbeitung des so ins Bewußtsein kommenden Materials. Offenbar kombiniert man diese Methode zunehmend mit Anleitungen zur Bewältigung von Unsicherheit und Angst (Davison & Neale 1996, S. 170). Umfangreichere Therapievergleichsstudien scheinen nicht vorzuliegen; allzu großer Optimismus dürfte nicht angebracht sein.

Wie bei Phobien und anderen Angststörungen sind die bei Zwängen augenblicklich am häufigsten zum Einsatz kommenden Verfahren *kognitiv-verhaltenstherapeutische*, die insbesondere bei den Zwangshandlungen den bei Phobien angewandten Techniken gleichen; die Ähnlichkeit der Therapieverfahren bei diesen beiden Störungen basiert auf der Annahme, daß Zwangsgedanken als angstinduzierende Reize den phobischen Stimuli entsprechen und Zwangshandlungen dem Vermeidungsverhalten analog zu sehen sind (Hoffmann 1994, S. 103; Margraf & Becker 1997, S. 287 f.). Die zu behandelnde Person wird dabei Situationen ausgesetzt, in denen üblicherweise die Zwangshandlungen auftreten, und angehalten, diese nun zu unterlassen (*Exposition mit Reaktionsverhinderung*). Reine Zwangsgedanken werden mit Habituation therapiert, indem die Patienten ihre störenden Gedanken auf Tonband sprechen und immer wieder abhören. Diese Techniken sind nach Margraf & Becker (1997, S. 288) anderen Therapiemethoden, auch medikamentösen, überlegen, haben aber bei Zwangsstörungen weniger gute Erfolge als bei Agoraphobie oder Paniksyndrom aufzuweisen.

6.5 Akute Belastungsreaktion und posttraumatische Belastungsstörung

6.5.1 Symptomatik, Klassifikation, Epidemiologie

Die *posttraumatische Belastungsstörung*, das bekanntere und mehr beachtete der beiden Störungbilder, war zwar spätestens seit dem Ersten Weltkrieg unter der Bezeichnung "Kriegsneurose" als psychiatrisches Krankheitsbild anerkannt worden, erfuhr aber erst in den letzten Jahrzehnten größere Beachtung und ist unter der neuen, weiteren Bezeichnung schließlich auch in die diagnostischen Systeme aufgenommen worden. Im wesentlichen ist dies zunächst auf die Auswirkungen des Vietnamkrieges zurückzuführen, dessen Heimkehrer noch viele Jahre später zu einem auffällig hohen Prozentsatz unter psychischen Störungen litten, was sich unter anderem auch durch hohe Delinquenz-, Suizid- und Scheidungsraten manifestierte und ins öffentliche Bewußtsein gelangte. Unter Zugrundelegung der augenblicklichen diagnostischen Kriterien[11] des DSM-IV schätzt man, daß etwa ein Drittel der in Vietnam dienenden amerikanischen Männer das Vollbild einer akuten oder einer posttraumatischen Belastungsstörung entwickelten, und ein weiteres Viertel wenigstens einige Symptome davon zeigte (nach Comer 1995, S. 232 f.). Auch der zunehmend geschärfte Blick für die Folgen sexueller Gewalt hat zu einer stärkeren Beachtung dieser Krankheitsbilder beigetragen und die Erkenntnis geliefert, daß sie keineswegs allein auf extreme Erfahrungen in Kriegssituationen zurückgeführt werden können.

Die *akute Belastungsreaktion* nach ICD-10 (S. 168) wird als vorübergehende psychische Störung in Form einer Reaktion auf eine außergewöhnliche körperliche oder seelische Belastung eingeführt, die zuweilen innerhalb von Minuten, längstens aber Stunden oder Tagen abklingt. Als charakteristisches Symptom wird eine Art von "Betäubung" beschrieben, eine "Bewußtseinseinengung" und Unfähigkeit, Reize zu verarbeiten. Es kann ein (geistiges) Rückziehen aus der traumatischen Situation erfolgen, die eventuell bis zur Reaktionslosigkeit ("dissoziativem Stupor") reicht; statt dessen können auch Unruhe und (körperliche) Fluchtreaktion auftreten, hinzu kommen meist starke vegetative Reaktionen "panischer" Angst. Nach Abklingen der Erscheinungen tritt zuweilen eine partielle oder vollständige Amnesie für diese Episode auf (verkürzt und verändert nach ICD-10, S. 168).

Bei der *posttraumatischen Belastungsstörung* handelt es sich um eine verzögerte Reaktion auf ein belastendes Ereignis oder eine "Situation außergewöhnlicher Bedrohung oder katastrophenartigen Ausmaßes", die "bei fast jedem eine tiefe Verzweiflung" hervorrufen würde. Dazu, präzisieren die Autoren, gehören "eine durch Naturereignisse oder von Menschen verursachte Katastrophe, eine Kampfhandlung oder ein schwerer Unfall oder Zeuge des gewaltsamen Todes anderer oder selbst Opfer von Folterung, Terrorismus, Vergewaltigung oder anderen Verbrechen zu sein." Die Kriterien für ein solches "traumatisierendes Ereignis von außergewöhnlicher Schwere" sind also sehr eng gefaßt; danach würde das akute Scheitern einer partnerschaftlichen Verbindung ebensowenig dazu gehören wie der plötzliche natürliche Tod einer nahestehenden Person.

Von den charakteristischen Merkmalen der Störung wird an erster Stelle genannt das "wiederholte Erleben des Traumas in sich aufdrängenden Erinnerungen (Nachhallerinnerungen, flashbacks) oder in Träumen", welches sich auf dem Hintergrund eines "andauernden Gefühls von Betäubtsein und emotionaler Stumpfheit", einer Gleichgültigkeit anderen Menschen und Dingen gegenüber abspielt. Aktivitäten und Situationen, die an das Trauma erinnern können, werden vermieden; ebenso gefürchtet werden Stichworte, welche die Erinnerungen aufleben lassen könnten. In seltenen Fällen kommt es zu akuten Angst- oder Aggressionsausbrüchen, ausgelöst durch die Erinnerung an das Trauma. Die Betroffenen sind typischerweise vegetativ übererregt, weisen gesteigerte Vigilanz[12] auf und neigen zu Angst und Depression; als komplizierende Faktoren können Drogeneinnahme und Alkoholabusus hinzutreten.

Eine *akute Belastungsreaktion* (F43.0) wird dann diagnostiziert, wenn im direkten Anschluß an ein belastendes Ereignis, höchstens einige Minuten danach, die genannten typischen Symptome, insbesondere der Zustand von Betäubung, auftreten und sich nach der Entfernung aus der traumatisierenden Umgebung rasch zurückbilden; auch bei Weiterbestehen der Belastung sollte nach etwa 24 Stunden die Rückbildung beginnen und nach drei Tagen im wesentlichen abgeschlossen sein. Eine *posttraumatische Belastungsstörung*, mit F43.1 zu codieren, sollte im Regelfall innerhalb von sechs Monaten nach einem "traumatisierenden Ereignis von außerordentlicher Schwere" eingetreten und durch die wiederholten Erinnerungen an das Trauma charakterisiert sein. Der emotionale Rückzug und die Vermeidung von Situationen und sonstigen Reizen, die an das Ereignis erinnern können, sind für die Diagnosestellung nicht unbedingt erforderlich, ebensowenig die vegetativen Störungen und die Beeinträchtigungen der Stimmung (verkürzt nach ICD-10, S. 170).

Nachdem die posttraumatische Belastungsstörung erst in den letzten

Jahrzehnten stärkere Beachtung erfahren hat und, wie erwähnt, überhaupt nur in die neueren Revisionen der diagnostischen Systeme eingegangen ist, liegen zu ihrem Verlauf noch wenig verläßliche Angaben vor; er dürfte vornehmlich chronisch sein und wird durch den erwähnten Drogen- und Alkoholabusus noch kompliziert; Spontanremissionen scheinen eher die Ausnahme darzustellen. Die akute Belastungsreaktion ist erwähntermaßen definitionsgemäß durch sehr rasche Rückbildung der Symptome gekennzeichnet.

Auch die in jüngster Zeit angegebenen Punktprävalenzraten von etwa 0,5% bis 1% der Gesamtbevölkerung (Comer 1995, S. 199; Davison & Neale 1996, S. 176) für die posttraumatische Belastungsstörung sind mit Zurückhaltung zu betrachten und erwarten weitere Bestätigung (s. dazu auch Steil & Ehlers 1996). Das häufige Vorkommen bei Vietnamveteranen war schon hervorgehoben worden; auch unter weiblichen Opfern männlicher sexueller Gewalt werden hohe Prävalenzraten festgestellt (Davison & Neale 1996, S. 176). Zur familiären Häufung des posttraumatischen Belastungssyndroms liegen offenbar keine Angaben vor; sie ist sicher dann zu erwarten, wenn sich traumatisierende Bedingungen in ein- und derselben Familie finden.

6.5.2 Erklärungsansätze

Sie sind hier in etwas anderem Sinne zu verstehen als in den übrigen Abschnitten dieses Kapitels, nachdem gewissermaßen das Trauma der Definition nach die Ätiologie darstellt. Die Forschung konzentriert sich deshalb auf disponierende und ebenso protektive Faktoren, da starke Belastungen der erwähnten Art bekanntlich keineswegs bei allen Personen eine posttraumatische Belastungsreaktion hervorrufen, auch auf Aspekte der Ereignisse, die ihnen in besonderem Maße traumatisierenden Charakter verleihen. Zudem bemüht man sich, die physiologischen und biochemischen Begleiterscheinungen der posttraumatischen Belastungsstörung zu verstehen.

Die Forschung zu den psychophysiologischen und biochemischen Grundlagen ist noch weitgehend in den Anfängen, und der Großteil der ohnehin spärlichen Befunde erwartet Replikationen. Allgemein wird das höhere Erregungsniveau auf eine gesteigerte Sympathicusaktivität zurückgeführt, wobei insbesondere eine vermehrte Verfügbarkeit von Noradrenalin an zentralnervösen Synapsen diskutiert wird. Andere Theorien gehen von einer verminderten Aktivität im Hypothalamus-Hypophysen-Nebennierenrinden-System aus; auch ein Mangel von endogenen Opiaten wird diskutiert, dessen Behebung vielleicht die Wiederholungen des Traumas in der Erinnerung dienen könnten (s. Köhler & Dahme 1996, S. 246 sowie insbesondere Steil & Ehlers 1996, S. 191 ff. und die dort zitierte Literatur).

Die Anfälligkeit für die Entwicklung der Störung ist nach augenblicklichen Erkenntnissen für weibliche Personen größer (Davison & Neale 1996, S. 176), wobei hier zu diskutieren wäre, ob nicht Frauen generell ein erhöhtes Risiko laufen, mit solchen traumatisierenden Ereignissen konfrontiert zu werden. Auch frühe Trennung von den Eltern, eine in der Vergangenheit durchgemachte psychische Störung sowie gehäufte psychische Erkrankungen in der Familie werden als disponierende Faktoren angesehen; wiederum ließe sich fragen, ob unter diesen Bedingungen nicht zumindest zusätzlich die Wahrscheinlichkeit vergrößert ist, Traumen ausgesetzt zu sein. Von den belastenden Ereignissen scheinen bevorzugt jene eine posttraumatische Belastungsstörung hervorzurufen, die sich im häuslich-familiären Rahmen abspielen (s. Margraf & Becker 1997, S. 290), was insofern einleuchtet, als für diese die Gefahr der Wiederholung besteht und zudem die Erinnerung auslösenden Stimuli weiter präsentiert sind.

Die Kriegsneurosen hatten auch das Interesse Freuds und anderer Psychoanalytiker gefunden, da sie während und nach dem Ersten Weltkrieg deutlich gehäuft zu beobachten waren und von verschiedenen Seiten gegen die psychoanalytische Theorie von der sexuellen Ätiologie der Neurosen angeführt wurden. Freud selbst war sich weder über die nosologische Einordnung der Störung klar – zuweilen rechnete er sie zu den Aktualneurosen, zuweilen zu den Psychoneurosen, auch machte er Unterschiede zwischen den eigentlichen Kriegsneurosen und den traumatischen Neurosen der Friedenszeiten – noch vertrat er eine eindeutige Auffassung zu ihrer Psychodynamik; die Wiederholung des Traumas[13] sah er als Versuch an, die mit ihm verbundenen Reizenergien unter psychische Kontrolle zu bringen (s. dazu Köhler 1993, S. 344 f.; für neuere psychodynamische sowie lerntheoretische Erklärungsansätze s. die Überblicksarbeit von Bengel & Landji 1996).

6.5.3 Therapie

Als Indikation für *medikamentöse Therapie* wird die posttraumatische Belastungsstörung im allgemeinen nicht angeführt; wie bereits erwähnt, spielt gesteigerter Alkoholkonsum und Drogenabusus bei den Betroffenen eine große Rolle, sicher teilweise als Versuch der

Selbstmedikation, so daß zusätzlich die Komorbidität behandelt werden muß.

Psychologischen Behandlungsverfahren, gleich welcher Schule, ist gemeinsam, daß sie die Patienten zur Auseinandersetzung mit dem traumatisierenden Erlebnis bringen; da dieses in aller Regel bewußt ist, setzen auch *psychodynamische Therapien* hier weniger an Aufhebungen von Verdrängungen an, sondern haben direktiven, stützenden Charakter und versuchen die Vermittlung von Bewältigungstechniken. *Verhaltenstherapeutische Interventionen* zielen auf eine vielfältige Konfrontation mit dem Trauma ab, beispielsweise in Gesprächen, Vorstellungsübungen und Abhören von selbst gesprochenen Tonbandberichten über das traumatisierende Erlebnis; auch Angst-Management-Trainings kommen zur Anwendung, weiter Entwicklung von Problemlösefähigkeiten und Einübung von Entspannungsverfahren. Die Wirksamkeit scheint durchaus gegeben; das Problem liegt in der *hohen Abbrecherrate*, da die massive Auseinandersetzung mit dem Trauma vielen offenbar zu belastend ist (nach Margraf & Becker 1997, S. 291 f.).

6.6 Dissoziative Störungen

6.6.1 Symptomatik, Klassifikation, Epidemiologie

Dissoziative Störungen nach ICD-10 entsprechen in erster Näherung dem, was Freud als Hysterie oder präziser als Konversionshysterie[14] bezeichnete (im Gegensatz zur Angsthysterie, welcher Begriff von ihm weitgehend als Synonym für Phobie verwendet wurde), und sind unter anderem gekennzeichnet durch *Störungen* der *Erinnerung* (Amnesien), des *Identitätsbewußtseins* ("Persönlichkeitsspaltung"), des *Empfindens* und der *Kontrolle* über die *Willkürmotorik* (beispielsweise dissoziative Sensibilitäts- und Bewegungsstörungen). Hier seien nur einige interessante und theoretisch ergiebige Symptombilder herausgegriffen, die im wesentlichen in Anlehnung an ICD-10 (S. 173 ff.) dargestellt werden. Bei der *dissoziativen Amnesie* besteht ein partieller oder vollständiger *Erinnerungsverlust* für kurz zurückliegende Ereignisse oft traumatischer Natur (Unfälle, unerwartete Trauerfälle), der nicht durch Vergeßlichkeit oder Ermüdung zu erklären ist und sich auch nicht auf organische Ursachen (wie beispielsweise Alzheimersche Erkrankung, Gehirnerschütterung) oder auf toxische Schädigungen (etwa "black-outs" nach Alkoholkonsum) zurückführen läßt.

Bei der *dissoziativen Fugue* (französisch: Flucht) findet sich eine "zielgerichtete Ortsveränderung" weg von der gewohnten Umgebung, wobei in einigen Fällen auch eine neue Identität angenommen wird; das ganze Geschehen dauert im allgemeinen wenige Tage, zuweilen länger. Der Patient verhält sich geordnet und kann auf Außenstehende völlig normal wirken; für die Zeit des Vorfalls besteht Amnesie.

Die *dissoziativen Störungen der Bewegung und Sinnesempfindung* bilden zusammen mit den dissoziativen Krampfanfällen im wesentlichen die Symptome, welche als Hysterie die Nervenärzte des 19. Jahrhunderts beschäftigt und Freud letztlich zur Entwicklung der Psychoanalyse als Therapiemethode und Theorie veranlaßt hatten. Bei den *dissoziativen Bewegungsstörungen* liegt vollständiger oder partieller *Verlust der Bewegungsfähigkeit* vor, der nicht auf organische Ursachen zurückzuführen ist; auch andere Störungen der Bewegung können beobachtet werden, etwa mangelnde Koordination oder Bewegungsüberschuß in Form von Tremor. Die *dissoziativen* (früher hysterisch genannten) *Krampfanfälle* ähneln epileptischen Anfällen, unterscheiden sich davon aber typischerweise durch Ausbleiben von Verletzungen (etwa Zungenbiß) und Fehlen von Bewußtlosigkeit (statt dessen Auftreten von Stupor oder tranceähnlichen Zuständen). Bei den *Sensibilitätsstörungen* finden sich Einschränkungen der Empfindlichkeit (Anästhesien) oder Mißempfindungen (Parästhesien) im Hautbereich, die ähnlich wie andere "hysterische" Symptome eher im Einklang mit den naiven Körpervorstellungen der Patienten stehen als mit tatsächlichen pathologisch-anatomischen Gegebenheiten; so sind etwa dissoziative Sensibilitätsausfälle im Handbereich häufig handschuhförmig begrenzt, während bei organischen Störungen die Einschränkungen oft den kompliziert angeordneten Innervationsarealen einzelner Nerven entsprechen müßten. Andere Empfindungsstörungen wären beispielsweise *Gesichtsfeldausfälle*, die ebenfalls wenig zu den anatomischen Tatsachen passen und nicht zu den zu erwartenden Behinderungen der Motorik oder gar Verletzungen führen; hier ist der Ausschluß von Simulation in einzelnen Fällen oft schwierig. Eine weitere (seltene und kontrovers diskutierte) dissoziative Störung ist die *multiple Persönlichkeitsstörung*, bei der zwei oder sogar mehr verschiedene Persönlichkeiten in ein und demselben Individuum existieren, die zu verschiedenen Zeitpunkten in Erscheinung treten und in der Regel nicht voneinander Kenntnis haben, insbesondere nur teilweise einen gemeinsamen Erinnerungsspeicher zu besitzen scheinen[15].

Die Diagnose dissoziativer Störungen und Verschlüsselung mit einer der Codenummern F44.0-F44.8 kann nach ICD-10 (S. 174) nur dann erfolgen, wenn keine körperliche Erkrankung als Erklärung für die Symptome festgestellt werden kann und zudem "Beleg für eine psychische Verursachung" zu finden ist, das heißt sich ein "zeitlicher Zusammenhang mit Belastungen, Problemen oder gestörten Beziehungen" nachweisen läßt. Bei der dissoziativen Amnesie (F44.0) ist besondere die Abgrenzung von Amnesien anderer Ursache zu leisten; dies geschieht teilweise aufgrund der sonstigen Symptomatik (Fehlen anderer Gedächtnisstörungen, wie im Falle des amnestischen Syndroms sowie Fehlen von Bewußtseinstrübung und Desorientiertheit, wie sie im Delir zu finden sind), teils durch Ausschluß organischer Ursachen (beispielsweise Epilepsie), teils durch Erfassung der Begleitumstände (fehlender Alkoholabusus, kein Hinweis auf Unfall mit schwerem Schädel-Hirn-Trauma); nach ICD-10 ist es am schwierigsten, die dissoziative Amnesie von einer bewußten Simulation zu unterscheiden. Die dissoziative Fugue (F44.1) ist insbesondere von ähnlicher Symptomatik im Rahmen von Temporallappenepilepsien abzugrenzen, die dissoziativen Krampfanfälle (F44.5) von epileptischen Anfällen, was erwähntermaßen aufgrund der Symptomatik (fehlende Selbstverletzungen, keine Bewußtlosigkeit) und anhand des EEGs im Anfall geschieht. Dissoziative Bewegungs- (F44.4) sowie Sensibilitäts- und Empfindungsstörungen (F44.6) sind nur dann zu diagnostizieren, wenn neurologische Erkrankungen, hier insbesondere die multiple Sklerose, sicher ausgeschlossen werden können; multiple und "schlecht definierte körperliche" Beschwerden, insbesondere auch unklare vegetative Beschwerden oder Schmerzzustände, wären nicht unter "dissoziative", sondern unter "somatoforme" Störungen (s. 6.7.1) oder unter Neurasthenie (F48.0) einzuordnen. Die multiple Persönlichkeitsstörung ist in die Restkategorie "sonstige dissoziative Störungen" (F44.8) einzureihen und mit F44.81 zu codieren.

Dissoziative Störungen sind selten, viel seltener etwa als affektive oder Angststörungen. Insofern liegen keine aussagekräftigen Befunde zum Verlauf, zu epidemiologischen Daten[16] und auch nicht zur familiären Häufung vor; ziemlich unbestritten ist nur, daß dissoziative Bewegungs- und Empfindungsstörungen im letzten Jahrhundert und zu Beginn des jetzigen häufiger waren und daß dabei ein deutliches Überwiegen der Frauen festgestellt werden konnte[17].

6.6.2 Erklärungsansätze

Erklärungsansätze dissoziativer Störungen vom Typ der Amnesie, Fugue oder der multiplen Persönlichkeitsstörung sollen hier nur angedeutet werden; die Krankheitsbilder sind zu selten, um empirisch absicherbare Theorien zu ermöglichen, die über Hypothesenbildungen für Einzelfälle hinausgehen. Von *Psychoanalytikern* wird die dissoziative Amnesie, die sich durch Erinnerungslücken für große zusammenhängende Partien kennzeichnet, als extreme Form von Verdrängung aufgefaßt, als deren Resultat auch Fugue oder Ausbildung von multipler Persönlichkeit entstehen könnten; *lerntheoretisch* kann man die Syndrome als besonders ausgeprägtes Vermeidungsverhalten ansehen (zu diesen vage formulierten Genesemodellen und einigen anderen s. Comer 1995, S. 654 ff.; Davison & Neale 1996, S. 202 f.; die historisch interessanten Dissoziationskonzepte P. Janets finden sich ausführlicher bei Fiedler & Mundt 1997, S. 357 f. dargestellt). Alle Theorien dissoziativer Störungen der obigen Art haben in irgendeiner Weise in Rechnung zu setzten, daß die Symptome weit überzufällig häufig nach großen psychischen Belastungen auftreten. Obwohl auch dissoziative Bewegungs- und Empfindungsstörungen wenigstens heute selten sind, lohnt es sich, die dazu von Freud konzipierten Entstehungsmodelle etwas genauer darzustellen, da an ihnen erwähntermaßen die *Psychoanalyse entwickelt* wurde.

Beiträge zu diesen, damals im wesentlichen mit dem Begriff Hysterie belegten Störungen stammen von einer Anzahl von Forschern vor Freud, auf deren Befunden letzterer teilweise aufbauen konnte. In Frankreich ist hier zunächst Jean-Marie Charcot zu nennen, der unter anderem eine saubere Symptombeschreibung leistete, hysterische Symptome mittels Hypnose hervorrief und auch wieder zum Verschwinden brachte sowie nachdrücklich auf die Bedeutung psychischer Traumen für die Genese hinwies. Sein Schüler Pierre Janet vertiefte diese Erkenntnisse noch erheblich; unter anderem gelang es ihm in einer Reihe von Fällen, mittels hypnotischer Ausforschung die ersten, in der Regel scheinbar vergessenen Anlässe der Symptombildung herauszufinden; weiter konnte er durch hypnotische Suggestion die Symptome zum Verschwinden bringen und zwar dadurch, daß er die pathogene Situation in der Erinnerung der Erkrankten kognitiv umstrukturierte (s. etwa Janet 1889, zitiert nach Ellenberger 1973, S. 492 ff.). Als Grundlage der hysterischen Symptomatik nahm Janet, in wenig klar definierter Weise, eine Einengung des Bewußtseinsfeldes an, eine permanente Einschränkung der Aufmerksamkeit, welche zur Vernachlässigung von Vorstellungskomplexen führen sollte; diese kognitive Minderleistung wurde als Zeichen einer allgemeinen "cerebralen Erschöpfung" aufgefaßt, die Janet wiederum zum großen Teil erblich bedingt ansah (s. dazu Köhler 1990, S. 171 ff.)[18].

Mehr als auf diesen Vorarbeiten konnte Freud aber auf den Beobachtungen aufbauen, die sein etwa 14 Jahre älterer Kollege Breuer zu Beginn der 80er Jahre (also lange vor den Publikationen Janets) an seiner Patientin Anna O. machte; diese zeigte eine Vielzahl motorischer und sensorischer Symptome, welche von Breuer, übrigens in Übereinstimmung mit mehreren, zum Teil höchst renommierten Kollegen[19] als nicht-organischer Natur angesehen wurden. Breuers Therapie bestand nun – und dies unterscheidet sie wesentlich von den hypnotischen Suggestivbehandlungen jener Zeit – darin, daß die Patientin in Hypnose über die ersten, im Wachbewußtsein nicht erinnerbaren Anlässe der Symptombildung berichtete, diese Situationen noch einmal "durcharbeitete" und die seinerzeit unterdrückten affektiven Reaktionen nachholte; damit verschwanden die meisten Symptome – wenn auch nicht so dauerhaft wie berichtet. Dieses von Breuer zuerst praktizierte "kathartische" Verfahren wandelte dann Freud insofern ab, als er die *Ausforschung* der pathogenen Situationen im *Wachbewußtsein* mittels *Psychoanalyse* vornahm. Der dabei zu beobachtende *Widerstand* führte ihn zur Annahme, daß die Erinnerungen zur Vermeidung von Unlust vom Bewußtsein ausgeschlossen (*verdrängt*) worden waren, und – etwas verkürzt ausgedrückt – sich die zugehörige affektive Energie in körperliche Symptome "umgesetzt" hatte (*Konversion*). Als unerläßliche Bedingung für eine solche zu hysterischen Symptomen führende Verdrängung sah er einen *sexuellen Mißbrauch im frühen Kindesalter* an; aufgrund dieses belastenden Eindrucks mußten Freuds Theorie zufolge spätere sexuelle Eindrücke besonders nachdrücklich aus dem Bewußtsein verbannt werden, um nicht die Erinnerung an das frühkindliche Trauma zu wecken. Diese sogenannte "Verführungstheorie", wie sie insbesondere in der Schrift "Zur Ätiologie der Hysterie" (Freud 1896c) sehr nachdrücklich vertreten worden war, gab Freud bekanntermaßen jedoch sehr bald auf[20]; einige Jahre später, ausführlicher zuerst in der Fallgeschichte "Dora" (Freud 1905e), präsentierte er eine *triebtheoretische Neuformulierung*, derzufolge die Symptome nicht mehr typischerweise der Verdrängung frühkindlicher Sexualtraumen, sondern der *Abwehr von Triebregungen infantilen Ursprungs* dienen sollten (s. dazu ausführlich Köhler 1993, S. 193 ff.; Köhler 1995, S. 108 ff.). Prinzipiell hat sich die heutige psychoanalytische Ansicht nicht allzu sehr davon entfernt, wobei häufig allerdings die ausschließliche Herleitung der Neurose aus Triebkonflikten sexueller Natur nicht mehr versucht wird.

Lerntheoretische Erklärungsansätze haben wenig Verbreitung gefunden; sie gehen im wesentlichen von einem operant aufrechterhaltenen gelernten Verhalten aus, wofür es allerdings offenbar wenig überzeugende Belege gibt (s. Davison & Neale 1996, S. 192 f.).

6.6.3 Therapie

Die *psychoanalytische Therapie dissoziativer Amnesien* sollte sich nicht wesentlich von den Verfahren zur Aufhebung jener Amnesien unterscheiden, die Freuds Theorie nach allen neurotischen Störungen zugrundeliegen: Überwindung der Verdrängungswiderstände im Wachbewußtsein. Neuere Therapien, auch von Analytikern, scheinen bei der dissoziativen Amnesie jedoch wieder die von Freud verworfene Hypnose anzuwenden, teilweise sogar mittels medikamentöser Induktion durch Hypnotika (beispielsweise Barbiturate). Überzeugende Dokumentationen der Wirksamkeit stehen offenbar ebenso aus wie die von therapeutischen Bemühungen, eine Integration der verschiedenen Persönlichkeiten zu leisten, welche im Rahmen der multiplen Persönlichkeitsstörung auftreten (s. etwa Davison & Neale 1996, S. 206 f.). *Psychoanalytische Therapie* der *Konversionsstörungen* entspricht im wesentlichen der bereits von Freud praktizierten. *Verhaltenstherapeutische Behandlungen* versuchen teilweise, durch Nicht-Verstärkung des Krankheitsverhaltens und Belohnung damit unvereinbarer anderer Verhaltensformen die Symptome zum Verschwinden zu bringen (zu weiteren verhaltenstherapeutischen Interventionsmethoden bei körperlichen Symptomen s. auch 6.7.3 im Abschnitt über somatoforme Störungen).

6.7. Somatoforme Störungen

6.7.1 Symptomatik, Klassifikation, Epidemiologie

Die somatoformen (wörtlich übersetzt: körperliche Gestalt annehmenden) Störungen werden in der ICD-10 (S. 183) charakterisiert durch "die wiederholte Darbietung körperlicher Symptome in Verbindung mit hartnäckigen Forderungen nach medizinischen Untersuchungen trotz wiederholt negativer Ergebnisse"; sind tatsächlich körperliche Symptome vorhanden, so erklären sie "nicht die Art und das Ausmaß der Symptome oder das Leiden und die innerliche Beteiligung des Patienten"; dabei widersetzt sich letzterer in der Regel den Versuchen, "die Möglichkeit einer psychischen Ursache zu diskutieren." Diese Störungen, die demnach etwa der Hypochondrie der Umgangssprache entsprechen, werden in verschiedene Unterformen eingeteilt. Die *Somatisierungsstörung* ist gekennzeichnet durch "multiple, wiederholt auftretende und häufig wechselnde körperliche Beschwerden", etwa im Magen-Darm-System (Schmerz, Erbrechen, Übelkeit) oder im Bereich der Haut (Jucken, Brennen, Taubheitsgefühl); auch sexuelle und menstruelle Störungen sind häufig. Der Verlauf der Symptomatik wird als "chronisch fluktuierend" beschrieben; die Beschwerden haben meist schon einige Jahre bestanden, bevor die Überweisung zum Psychiater erfolgt; für die Diagnosestellung wird eine Dauer der Symptome von mindestens zwei Jahren gefordert. Sind weniger Symptome vorhanden und ist der Verlauf kürzer, ist die Diagnose *undifferenzierte Somatisierungsstörung* zu stellen. Nicht ganz einfach davon zu unterscheiden (s.u.) ist die *hypochondrische Störung*, deren "vorherrschendes Kennzeichen" die "beharrliche Beschäftigung mit der Möglichkeit" ist, "an einer oder mehreren schweren und fortschreitenden körperlichen Krankheiten zu leiden, manifestiert durch anhaltende körperliche Beschwerden oder ständige Beschäftigung mit der eigenen körperlichen Erscheinung." Die betroffene Person interpretiert dabei normale Erscheinungen oft als abnorm und belastend und richtet (anders als bei der Somatisierungsstörung) ihre Aufmerksamkeit meist nur auf ein oder zwei Organe oder Organsysteme. Der "Verlauf der Symptome sowie der Behinderung" ist im allgemeinen "chronisch und wechselhaft" (verkürzt nach ICD-10, S. 186 f.). Die *somatoforme autonome Funktionsstörung* unterscheidet sich von der Somatisierungsstörung im wesentlichen dadurch, daß deutliche vegetative Symptome vorhanden sind und das Störungsbild bestimmen, etwa Herzklopfen, Schwitzen, Erröten, Zittern; hinzu kommen eher subjektive Beschwerden wie Schmerzen, Brennen oder Engegefühl; auch hier wird von den Patienten die Möglichkeit einer Erkrankung des betreffenden Organsystems intensiv und in quälerischer Weise erwogen. Bei der *anhaltenden somatoformen Schmerzstörung* ist die "vorherrschende Beschwerde" ein "andauernder, schwerer und quälender Schmerz, der durch einen physiologischen Prozeß oder eine körperliche Störung nicht vollständig erklärt werden kann"; er tritt "in Verbindung mit emotionalen Konflikten und psychosozialen Problemen" auf.

Das Gemeinsame der somatoformen Störungen (F45) ist also das Vorliegen von Beschwerden, die teilweise gar nicht objektivierbar sind und auch nicht auf einen körperlichen Prozeß zurückgeführt werden können, teilweise zwar tatsächliche körperliche Symptome darstellen (wie Herzklopfen, Blähungen, vermehrter Harndrang), aber nicht das subjektive Leiden und die qualvolle Beschäftigung mit ihnen rechtfertigen. Hinzu kommt weiter, daß die Betroffenen diese Symptome eindrücklich Ärzten präsentieren und sich nicht mit dem Hinweis auf deren Harmlosigkeit zufrieden geben. Die Unterscheidung der einzelnen Unterformen der somatoformen Störung ist zuweilen recht schwierig und soll hier nicht eingehender erörtert werden. Grob kann man so zusammenfassen, daß es sich bei der Somatisierungsstörung (F45.0) und ihrer rudimentären Form, der undifferenzierten somatoformen Störung (F45.1) um *häufig das Organsystem wechselnde*, wenig gut objektivierbare Beschwerden handelt, während bei der somatoformen autonomen Funktionsstörung (F45.3) die Betonung auf *einem* bestimmten vegetativ innervierten Organsystem liegt, in dessen Bereich (in ihrer Bedeutung überschätzte) Symptome auftreten. Bei der letzteren Störung findet sich auch eine quälende Beschäftigung mit der Möglichkeit, daß im betroffenen Organsystem eine ernsthafte Erkrankung vorliegt, was bei den Somatisierungsstörungen keine wesentliche Rolle zu spielen scheint. Bei der Hypochondrie tritt die Beschäftigung mit der bedrohlichen Krankheit ganz in den Vordergrund, nicht die mit den Symptomen selbst. Auch die pathologische Angst vor einer bestimmten Erkrankung (Nosophobie) wäre unter Hypochondrie zu klassifizieren, nicht in die Kategorie phobische Störungen (s. 6.2.1) einzuordnen; bei der anhaltenden somatoformen Schmerzstörung (F45.4) steht der zeitlich und lokalisatorisch weitgehend konstante Schmerz, nicht die vegetative Symptomatik im Vordergrund, anders als bei der Somatisierungsstörung, bei der die Schmerzen wechseln und wenig das Beschwerdebild prägen; die Furcht vor schwerer Krankheit scheint auch bei der somatoformen Schmerzstörung nicht die Bedeutung zu haben wie bei der Hypochondrie. Selbstverständlich sind alle diese Diagnosen Ausschlußdiagnosen; zuvor muß die fehlende körperliche Grundlage und die Harmlosigkeit der Beschwerden eindeutig nachgewiesen sein[21]. Sicher feststellbare körperliche Erkrankungen, bei denen psychische Faktoren für Genese und Aufrechterhaltung eine wesentliche Rolle spielen (sogenannte "psychosomatische Krankheiten"; s. Köhler 1995a), wären nicht unter somatoforme Störungen einzuordnen, sondern in Kategorie F54 der ICD-10 ("psychologische Faktoren und Verhaltensfaktoren bei andernorts klassifizierten Krankheiten"; s. 7.1). Schwierig und in der ICD-10 so gut wie gar nicht thematisiert ist auch die Unterscheidung von den dissoziativen Störungen, insbesondere denen der Sensibilität und Empfindung[22].

Angesichts der teilweise nicht einfach zu stellenden Diagnosen und der erwähnten terminologischen Uneinheitlichkeit sind epidemiologische Angaben mit großer Zurückhaltung zur Kenntnis zu nehmen. Für die Somatisierungsstörung nach DSM-IV, die im wesentlichen mit dem gleichlautenden Beschwerdebild F45.0 der ICD-10 identisch sein sollte, gibt Comer (1995, S. 397) Ein-Jahres-Prävalenzen zwischen 0,2% und 2% für Frauen, von weniger als 0,2% für Männer an; für die weniger ausgeprägten Symptombilder, etwa im Sinne von undifferenzierter Somatisierungsstörung, werden Lebenszeitprävalenzen von 5% bis 8% angenommen (Rief 1996). Im übrigen finden sich auch sehr viel höhere Schätzwerte: Die Häufigkeit funktioneller somatischer Störungen, die etwa – wenn auch nicht völlig – den somatoformen Störungen entsprechen, soll unter Patienten der "allgemeinen ärztlichen Versorgung" bei 30-70% liegen (Salkovskis 1997, S. 311). Die Somatisierungsstörung tritt nach manchen Angaben familiär gehäuft auf: Etwa 10-20% der nahen weiblichen Verwandten einer Erkrankten sollen ebenfalls die Störung entwickeln (Comer 1995, S. 397); jedoch gibt es hierzu auch weniger eindeutige Befunde (s. Rief & Hiller 1992, S. 109). Der Beginn liegt typischerweise im späten Jugend- oder frühen Erwachsenenalter. Wenig ist zur Häufigkeit der Hypochondrie bekannt; Übereinstimmung herrscht darüber, daß Männer und Frauen etwa gleich oft betroffen sind; die Erstmanifestation fällt häufig ins frühe Erwachsenenalter, der Verlauf ist meist chronisch. Die somatoforme Schmerzstörung kann in jedem Alter beginnen und hält oft jahrelang an; Frauen überwiegen; exakte Angaben zur Prävalenz liegen nicht vor, man schätzt sie aber hoch (nach Comer 1995, S. 397).

6.7.2 Erklärungsansätze

Eine von Freud ausgearbeitete *psychoanalytische Theorie* der somatoformen Störungen findet sich nicht; als eigene Gruppe von Störungsbildern existieren sie auch erst seit einigen Jahren in den diagnostischen Systemen. Gewisse somatoforme Schmerzzustände rechnete Freud wenigstens teilweise zur Konversionshysterie und sah ihre Genese in der Verdrängung von traumatischen Eindrücken sowie Umwandlung der zugehörigen affektiven Energie in körperliche Symptome (Konversion; s. 6.6.2). Die Hypochondrie, die ängstliche Sorge um die eigene Gesundheit, betrachtete er im wesentlichen als angstneurotisches Symptom und rechnete sie zu den Aktualneurosen (Freud 1895b), nahm als ihre Ursache also Aufstau von Sexualerregung an (s. 6.3.2). Neuere psychoanalytische Überlegungen zur Genese körperlicher Symptome, sowohl in Gestalt somatoformer Störungen als auch psychisch mitbedingter körperlicher Erkrankungen, sind im Rahmen des *Alexithymie-Konzeptes* angestellt worden. Alexithymie, die Unfähigkeit, eigene Gefühle wahrzunehmen und zu äußern, soll häufig bei Patienten mit körperlichen Störungen vorkommen, nicht aber bei solchen mit Psychoneurosen; es wird daher – sehr vereinfacht dargestellt – diskutiert, ob diese somatischen Symptome dann auftreten, wenn die Fähigkeit, psychische Probleme mittels Phantasietätigkeit zu lösen, nicht vorhanden ist (s. dazu Köhler 1995a, S. 23 ff. und die dort angeführte Literatur). Formal würden diese körperlichen Störungen somit aktualneurotischer Symptomatik entsprechen, die nicht als symbolischer Ausdruck psychischer Konflikte aufgefaßt werden kann.

Ältere *lerntheoretische Erklärungen* der somatoformen Störungen sehen in ihnen im wesentlichen verstärktes Verhalten, etwa über Beachtung und Schonung durch die Umgebung im Rahmen der Krankenrolle. Wie bei Phobien und Zwängen ist hier schwer zu verstehen, daß nicht das Leiden an den Symptomen die vergleichsweise banalen anderweitigen Verstärkungen als Konsequenzen bedeutungsmäßig weit übertreffen sollte. Auf die Hypochondrie, die oft der Umgebung gar nicht bekannt wird, wäre dieses Modell kaum anzuwenden.

Neuere *kognitiv-verhaltenstherapeutische Ansätze*, die beispielsweise bei Rief & Hiller (1992) und Salkovskis (1997) ausführlicher dargestellt sind, gehen von einer *Fehlbewertung körperlicher Symptome* mit Entwicklung eines Circulus vitiosus aus (ähnlich wie bei der Panikstörung; s. 6.3.2): So könnte erhöhte physiologische Erregung zu körperlichen Symptomen führen, die als bedrohlich wahrgenommen werden und verstärkte Aktivierung bedingen; durch häufige Selbstuntersuchung können schmerzhafte Veränderungen entstehen, Schonung immer deutlichere Symptome von Leistungseinschränkung hervorrufen, die aggressive Forderung nach immer intensiverer Diagnostik das Krankheitsverhalten fixieren. Diese Modelle setzen nicht verstärkendes Verhalten anderer Personen voraus und sind deshalb auch auf still ertragene Hypochondrie anwendbar. Das Erklärungsproblem verschiebt sich auf die Herleitung der erhöhten psychophysiologischen Aktivierung, der übertriebenen Sorge um die eigene Gesundheit und der mangelnden Bereitschaft, einem ärztlichen Befund Glauben zu schenken

6.7.3 Therapie

Medikamentöse Behandlung somatoformer Störungen ist vielfach die Regel, um so mehr als die Patienten von der organischen Bedingtheit ihrer Leiden überzeugt sind und entsprechende Therapie fordern; so findet sich insbesondere bei der Somatisierungsstörung häufig ein Abusus von Beruhigungsmitteln und Analgetika (ICD-10, S. 184). Hypochondrie, wie sie nicht selten im Rahmen depressiver Störungen auftritt (sekundäre Hypochondrie nach Salkovskis 1997, S. 312 f.), muß vornehmlich mit der Grundkrankheit behandelt werden, also beispielsweise durch Gabe trizyklischer Antidepressiva; ähnliches gilt für andere somatoforme Störungen sekundärer Natur (s. dazu Rief & Hiller 1992, S. 151 ff.). *Psychoanalytische Therapie* bei somatoformen Störungen würde nach Freud davon abhängen, ob die Symptomatik im Rahmen einer Konversionsneurose entsteht oder als aktualneurotisch aufzufassen ist. Im ersteren Falle müßte eine Psychoanalyse zur Aufhebung der Verdrängung vorgenommen werden; im zweiten Fall wäre diese Therapie nicht indiziert, statt dessen würde eher eine Umstellung des Verhaltens, insbesondere im sexuellen Bereich, angestrebt. In der Praxis werden diese Unterschiede offenbar nicht mehr gemacht, nachdem viele Analytiker heute dem Freudschen Konzept der Aktualneurosen entschieden kritisch gegenüber stehen. Immerhin ist dieses Konzept im Rahmen der Überlegungen zur Alexithymie (s.o.) neu aufgegriffen worden; entsprechende Therapien würden sich durch vermehrten Anteil nonverbaler Komponenten von den klassischen, auf Sprachprozessen basierenden psychoanalytischen Therapieverfahren unterscheiden.

Verhaltenstherapeutische Techniken im engeren und älteren Verständnis versuchen vor allem, an den Konsequenzen des Verhaltens anzusetzen, zielen also unter anderem auf eine Nicht-Verstärkung der körperlichen Symptomatik (s. Davison & Neale 1996, S. 197). Neuere *kognitiv-verhaltenstherapeutische Ansätze*, wie sie etwa bei Rief (1995, S. 145 ff.) oder Salkovskis (1997, S. 328 ff.) dargestellt sind, setzen sich vornehmlich die Veränderung von Einstellungen sowie Neubewertung der Symptome zum Ziel und sind insbesondere für Hypochondrie und Krankheitsangst ausgearbeitet. Unter anderem werden hier falsche Überzeugungen modifiziert, das Fokussieren auf körperliche Symptome zu beseitigen versucht und Verhaltensweisen abgebaut, die der Selbstverstärkung der Symptomatik dienen, beispielsweise Hyperventilation. Auch Entspannungstechniken zur Reduktion von Angst, wie sie als Folge von körperlichen Symptomen auftritt und umgekehrt somatische Reaktionen verstärkt, werden eingesetzt; für Näheres muß auf die angeführte Literatur verwiesen werden.

7. Eß-, Schlaf- und sexuelle Funktionsstörungen

7.1 Allgemeine Vorbemerkungen

Unter der ziemlich ungelenken und wenig prägnanten Überschrift "Verhaltensauffälligkeiten mit körperlichen Störungen und Faktoren" sind in der ICD-10 (S. 199 ff.) eine Reihe von körperlichen Syndromen aufgelistet, bei deren Genese und Aufrechterhaltung psychischen Faktoren im allgemeinen eine gewisse Rolle zugeschrieben werden kann. Neben den *Eßstörungen* in Form von *Anorexie* und *Bulimie* sind dies *Schlaf-* und *sexuelle Funktionsstörungen nichtorganischer Natur*. Weiter finden sich in der Kategorie F5 psychische Störungen im Wochenbett, "psychische Faktoren und Verhaltenseinflüsse bei andernorts klassifizierten Krankheiten" und schließlich "Mißbrauch von nicht abhängigkeitserzeugenden Substanzen", worunter beispielsweise Antidepressiva, Abführ- und Schmerzmittel sowie Hormone und Vitamine aufgeführt werden. Psychische Störungen im Wochenbett waren kurz an anderer Stelle worden (Kapitel 5, Anmerkung 1), Mißbrauch nicht abhängigkeitserzeugender Substanzen scheint theoretisch zu wenig interessant, um eine Besprechung im knapp gesetzten Rahmen zu rechtfertigen. In die Kategorie "psychische Faktoren und Verhaltenseinflüsse bei andernorts klassifizierten Krankheiten" wären typischerweise die "psychosomatischen Krankheiten" einzureihen und zwar zusätzlich mit der Codenummer für die Krankheit (beispielsweise J45 für Asthma); F54 und J45 bezeichnet dann Asthma, bei dessen Genese psychische Faktoren nach Ansicht des diagnostizierenden Arztes eine Rolle spielen sollten. Die Darstellung dieser psychosomatischen Krankheiten und Diskussion der Belege, die für eine solche Psychogenese oder psychische Aufrechterhaltung sprechen, kann hier nicht geleistet werden; es sei hierzu auf die ausführliche Behandlung des Themas an anderer Stelle (Köhler 1995a) verwiesen. In diesem Kapitel kommen deshalb nur vergleichsweise kurz die Eßstörungen sowie die nichtorganischen Schlaf- und sexuellen Funktionsstörungen zur Darstellung.

7.2 Eßstörungen: Anorexia und Bulimia nervosa

7.2.1 Symptomatik, Klassifikation, Epidemiologie

Die *Anorexia nervosa* (*nervöse Magersucht*) ist nach ICD-10 (S. 199 f.) charakterisiert durch einen "absichtlich selbst herbeigeführten oder aufrechterhaltenen Gewichtsverlust", indem zumeist nicht nur hochkalorische Speisen vermieden werden, sondern zum Verlieren des Gewichts oft auch noch selbstinduziertes Erbrechen (beispielsweise durch Einführen des Fingers in den Rachen) und Abführmittel (Laxantien) eingesetzt werden, übertriebene körperliche Aktivität an den Tag gelegt wird und Appetitzügler oder Diuretika (Entwässerungsmittel) zum Einsatz kommen[1]. Es besteht eine Störung des "Körperschemas" in Form der überwertigen Idee, zu dick zu sein oder zu werden. Bei Frauen findet sich typischerweise Ausbleiben der Regel (Amenorrhoe), bei Männern Verlust von Libido und Potenz; tritt die Anorexia nervosa vor der Pubertät ein, so sind die Reifevorgänge gehemmt (Verzögerung oder Ausbleiben der ersten Monatsblutung und fehlende Brustentwicklung bei Mädchen, schwache Ausbildung der Genitalien bei Knaben; Wachstumsstop). Dabei ist das Körpergewicht mindestens 15% unter der Norm beziehungsweise liegt der Body-Mass-Index (definiert als Körpergewicht in Kilogramm dividiert durch die quadrierte Körpergröße in Metern) unter 17,5. Laessle & Pirke (1997, S. 589 ff.) beschreiben genauer Eßverhalten, Einstellungen und Interessen der Betroffenen: Kleinste Mengen werden "zumeist alleine im Rahmen spezifischer Eßrituale" eingenommen, beispielsweise in winzige Stücke zerlegt und mit einem kleinen Löffel gegessen. Trotz abgemagerten Zustandes halten sich die Patientinnen für normalgewichtig oder gar für zu dick; die Schwere der Erkrankung wird geleugnet, Therapie oft abgelehnt. Das Thema "Essen" beschäftigt die Betroffenen in hohem Maße: Unter anderem werden stundenlang Kochbücher gelesen, Rezepte auswendig gelernt und umfangreiche Mahlzeiten für andere zubereitet; insofern ist auch die Bezeichnung "anorexia" (Appetitlosigkeit) deutlich mißverständlich. Es läßt sich auch zeigen, daß die Insulinsekretion nach Nahrungspräsentation bei Personen mit Anorexie größer als bei nicht Eßgestörten ist (Carlson 1991, S. 430 f.). Bei etwa der Hälfte der Patientinnen kommt es zu Heißhungeranfällen mit anschließendem selbstinduzierten Erbrechen (bulimics im Gegensatz zu restrictors, die ihr niedriges Gewicht ausschließlich durch Diät erreichen). Die *Bulimia nervosa* (Bulimie) ist nach ICD-10 gekennzeichnet durch "wiederholte Anfälle von Heißhunger (Eßattacken)", bei denen große

Nahrungsmengen in kurzer Zeit konsumiert werden; weiter besteht eine "übertriebene Beschäftigung mit der Kontrolle des Körpergewichts", was zu extremen Maßnahmen führt, den Effekt der Nahrungszufuhr zu reduzieren. Diese entsprechen im wesentlichen denen von Personen mit Anorexie (selbstinduziertes Erbrechen, Gebrauch von Abführ- und Entwässerungsmitteln, Hungerperioden, Einsatz von Appetitzüglern oder der gewichtsreduzierenden Schilddrüsenhormone). Das wiederholte Erbrechen kann zu Verschiebungen im Elektrolythaushalt und körperlichen Symptomen führen, beispielsweise Herzrhythmusstörungen oder epileptischen Krämpfen. Anorexia und Bulimia nervosa können oft nacheinander bei ein und derselben Person auftreten (verkürzt dargestellt nach ICD-10, S. 199 ff.). Diese Eßanfälle (etwas despektierlich, aber treffend in der Literatur zuweilen "Freßattacken" genannt, im angloamerikanischen Sprachgebrauch "binges") treten bei manchen Patientinnen mehrere Male pro Woche, bei anderen mehrmals täglich auf; die dabei aufgenommene Kalorienmenge kann beträchtlich sein: Untersuchungen an klinischen Stichproben berichten von einer durchschnittlichen Aufnahme von etwa 2000 kcal und einem Maximum von 8500 kcal (s. Laessle & Pirke 1997 und die dort zitierte Literatur).

Anorexia nervosa wird diagnostiziert und mit F50.0 verschlüsselt, wenn die erwähnten Merkmale wie Untergewicht, selbst herbeigeführter Gewichtsverlust (durch mindestens eine der beschriebenen Maßnahmen), Störung des Körperschemas und die hormonell bedingten Symptome wie Sistieren der Regel oder Ausbleiben der ersten Monatsblutung vorliegen. Ausgeschlossen werden müssen dabei somatische Ursachen des Gewichtsverlustes, beispielsweise Tumoren oder Darmerkrankungen. Werden keine aktiven Maßnahmen zur Gewichtsreduktion wie induziertes Erbrechen oder Einnahme von Abführmitteln eingesetzt, ist dies mit F50.00 zu codieren; wenn dies, beispielsweise in Zusammenhang mit Heißhungerattacken, geschieht, ist die Codenummer F50.01 zu verwenden. Bulimia nervosa (F50.2) wird dann diagnostiziert, wenn die Kriterien 1) andauernde Beschäftigung mit Essen, Gier nach Nahrungsmitteln, Eßattacken, 2) drastische Maßnahmen zur Gewichtsreduktion und 3) krankhafte Furcht, dick zu werden, erfüllt sind. Treffen nicht alle Punkte für Anorexia nervosa zu (fehlen etwa die Kernmerkmale Amenorrhoe oder "signifikanter Gewichtsverlust"), so ist die Diagnose "atypische Anorexia nervosa" (F50.1) zu stellen; "atypische Bulimia nervosa" (F50.3) wäre zu diagnostizieren, wenn Normal- oder Übergewicht vorliegt; Stellung beider Diagnosen wird aber nicht empfohlen. Demnach scheint es nicht eindeutig festgelegt, wie Anorexie und Bulimie nach ICD-10 zu unterscheiden sind: Untergewicht, unerläßliches Kriterium für das Vorliegen einer Anorexie, kann demnach ebenso bei Bulimie vorkommen, die für die letztere Störung charakteristischen Heißhungerattacken mit anschließendem Erbrechen sind auch bei der Anorexia nervosa zu beobachten; am meisten typisch wäre somit die Amenorrhoe, welche bei der Anorexie obligatorisch vorliegen muß, bei der Bulimie anscheinend aber nicht erwartet wird[2].

Anorexia beginnt meist im Jugend- und frühen Erwachsenenalter, etwa zwischen 14 und 18 Jahren, bei weiblichen Personen häufig kurz nach Auftreten der ersten Monatsblutungen. Bei etwa 25% der Betroffenen dauert die Störung mehr als zwei Jahre, der Rest soll langsam wieder normales Gewicht erreichen. Man muß damit rechnen, daß circa 5%, nach anderen Angaben sogar bis 18% an den Folgen der Erkrankung sterben; Todesursachen sind vor allem Schädigungen der Nieren, Elektrolytstörungen, kardiale Komplikationen, Folgen der Auszehrung sowie Erkrankungen im Gastrointestinalsystem, beispielsweise Rupturen von Speiseröhre und Magen oder Darmlähmungen; auch Suizide sind häufig (s. dazu Laessle & Pirke 1997, S. 606; Comer 1995, S. 434 f.). 90% bis 95% der betroffenen Personen sind weiblichen Geschlechts; die Lebenszeitprävalenz unter Frauen wird mit etwa 1% angegeben. Die Häufigkeit der Störung hat offenbar in den letzten Jahrzehnten zugenommen, was nicht allein ein diagnostisches Artefakt darstellt. Bulimie tritt ebenfalls fast ausschließlich bei Frauen auf; die Lebenszeitprävalenzraten für das Vollbild der Bulimie werden zwischen 2% und 6% geschätzt, also relativ hoch. Das Erstmanifestationsalter der Bulimia nervosa liegt etwas später als bei der Anorexie; die wenigsten entwickeln die Störung aber noch nach dem 30. Lebensjahr. Der Verlauf ist im allgemeinen chronisch: Bis zum Beginn der Therapie hat ein Drittel bereits mehr als zehn Jahre Symptome aufgewiesen; auch nach Behandlung bleiben etwa die Hälfte noch weiter erkrankt. Todesfälle zumeist kardialer Ursache werden beschrieben, sind aber seltener als bei der Anorexie; Schädigungen der Zähne und des Mund-Rachen-Bereiches durch das häufige Erbrechen werden vielfach beobachtet. Auf die Tatsache, daß nicht selten auf eine Anorexie eine Bulimie folgt und umgekehrt, war schon hingewiesen worden (dargestellt nach ICD-10, S. 202 f.; Comer 1995, S. 436 ff.; Davison & Neale 1996, S. 520 f.; Laessle & Pirke 1997, S. 599 ff.).

Biologische Modelle der Eßstörungen haben sich einerseits auf die Funktionen des *Hypothalamus*, andererseits auf den Transmitter *Serotonin* konzentriert. Strukturen des Hypothalamus sind, etwas vereinfacht ausgedrückt, für die Regulation der Nahrungsaufnahme verantwortlich. Dabei hat der ventromediale Teil offenbar die Funktion, diese zu dämpfen, während der laterale sie zu stimulieren scheint (s. Carlson 1991, S. 422 ff.). Physiologische Theorien nehmen daher eine *Dysregulation im Hypothalamus* an (Davison & Neale 1996, S. 519), wozu auch die Zyklusstörungen passen würden; alle diesbezüglichen Formulierungen sind jedoch recht vage und legen sich nicht eindeutig auf die Genese dieser Dysfunktion fest; mit gleichem Recht lassen sich die neuroendokrinen Veränderungen als Folge des gestörten Eßverhaltens auffassen (s. Laessle 1994, S. 371 und die dort aufgearbeitete Literatur). Die mögliche Bedeutung des *Transmitters Serotonin* für Entstehung und eventuell Aufrechterhaltung von Eßstörungen ist unter anderem daraus zu erschließen, daß insbesondere Bulimia nervosa häufig mit Depression vergesellschaftet ist, weiter daß trizyklische Antidepressiva und selektive Serotonin-Wiederaufnahme-Hemmer sowohl bei depressiver Symptomatik als auch gestörtem Eßverhalten Besserung bringen; auch Nachweise niedriger Konzentrationen von Abbauprodukten des Serotonin im Liquor von bulimischen Patientinnen deuten in diese Richtung. Allerdings sind die kausalen Beziehungen keineswegs eindeutig geklärt: Nachdem kohlehydratarme und dabei proteinreiche Ernährung, wie sie bei eßgestörten Patientinnen typisch ist, zu einer verminderten Produktion von Serotonin führt, wären niedrige Serotoninspiegel ebenso wie depressive Verstimmungen möglicherweise Resultat des Eßverhaltens, nicht seine Ursache. Andererseits zeigen tierexperimentelle Untersuchungen, daß der Transmitterspiegel die Nahrungsaufnahme beeinflußt, bei erhöhter Serotoninkonzentration weniger aufgenommen wird und das Körpergewicht zurückgeht. Auch eine verminderte Aktivität des Transmitters Noradrenalin wird in der letzten Zeit diskutiert (nach Jacobi 1994, S. 165 ff. sowie Laessle & Pirke 1997, S. 601 ff.; dort auch weitere Literatur).

Tiefergreifende, wesentlich über genauere Symptombeschreibung hinausgehende und empirisch gut belegte *psychologische Genesemodelle* der Anorexia und Bulimie existieren nicht. Freud selbst beschäftigte sich nicht mit Eßstörungen, bestenfalls im Rahmen von konversionsneurotischer Symptomatik; spätere Analytiker betonen die Bedeutung einer *oralen Fixierung* und *Regression*, ohne damit größeres Licht auf die Entstehungsbedingungen zu werfen. Durchaus plausibel, wenn auch so gut wie unbewiesen ist die Annahme, daß die Folgen und Begleiterscheinungen der Anorexia nervosa, nämlich die mangelnde Ausbildung weiblicher Körperformen durch die Hungerkuren sowie das Ausbleiben der Regelblutungen, sich als Ablehnung der weiblichen Rolle deuten ließen (s. Hoffmann & Hochapfel 1995, S. 278 f.).

Die recht bekannte *Theorie der Ich-Schwäche* von Hilde Bruch geht, etwas verkürzt formuliert, davon aus, daß Patientinnen mit Anorexie in der Kindheit nicht eigene Bedürfnisse entwickeln konnten und auch nicht gelernt haben, ihre Körpersignale richtig zu interpretieren; dies wird als Folge einer Erziehung gesehen, bei der dem Kind die elterlichen Interessen gewissermaßen "übergestülpt" würden. Der Versuch, zu Beginn der Adoleszenz Autonomie zu gewinnen, drücke sich in dem Bestreben aus, das Körpergewicht zu kontrollieren (s. Comer 1995, S. 447 f.). Auch hier sind die empirischen Belege letztlich schwach, was insofern als besonderes Manko angesehen werden muß, als bei dieser Theorie in recht eindeutiger Weise eine Schuldzuschreibung erfolgt. Ähnliches gilt für *familientheoretische Genesemodelle*, die von gegenseitigen Verstrickungen innerhalb der Familie Eßgestörter ausgehen, wobei jeder in unangemessener Weise um das Wohlergehen der anderen besorgt sei. Damit es nicht in der Phase der Adoleszenz zu der üblichen Lösung dieser Beziehungsmuster komme, werde die Eßstörung entwickelt (nach Comer 1995, S. 446; s. dazu kritisch Jacobi 1994, S. 166).

Kognitive Theorien der Genese von Eßstörungen gehen vor allem von den unangemessenen Einstellungen der Patientinnen zu Gewicht und Körpergestalt aus. Diese verzerrten Ansichten bedürfen jedoch wiederum selbst der Erklärung, wobei hier zweifellos soziokulturelle Faktoren, insbesondere das westliche Schönheitsideal extremer Schlankheit, eine nicht geringe pathogenetische Bedeutung haben. Weitere in diesen Modellen berücksichtigte Faktoren sind kognitive Defizite etwa in Form von Verleugnung des reduzierten körperlichen Zustandes oder Körperwahrnehmungsstörungen; auch auf mangelnde Problemlösungsstrategien, die dazu veranlassen, Hungern beim Austragen familiärer Konflikte einzusetzen, wird hingewiesen (s. Jacobi 1994, S. 164). Mittlerweile scheint man bevorzugt "multidimensionale" Erklärungsansätze zu favorisieren, die neben der Bedeutung kognitiver Faktoren die soziokultureller Vorgaben, biologischer Gegebenheiten und pathogener Familienmuster betonen (s. Comer 1995, S. 450 sowie die Modelle von Laessle & Pirke 1997, S. 620 ff.)

Vordringlichstes Behandlungsziel bei Anorexiepatientinnen ist vielfach unmittelbare *Gewichtszunahme*, was häufig nur durch stationäre Betreuung mit Sondenernährung und Infusionstherapie erreicht werden kann. Auch operante Methoden zur Steigerung der Nahrungsaufnahme werden eingesetzt (s. Laessle & Pirke 1997, S. 625). Längerfristige medikamentöse Behandlung der Anorexia nervosa geschieht heute bevorzugt mit *Antidepressiva*, deren Effekt hierbei jedoch unterschiedlich beurteilt wird (s. Laessle & Pirke 1997, S. 628). *Psychotherapeutische Verfahren* zur Behandlung der Anorexie haben verschiedene Struktur, je nach dem von den Therapeuten favorisierten pathogenetischen Grundmodell. *Klassische psychoanalytische Vorgehensweisen* zur Aufdeckung regelrecht unbewußter Sachverhalte werden eher selten angewendet; die meisten psychodynamisch orientierten Behandlungen setzen sich zum Ziel, Zusammenhänge zwischen seelischen Problemen und Eßstörungen adäquat zu realisieren und Autonomie aufzubauen, verstehen sich also auch weitgehend als stützend (insbesondere zur Therapie nach Hilde Bruch s. Comer 1995, S. 452). *Familientherapeutische* Verfahren versuchen, entsprechend dem in 7.2.2 dargestellten Störungsmodell die Verstrickungen innerhalb der Familien Eßgestörter abzubauen und die Betroffenen aus diesen angenommenen krankmachenden Bedingungen zu befreien (zum Vorgehen der bekannten Familientherapie nach Minuchin s. Comer 1995, S. 454 ff.). *Kognitiv-verhaltenstherapeutische* Verfahren, wie sie etwa bei Jacobi (1994, S. 168 ff.) sowie insbesondere bei Jacobi et al. (1996, S. 28 ff.) beschrieben sind, halten die Patientinnen unter anderem zur genauen Beobachtung und Protokollierung des Eßverhaltens inklusive vorausgehender Bedingungen und nachfolgender Konsequenzen an, versuchen Verständnis für Zusammenhänge zu vermitteln (etwa zwischen individuellen Konfliktsituationen und Eßverhalten oder hinsichtlich pathophysiologischer Konsequenzen reduzierten Essens) und unternehmen es, mittels kognitiver Umstrukturierung die Einstellung zu Gewicht und Körperformen zu verändern; angesichts der unzureichend entwickelten Problemlösefähigkeiten werden den auch solche eingeübt. Wie wirksam diese Verfahren bei Anorexie sind, ist noch nicht eindeutig geklärt.

Besser anzusprechen scheinen nach allen bisherigen Erfahrungen Patientinnen mit Bulimia nervosa; dort ist auch der Effekt von Antidepressiva, neben den klassischen, trizyklischen Substanzen in den letzten Jahren bevorzugt von *Serotonin-Wiederaufnahme-Hemmern*, im Vergleich mit Placebo gut belegt (s. Jacobi 1994, S. 177 f. und die dort zitierte Literatur). *Psychotherapeutische Verfahren* unterscheiden sich kaum von denen zur Behandlung der Anorexia; in besonderem Maße werden hier *Stimuluskontrolltechniken* zur Verhinderung der Freßanfälle eingesetzt; auch *Exposition in vivo*, beispielsweise Konfrontation mit einem gefüllten Kühlschrank und Reaktionsverhinderung, kommt hier zur Anwendung. Durch eine Anzahl von Studien ist die Wirksamkeit kognitiv-verhaltenstherapeutischer Maßnahmen belegt. Weniger gut dokumentiert ist dies für andere Verfahren, etwa Familientherapie oder sogenannte interpersonale Therapie (bei der direkte Veränderung von Eßverhalten und Einstellungen nicht versucht wird); immerhin liegen auch hier gewisse Anhaltspunkte für die Effektivität vor (s. Jacobi 1994, S. 178 f.; Jacobi et al. 1996, S. 23 f.; Laessle & Pirke 1997, S. 627 f.). Zu erwähnen ist, daß man in der letzten Zeit offenbar mehr und mehr multimodale Verfahren einsetzt, etwa kognitiv-verhaltenstherapeutisches Vorgehen mit Familientherapie kombiniert.

7.3 Schlafstörungen

Die Gruppe der nichtorganischen Schlafstörungen in der ICD-10 umfaßt die *Dyssomnien*, "primär psychogene" Störungen hinsichtlich Dauer, Qualität oder Zeitpunkt des Schlafes und die *Parasomnien*, während des Schlafes auftretende "abnorme Episoden", beispielsweise Schlafwandeln. Von den Dyssomnien ist die *nichtorganische Insomnie*, die *Schlaflosigkeit*, die wichtigste und soll hier als einzige etwas ausführlicher besprochen werden, während die anderen beiden Störungen dieser Gruppe, die *nichtorganische Hypersomnie* (exzessive Schläfrigkeit während des Tages oder verzögertes Aufwachen) nur knapp, die *nichtorganische Störung des Schlaf-Wach-Rhythmus* gar nicht dargestellt wird; aus Raumgründen werden auch die an sich sehr interessanten, aber zahlenmäßig eher unbedeutenden und unzureichend erforschten Parasomnien *Schlafwandeln*, *Pavor nocturnus* und *Alpträume* nur kurz behandelt.

Bei den nichtorganischen Insomnien ist die Dauer oder die Qualität des Schlafes über einen gewissen Zeitraum gestört[3]. Am häufigsten wird über *Einschlafstörungen* geklagt, gefolgt von *Durchschlafstörungen* und *frühem Erwachen in den Morgenstunden*; oft treten die Beschwerden kombiniert auf. Bekanntermaßen setzen Schlafstörungen häufig in Zusammenhang mit psychosozialen Belastungen ein. Die Angst vor der Schlaflosigkeit kann diese durch Erhöhung des Aktivierungsniveaus noch beträchtlich verstärken und so zu einer

Chronifizierung des Leidens führen. Die Diagnose "nichtorganische Insomnie" (F51.0) wird nach ICD-10 gestellt, wenn über die genannten Störungen berichtet wird und diese wenigstens dreimal pro Woche über einen Zeitraum von einem Monat aufgetreten sind. Weiter muß die Schlafstörung und die Sorge über negative Konsequenzen die betroffene Person beschäftigen und zu Leidensdruck führen oder sich störend auf Alltagsaktivitäten auswirken. Organische Faktoren als Ursache der Schlaflosigkeit, etwa schmerzhafte Erkrankungen oder Nebenwirkungen bestimmter Medikamente, müssen ausgeschlossen werden, ebenso psychische Störungen, bei denen Schlaflosigkeit vorkommt, etwa Depressionen (verkürzt nach ICD-10, S. 206). Insomnie ist zweifellos häufig, wobei allerdings Angaben zur Prävalenz unter Berücksichtigung der scharfen ICD-10-Kriterien offenbar noch nicht vorliegen. Eine im Jahre 1991 publizierte Feldstudie in Oberbayern, denen Ergebnisse bei Schulz & Paterok (1997, S. 669) wiedergegeben sind, fand mittlere bis schwere Insomnie in der Woche vor Befragung bei etwa 9% der Männer, 17% der Frauen; die Altersgruppen über 50 Jahren waren dabei deutlich stärker betroffen. Man geht davon aus, daß nur etwa ein Drittel der Personen mit schwerer nichtorganischer Insomnie deswegen den Arzt aufsuchen (Schulz & Paterok 1997, S. 670).

Erklärungen für die nichtorganische Schlaflosigkeit (psychophysiologische Insomnie nach Schulz & Paterok) sind ziemlich allgemein gehalten und insofern wenig befriedigend. Man geht dabei vor allem von einem erhöhten psychophysiologischen Erregungsniveau aus, welchem eine Überaktivität neuronaler Systeme zugrunde liegen soll, insbesondere jener, die von der Formatio reticularis des Hirnstammes in den Thalamus projizieren und cholinerg übertragen (für Genaueres s. Schulz & Paterok 1997, S. 672 und die dort angeführte Literatur). Die *medikamentöse Therapie* von Schlafstörungen wird in psychiatrischen Kliniken häufig mit Chloralhydrat durchgeführt, welches weniger die physiologische Struktur des Schlafes stört, in der freien Praxis vornehmlich mit Benzodiazepinen. Insbesondere bei den Einschlafstörungen bevorzugt man Benzodiazepine mit kurzer Halbwertszeit (s. 3.4.1), etwa Triazolam (Halcion®) oder Temazepam (z.B. Planum®); nach abruptem Absetzen dieser kurz wirksamen Benzodiazepine soll es häufig zu akuten Entzugsinsomnien kommen, eine Gefahr, die bei Substanzen mit längerer Halbwertszeit geringer ist (nach Möller 1997, S. 327). *Psychologische Maßnahmen* zur Behandlung von Schlafstörungen, die ausführlicher bei Knab (1989, S. 80 ff.), Riemann et al. (1994) sowie Schulz & Paterok (1997, S. 687 ff.) dargestellt werden, sind *Entspannungsverfahren* verschiedener Art

(Autogenes Training, Progressive Muskelentspannung mit oder ohne EMG-Biofeedback, Meditation), *systematische Desensibilisierung* (wenn Stimuli, die mit der Bettruhe assoziiert sind, Angst oder Nervosität hervorrufen) oder *Stimuluskontrolle* (etwa Bettgehen nur bei Müdigkeit, Verlassen des Bettes, wenn Schlaf nicht eintritt); offenbar mit Erfolg eingesetzt wird die "paradoxe Intention", bei der die Betroffenen aufgefordert werden, sich auf das Wachbleiben zu konzentrieren und so aus dem Teufelskreis von vergeblichem Bemühen um Einschlafen und immer stärkerer Aktivierung geraten sollen. Auch bei der Therapie der Insomnie besteht die Tendenz zu Kombination verschiedener Verfahren.

Die *nichtorganische Hypersomnie* (F51.1) hat entweder die Form eines verlängerten Aufwachvorgangs oder zeigt sich in vermehrter Schläfrigkeit beziehungsweise in Gestalt von Schlafanfällen[4] während des Tages; oft findet sich dieses Krankheitsbild im Rahmen von psychischen Störungen, insbesondere affektiven; organische Ursachen, etwa Infektionskrankheiten des Zentralnervensystems, sind auszuschließen, ebenso die Hypersomnie bei der Schlafapnoe[5]. Die Schlafanfälle dauern meist längere Zeit (im Gegensatz zu den sehr kurzen bei der organisch bedingten Narkolepsie) und sind nicht durch fehlenden Nachtschlaf zu erklären, da dieser bei den Betroffenen zumeist verlängert ist; zudem haben die Patienten Schwierigkeiten, nach dem Aufwachen in normaler Zeit den Wachzustand zu erreichen (Schlaftrunkenheit). Pathogenese und Ätiologie sind unklar.

Schlafwandeln (Somnambulismus) ist wohl die bekannteste Parasomnie; dabei verläßt der Patient, zumeist während des ersten Drittels des Nachtschlafes, das Bett und wandelt umher, geht dabei zuweilen aus dem Zimmer oder sogar dem Haus; die motorischen Fähigkeiten sind ebenso wie die Reaktivität eingeschränkt, so daß erhebliche Verletzungsgefahr besteht. Meist kehren die Betroffenen jedoch unversehrt ins Bett zurück, häufig geführt von einer anderen Person; nach dem Erwachen besteht meist keine Erinnerung an das Vorkommnis (verkürzt nach ICD-10, S. 211). Um die Diagnose zu stellen (zu verschlüsseln mit F51.3) müssen im wesentlichen die oben schilderten charakteristischen Verhaltensweisen nachzuweisen sein; psychomotorische epileptische Anfälle ebenso wie dissoziative Störungen (s. 6.6) sind auszuschließen. Aussagekräftige Angaben zur Prävalenz liegen nicht vor, Kinder sind mit Sicherheit häufiger betroffen; manchmal tritt Schlafwandeln im Rahmen fiebriger Erkrankungen auf. Zur Erklärung hat man, vereinfacht ausgedrückt, die Annahme einer *Dissoziation höherer zentralnervöser und motorischer Funktionen* gemacht: Während bei den ersteren eine deutliche Hemmung während der somnambulen Phasen auftrete (kenntlich an niedrigen EEG-Frequenzen), sei die der motorischen Funktionen wesentlich geringer; gewissermaßen liegt somit beim Schlafwandeln das Spiegelbild zu den REM-Phasen vor, welche durch ausgeprägte zentralnervöse und deutlich erniedrigte motorische Aktivität gekennzeichnet sind (verkürzt nach Schulz & Paterok 1997, S. 685 f.). Über die Ursache dieser seltenen, in solch starkem Maße ausgeprägten Dissoziationen bei wenigen Menschen existieren aber nur unklare Vorstellungen; da sich kindlicher Somnambulismus zumeist später verliert, nimmt man mit der Entwicklung zusammenhängende Faktoren an.

Der *Pavor nocturnus* (F51.4 nach ICD-10) kommt ebenfalls gehäuft bei Kindern vor und ist meist mit Schlafwandeln assoziiert; er ist gekennzeichnet durch "nächtliche Episoden äußerster Furcht und Panik mit heftigem Schreien, Bewegung und starker autonomer Erregung"; dabei setzt sich die betroffene Person auf oder stürzt zur Tür, "wie um zu entfliehen", wobei der Raum aber nur selten verlassen wird. Auf die Bemühungen anderer, den Zustand zu beeinflussen, wird oft nur noch mit größerer Angst reagiert; nach dem Erwachen liegt meist keine Erinnerung an die Episode vor (verkürzt nach ICD 10, S. 212). Pathogenetisch besteht deutliche Ähnlichkeit mit dem Somnambulismus, so daß beide zunehmend als Spielarten ein und derselben Störung betrachtet werden. *Alpträume* (eigentlicher korrekter Albträume zu schreiben) werden nach ICD-10 (S. 213 f.) mit F51.5 verschlüsselt und sind gekennzeichnet durch "Traumerleben voller Angst und Furcht mit sehr detaillierter Erinnerung an den Trauminhalt." Im Gegensatz zu Pavor nocturnus und Somnambulismus aber beobachtet man kein wahrnehmbares Schreien oder Bewegungen; auch ist der Betroffene nach dem Aufwachen rasch orientiert und erinnert sich erwähntermaßen gut an den Trauminhalt. Keinen Hinweis geben die Autoren der ICD-10, wann die nicht seltenen "schlechten Träume" als Alptraum den Stellenwert eines regelrechten Störungsbildes besitzen. Vorkommen im Kindesalter ist häufig, wobei oft Zusammenhänge mit emotionalen Entwicklungsphasen festzustellen sind und sonst keine psychopathologischen Auffälligkeiten bestehen müssen. Bei erwachsenen Personen treten Alpträume nicht selten als Folge von Einnahme gewisser, insbesondere psychotroper Medikamente auf, oft auch nach Absetzen von Schlafmitteln; Erwachsene mit Alpträumen sollen häufig psychopathologische Auffälligkeiten zeigen, meist in Form einer Persönlichkeitsstörung (nach ICD-10, S.213 f.).

7.4 Nichtorganische sexuelle Funktionsstörungen

7.4.1 Symptomatik, Klassifikation, Epidemiologie

Sexuelle Funktionsstörungen, also Störungen im normalen Ablauf des Sexualzyklus wie Erektionsschwäche oder Orgasmusstörung, werden in der Subkategorie F52 der ICD-10 klassifiziert; hingegen sind andere Abweichungen auf dem Gebiet des Sexualerlebens, nämlich Störungen der Geschlechtsidentität (beispielsweise Transvestitismus) und der Sexualpräferenz (etwa Fetischismus, Sadomasochismus, Pädophilie) im Abschnitt F6 (Persönlichkeits- und Verhaltensstörungen) aufgelistet. Anders ist es im DSM-IV (S. 559 ff.), wo im Abschnitt "Sexuelle und Geschlechtsidentitätsstörungen" alle diese Störungsgruppen aufgeführt werden.

Gemäß der mittlerweile üblichen Unterteilung des Sexualzyklus in Appetenz-, Erregungs-, Orgasmus- und Entspannungsphase erfolgt in den meisten Lehrbüchern und auch im DSM-IV die Gliederung der sexuellen Funktionsstörungen (oft funktionelle Sexualstörungen oder sexuelle Dysfunktionen genannt[6]) im wesentlichen anhand dieser Phaseneinteilung; in der ICD-10 ist dies weniger konsequent durchgeführt, läßt sich aber ohne allzu große Probleme in dieses Schema überführen. Gerade auf dem Gebiet der Sexualität ist es sinnvoll vorauszuschicken, daß sich die Grenze zwischen Störung und Normalität mitunter sehr schwer ziehen läßt; ebenso problematisch ist die Abtrennung der einzelnen Störungsbilder voneinander, indem etwa Störungen der Appetenz oft mit denen der Erregung und diese wiederum mit Orgasmusstörungen einhergehen; auch die Unterscheidung zwischen nichtorganischen (psychischen oder psychogenen) und ausschließlich organisch zu erklärenden Sexualstörungen ist in der Praxis oft mit Schwierigkeiten verbunden. Angesichts des gesetzten knappen Raumes ist die Darstellung hier stellenweise recht schematisch und zur Vertiefung daher das Studium entsprechender Abschnitte von Lehrbüchern (etwa Fahrner & Kockott 1994; Comer 1995, S. 501 ff.; Davison & Neale 1996, 417 ff.; Zimmer 1997) unerläßlich.

Appetenzstörungen: Bei der in der ICD-10 (S. 215 ff.) "Mangel oder Verlust von sexuellem Verlangen" genannten Störung (verschlüsselt mit F52.0) ist der "Verlust des sexuellen Verlangens" das "Grundproblem" und beruht nicht "auf anderen sexuellen Schwierigkeiten wie Erektionsstörungen oder Dyspareunie." Sexuelle Befriedigung oder Erregung ist dabei nicht ausgeschlossen, lediglich werden sexuelle Aktivitäten "seltener initiiert." Das nächste aufgeführte Störungsbild ist "sexuelle Aversion und mangelnde sexuelle Befriedigung" (F52.1), welches sich noch einmal unterteilen läßt in "sexuelle Aversion" (F52.10) und "mangelnde sexuelle Befriedigung" (F52.11). Beim ersten Störungsbild ist die "Vorstellung von einer sexuellen Partnerbeziehung" stark mit "negativen Gefühlen verbunden" und erzeugt "soviel Furcht oder Angst", daß "sexuelle Handlungen vermieden werden." Bei der zweiten Störung verlaufen sexuelle Reaktionen "normal", aber der Orgasmus wird "ohne entsprechendes Lustgefühl erlebt" (ICD-10, S. 216). Über diese Störung klagen nach ICD-10 Frauen häufiger als Männer.

Die hier angeführten Störungen entsprechen also zum Teil denen der sexuellen Appetenz im DSM-IV (S. 563 ff.), wobei die "Störung mit Verminderter Sexueller Appetenz" (hypoaktive Störung der sexuellen Appetenz nach Davison & Neale 1996, S. 422 f.) die schwächere Ausprägung darstellt und nur bedingt quantitativ zu operationalisieren wäre, die "Störung mit Sexueller Aversion" die stärkere ist und unschwer als regelrechte Störung anzusehen ist. Ebenfalls zu den Appetenzstörungen ließe sich das "gesteigerte sexuelle Verlangen" (F52.7) rechnen (früher häufig Satyriasis bei Männern, Nymphomanie bei Frauen genannt), welches nur dann als eigenständiges Störungsbild klassifiziert wird, wenn es nicht im Rahmen anderer psychischer, zum Beispiel affektiver Störungen auftritt.

Daß die exakte Prävalenz von "Mangel oder Verlust von sexuellem Verlangen" und von sexueller Aversion so gut wie unmöglich zu ermitteln ist, liegt auf der Hand, um so mehr, als die diagnostischen Kriterien dafür in beiden Klassifikationssystemen praktisch fehlen; Forschergruppen haben deshalb eigene Maßstäbe entwickelt, nach denen beispielsweise "Frequenzwünsche von ein Mal pro Monat oder weniger" als "erniedrigte Appetenz" angesehen werden; auch das subjektive Leiden über die verminderte Lust nach sexuellen Aktivitäten wird unter anderem als Kriterium einbezogen (s. Zimmer 1997, S. 726). Nach bei Davison & Neale (1996, S. 422 f.) zitierten Zahlen soll die hypoaktive Störung der sexuellen Appetenz bei etwa 20% der erwachsenen Bevölkerung zu finden sein und von mehr als der Hälfte der Patienten angegeben werden, die Behandlung sexueller Dysfunktionen suchen. LoPiccolo (1995, S. 505) geht davon aus, daß etwa 15% der Männer verminderte sexuelle Appetenz aufweisen und daß der Prozentsatz jener, die sich deswegen in Behandlung begeben, deutlich gestiegen ist; während in den 70er Jahren Männer nur etwa 30% aller Patienten mit Appetenzstörungen ausmachten, waren es zu Beginn der 80er Jahre 55%; vermutet wird, daß der Druck sexuell vernachlässigter Frauen auf die Partner gewachsen ist, sich in Therapie zu begeben. Verminderte sexuelle Appetenz kommt laut LoPiccolo bei 20 bis 30 Prozent der weiblichen Allgemeinbevölkerung vor.

Störungen der sexuellen Erregung: "Versagen genitaler Reaktionen" (F52.2 nach ICD-10) bezieht sich bei Männern so gut wie ausschließlich auf das Erlangen oder Aufrechterhalten einer für einen befriedigenden Geschlechtsverkehr notwendigen Erektion ("Impotenz"). In Ergänzung zu der etwas knappen Ausführung in der ICD-10 wird zuweilen für die Diagnose vorausgesetzt, daß adäquate sexuelle Stimulation vorher stattgefunden hat (s. Davison & Neale 1996, S. 424). Die entsprechende Störung bei der Frau ist die fehlende oder unzureichende Lubrikation (Feuchtwerden der Scheide). Erektionsstörungen sind zweifellos häufig und kommen (nicht differenziert nach Genese) laut LoPiccolo (1995, S. 506 ff.) bei acht bis zehn Prozent der männlichen Allgemeinbevölkerung vor. Die Häufigkeit steigt dramatisch mit dem Alter (etwa 1% bei Männern mit 30 Jahren, 7% mit 50, 76% bei Männern über 80 Jahren). Nicht geht aus diesen Zahlen hervor, ob es sich um dauernde und generalisierte oder nur um situative Störungen handelt. Bei Frauen gibt der Autor eine Häufigkeit von Erregungsstörungen zwischen 11% und 48% an.

Orgasmusstörungen: In der ICD-10 ist die Orgasmusstörung (F52.3) sehr eng definiert, nämlich durch Nichteintreten oder starke Verzögerung des Orgasmus, ein Störungsbild, welches vornehmlich bei Frauen zu finden ist. Im DSM-IV und auch in den meisten Darstellungen wird die Orgasmusstörung bei der Frau im Sinne des gehemmten Orgasmus von der (gehemmten) Orgasmusstörung des Mannes (verzögerte oder fehlende Ejakulation) unterschieden. Sehr viel häufiger ist aber die des vorzeitigen Samenergusses (Ejaculatio praecox), welche im DSM-IV wie in der ICD-10 als eigene Störung aufgeführt wird (F52.4). Die dabei gegebene Definition, nämlich "die Unfähigkeit, die Ejakulation so zu kontrollieren, so der Geschlechtsverkehr für beide Partner befriedigend ist", ist nicht unproblematisch, da sie vage Begriffe verwendet und in die Definition zudem die Orgasmusfähigkeit der Partnerin eingeht. Entsprechend sind auch epidemiologische Angaben hierzu mit aller Zurückhaltung zu betrachten; die Häufigkeit der Störung soll bei 10 bis 38 Prozent liegen, ihr Vorkommen insbesondere bei jüngeren Männern zu beobachten sein. Die Orgasmusstörung beim Manne im Sinne von verzögerter Ejakulation ist erwähntermaßen deutlich seltener (etwa 1-2% in der Allgemeinbevölkerung). Trotz intensiver Forschung in den letzten Jahrzehnten sind die Angaben zu Orgasmusstörungen der Frau nach wie vor nicht einheitlich (man vergleiche dazu die Daten bei LoPiccolo 1995, S. 506 sowie Davison & Neale 1996, S. 425, auf denen auch diese

Darstellung weitgehend basiert). Es wird geschätzt, daß etwa 10-15% der Frauen nie einen Orgasmus erleben[7] und etwa weitere 10% bis 15% nur sehr selten, wobei die Störung bei Frauen der niedrigen sozialen Schichten höher sein soll. Man rechnet, daß andererseits etwa bei 50% der Frauen mit gewisser Regelmäßigkeit beim Geschlechtsverkehr ein Orgasmus eintritt.

Weitere funktionelle Sexualstörungen: Einige Störungen lassen sich nicht eindeutig den Phasen des Sexualzyklus zuordnen. Es ist dies zum einen der "nichtorganische Vaginismus" (F52.5), ein (nicht sekundär als Folge von Schmerzen auftretender) Spasmus der die Vagina umgebenden Beckenmuskulatur, wodurch das Eindringen des Penis unmöglich gemacht wird oder nur noch unter großen Schmerzen geschehen kann. Er dürfte bei weniger als einem Prozent der weiblichen Bevölkerung zu beobachten sein. Die "nichtorganische Dyspareunie" (F52.6) bezeichnet Schmerzen beim Geschlechtsverkehr, die nicht organisch (etwa durch Infektion oder anatomische Besonderheiten) zu erklären sind und auch nicht im Rahmen von Vaginismus oder fehlender Lubrikation auftreten. Bei Frauen werden dafür Prävalenzraten zwischen 8% und 23% angegeben, bei Männern von etwa 1% (Davison & Neale 1996, S. 427).

7.4.2 Erklärungsansätze

Obwohl bei den hier vorgestellten Störungsbildern definitionsgemäß organische Ursachen nicht vorhanden sind, müssen diese dennoch hier kurz vorgestellt werden, allein deshalb, weil sie vor allzu eingehender psychologischer Beschäftigung mit sexuellen Funktionsstörungen auszuschließen sind. Im übrigen sei noch einmal auf die *schwierige Trennung somatischer* und *psychischer Faktoren* hier hingewiesen; beispielsweise konnte in einer Studie gefunden werden, daß von den untersuchten Erektionsstörungen nur etwa 20% rein psychogen und weniger als 10% ausschließlich organisch verursacht waren (LoPiccolo 1995, S. 511).

Hormonelle Veränderungen haben zweifellos einen Einfluß auf sexuelles Empfinden und Verhalten, wobei die Zusammenhänge beim Menschen recht kompliziert sind und nur bedingt aus Ergebnissen von Tierversuchen abgeleitet werden können (s. dazu Carlson 1991, S. 331 ff.). Testosteronmangel beim Mann (etwa nach Hodenentfernung zur Therapie des Prostatakarzinoms, bei der Rückbildung der Hodenfunktionen im Alter) reduziert im allgemeinen sowohl die Appetenz wie die Erregung, wobei allerdings die Ursache-Wirk-Relation

179

zwischen Testosteronspiegel und sexueller Aktivität im allgemeinen nicht sicher geklärt scheint (s. Zimmer 1997, S. 737 f. und die dort angeführte Literatur). Bei der Frau sind die Beziehungen zwischen Hormonhaushalt und sexuellen Funktionen letztlich wohl sogar noch weniger eindeutig; weder Erhöhung noch Erniedrigung des Östrogenspiegels scheinen großen Einfluß auf die Appetenz zu nehmen, wie sich unter anderem aus der Beobachtung von Frauen nach Entfernung der Eierstöcke ergibt. Verminderte Östrogenproduktion, etwa in der Menopause, führt aber zu Veränderungen im Scheidengewebe und zu Erschwerung der Lubrikation.

Weitere Ursachen für *Verlust der Appetenz* sind unter anderem konsumierende Krankheiten, chronischer Alkoholmißbrauch sowie Einnahme diverser Medikamente. *Störungen der Erregung* können ebenfalls *medikamentös* bedingt sein (beispielsweise Beeinträchtigungen der Erektionsfähigkeit als Nebenwirkung von Blutdruckmitteln), teils durch Erkrankungen hervorgerufen werden; neben Stoffwechselkrankheiten, Durchblutungsstörungen und neurologischen Erkrankungen ist hier besonders die alkoholbedingte Erektionsschwäche zu erwähnen, Folge unter anderem vermutlich des mangelnden Östrogenabbaus bei Leberzellinsuffizienz (s. 3.2.5). Gesicherte organische Ursachen der *Ejaculatio praecox* sind nicht bekannt. Somatische Bedingungen für die *weibliche Orgasmusstörung* lassen sich zuweilen nachweisen (etwa neurologische Erkrankungen, Stoffwechselstörungen, Einnahme von Medikamenten), spielen aber zahlenmäßig keine bedeutende Rolle. Physiologische Ursachen des *Vaginismus* sind nicht bekannt; zeitweise können Infektionen im Scheidenbereich aber zu dieser reflektorischen Verkrampfung beitragen. Die *Dyspareunie* hingegen soll nur in den seltensten Fällen psychogen sein; in der Regel ist sie auf entbindungsbedingte Schäden (Verwachsungen), Infektionen oder Endometriose (Einwachsen von Uterusgewebe in die Vagina) zurückzuführen (nach LoPiccolo 1995, S. 515 f.). *Vermehrte Appetenz* kann im Rahmen psychischer Störungen auftreten, manchmal auch (meist nicht anhaltender) Effekt von Konsum psychotroper Substanzen sein, etwa von Kokain oder Amphetaminen.

Psychologische Theorien funktioneller Sexualstörungen sind in aller Regel recht vage formuliert und teilweise insofern unspezifisch, als sie sich nicht klar auf eine Störungsgruppe (etwa Störungen der Appetenz oder der Erregung) beziehen. Zumeist werden nur eine Reihe von Faktoren aufgelistet, die die Entstehung begünstigen können. Als solche werden beispielsweise genannt: Erfahrungen in der Ursprungsfamilie (beispielsweise Funktionieren der elterlichen Ehe, gute Kontakte zu Mutter und Vater, welche speziell Determinanten für die spätere sexuelle Zufriedenheit von Frauen darstellen); aversive Lernerfahrungen, wobei hier vor allem kindlicher Mißbrauch und Vergewaltigung in späteren Jahren als schädigende Momente des Sexualempfindens, insbesondere als Ursachen der sexuellen Aversion, diskutiert werden; weiter werden Eindrücke des ehelichen Sexuallebens, zunehmend auch sexuelle Erlebnisse mit Psychotherapeuten als pathogene Faktoren identifiziert (s. Zimmer 1997, S. 740 ff.). In ihrem bekannten *theoretischen Modell* heben Masters und Johnson (1970, nach Davison & Neale 1996, S. 429) noch weitere bedingende Momente hervor, beispielsweise sexualfeindliche religiöse Einstellungen, Internalisierung gesellschaftlicher Normen, homosexuelle Neigungen. Aufrechterhaltende Bedingungen sexueller Störungen sind trivialerweise Paarkonflikte, wobei die sexuellen Schwierigkeiten im Sinne eines Circulus vitiosus die emotionalen Diskrepanzen noch verstärken können; insofern gehen typischerweise Sexualtherapie und Behandlung nicht-sexueller partnerschaftlicher Schwierigkeiten Hand in Hand. Auch bei gutem partnerschaftlichen Verhältnis und möglicherweise gerade da ist die Erwartungs- und Versagensangst zusammen mit der Beobachtung der Partnerperson sowie des eigenen Verhaltens beim sexuellen Akt (Einnehmen der "Zuschauerrolle") allgemein als wichtiges aufrechterhaltendes Moment von Störungen vor allem der Erregungs- und der Orgasmusphase anerkannt worden (Fahrner & Kockott 1994, S. 465 ff.; Zimmer 1997, S. 745 f.) und wird insbesondere auch im Genesemodell von Masters und Johnson betont.

Sexuelle Funktionsstörungen haben gegenüber Abweichungen der Sexualitätpräferenz wie etwa Fetischismus oder Sadomasochismus Freud wenig beschäftigt. In einer wenig bekannten Schrift, die auch eher Überlegungen zur Objektwahl bringt als die Genese einer sexuellen Störung ergründen will, versucht Freud (1912d), die psychische Impotenz auf eine Diskrepanz zwischen Objekten der zärtlichen und der sinnlichen Libidoströmung zurückzuführen. Spätere Analytiker betonen ebenfalls die Konfliktkomponente sexueller Störungen und ihre Funktionalität (s. Davison & Neale 1996, S. 428; Strauß 1996, S. 213), ohne allerdings die negativen Wirkungen der Selbstverstärkung durch Versagensängste zu ignorieren.

7.4.3 Therapie

Medikamentöse Behandlung sexueller Funktionsstörungen ist wenig erfolgreich. Störungen der sexuellen Appetenz, die im Rahmen von psychischen Erkrankungen auftreten, etwa bei Depression, können häufig zusammen mit diesen wirksam therapiert werden; ansonsten ist es kaum möglich, in verantwortlicher Weise pharmakologisch die Appetenz zu steigern. Zur *Hebung der Erektionsfähigkeit* setzt man vermehrt heute das die Alpharezeptoren blockierende Yohimbin ein, dessen Effekt in der Verbesserung der regionalen Durchblutung liegen dürfte. Auch *chirurgische Verfahren* (Gefäßoperationen im Schwellkörperbereich, Implantate) kommen zum Einsatz. *Lubrikationsstörungen* und daraus resultierende Schmerzen beim Geschlechtsverkehr können bei Östrogenmangel häufig durch *Hormontherapie* gebessert werden; auch Verwendung von Gleitmitteln (beispielsweise Vaseline) ist üblich. Wenig medikamentöse Möglichkeiten existieren zur Behandlung der Ejakulatio praecox und der Orgasmusstörungen bei Frauen.

Psychologische Maßnahmen bei funktionellen Sexualstörungen sollten möglichst beide Partner einbeziehen und werden erwähntermaßen häufig mit Therapien der Partnerschaftsproblematik verknüpft; hierfür muß auf die einschlägige Literatur verwiesen werden (etwa Schröder & Hahlweg 1994). Wie leicht einzusehen, stellt die Behandlung der mangelnden sexuellen Appetenz besondere Probleme, die vor allem mit klärenden Gesprächen und kognitiver Umstrukturierung geändert werden soll (s. dazu Davison & Neale 1996, S. 437 ff.); größere Studien zum Nachweis der Effektivität dieser Verfahren scheinen auszustehen und wären sicher auch nicht leicht durchzuführen (s. jedoch LoPiccolo 1995, S. 519).

Grundlage vieler heutiger Sexualtherapien sind nach wie vor die von Masters und Johnson (1970) entwickelten Techniken, die besonders auf Störungen der Erregung und in noch größerem Maße auf Orgasmusstörungen abzielen; spätere Therapeuten haben das Spektrum dieser im wesentlichen *kognitiv-verhaltenstherapeutischen* Techniken noch erweitert. Dazu gehören heute vor allem aufklärende Maßnahmen ("Sexualerziehung") bezüglich anatomischer und physiologischer Sachverhalte, weiter die Ausbildung einer besseren und freieren Kommunikation über sexuelle Themen sowie Änderung von behindernden Einstellungen zur Sexualität (etwa Beseitigung des Leistungsgedankens). Hinzu kommen Verfahren zur Angstreduktion, beispielsweise in vivo-Desensibilisierung gegenüber bedrohlich empfundenen sexuellen Situationen und "sensorische Fokussierung", die Entdeckung neuer möglicher sexueller Aktivitäten unter dem Verbot des Geschlechtsverkehrs. Auch sehr konkrete Sexualtechniken werden vermittelt und angeregt, so etwa die der "angeleiteten Masturbation", speziell für Frauen, die Schwierigkeiten haben, zum Orgasmus zu gelangen; Frauen mit Vaginismus sollen mittels eines Sortiments von "Dilatatoren" sukzessiv eine stärkere Weitung der verkrampften Vagina durchführen; bei Ejaculatio praecox wird beispielsweise durch Unterbrechen und Wiederaufnehmen der Stimulation ("stop and go") oder mittels manueller Kompression (squeeze-Technik) systematisch die Verzögerung des Samenergusses trainiert. Die Wirksamkeit dieser wenig zeitaufwendigen, binnen zwei bis drei Wochen durchzuführenden Verfahren wird als gut beurteilt (Erfolgsquoten von fast 100% bei Ejaculatio praecox, von etwa 80% bei Orgasmusstörungen, knapp 60% bei Erektionsschwächen); allerdings konnten offenbar die sehr eindrucksvollen Ergebnisse, die Masters und Johnson in den siebziger Jahren erzielten, heute nur bedingt repliziert werden (nach Fahrner & Kockott 1994, S. 467 ff.; Davison & Neale 1996, S. 432 ff. sowie insbesondere LoPiccolo 1995, S. 516 ff.; bei Zimmer 1997, S. 768 ff. Darstellung weiterer Studien und ihrer Erfolgsquoten)

8. Persönlichkeitsstörungen; Störungen der Geschlechtsidentität und der Sexualpräferenz

8.1 Vorbemerkungen

Abschnitt 6 der ICD-10 (S. 225 ff.) ist überschrieben "Persönlichkeits- und Verhaltensstörungen" und enthält eine Reihe von "meist lang anhaltenden Zustandsbildern und Verhaltensmustern", welche Ausdruck "des charakteristischen, individuellen Lebensstils, des Verhältnisses zur eigenen Person und zu anderen Menschen" sind. Viele von ihnen, nicht alle, entstehen früh im Verlauf der individuellen Entwicklung.

Hinzu zählen die Persönlichkeitsstörungen (F60 und F61) als relativ früh beginnende, lang andauernde, persönliches Empfinden und soziale Funktionsfähigkeit beeinträchtigende Verhaltensmuster, weiter die erst später erworbenen "andauernden Persönlichkeitsveränderungen" (F62) und "abnorme Gewohnheiten und Störungen der Impulskontrolle" (F63), wozu beispielsweise pathologisches Glücksspiel, Pyromanie und Kleptomanie zählen. Weiter werden, wohl nicht unbedingt sofort nachvollziehbar, in diesem Abschnitt auch die Störungen der Geschlechtsidentität im Sinne von Transsexualismus und die Störungen der "Sexualpräferenz", etwa Fetischismus, Exhibitionismus, Pädophilie oder Sadomasochismus aufgelistet. Hier sollen lediglich die Persönlichkeitsstörungen und die Störungen von Geschlechtsidentität und Sexualpräferenz etwas genauer behandelt werden, einerseits aufgrund gewisser klinischer Bedeutsamkeit, andererseits aus theoretischem Interesse, da sich an ihnen einige einflußreiche Denkmodelle zur Entstehung psychischer Abweichungen darstellen lassen. Für die an sich ebenfalls nicht unbedeutenden abnormen Gewohnheiten und Störungen der Impulskontrolle kann auf die Überblicksarbeit von Fiedler & Mundt (1997) sowie die entsprechenden Abschnitte in Dittmann & Stieglitz (1996) verwiesen werden.

8.2 Persönlichkeitsstörungen

8.2.1 Allgemeines

Persönlichkeitsstörungen umfassen nach ICD-10 "tief verwurzelte, anhaltende", dabei weitgehend situationsübergreifende Verhaltensmuster, die sich in "starren Reaktionen" auf diverse Lebenslagen zei-

184

gen; häufig gehen sie "mit persönlichem Leiden und gestörter sozialer Funktions- und Leistungsfähigkeit" einher. Die Betroffenen zeigen "deutliche Abweichungen im Wahrnehmen, Denken, Fühlen und in den Beziehungen zu anderen." Die Störungen beginnen in der Kindheit und Adoleszenz und reichen in das Erwachsenenalter hinein; dies unterscheidet sie von den erst später erworbenen *Persönlichkeitsveränderungen.* Persönlichkeitsstörungen dürfen sich nicht auf Hirnerkrankungen oder andere psychische Störungen zurückführen lassen, können ihnen aber voraus- oder mit ihnen einhergehen; häufig ergibt sich daher die Notwendigkeit einer Doppeldiagnose[1]. Zuweilen findet man noch heute statt Persönlichkeitsstörungen die ältere Bezeichnung "Psychopathie"; auch "Charakterneurose" wird mitunter synonym verwendet, insbesondere in der psychoanalytischen Literatur.

Um eine (spezifische[2]) Persönlichkeitsstörung zu diagnostizieren und einem der etwa 8 bis 10 Subtypen zuzuordnen, müssen gewisse generelle Voraussetzungen erfüllt sein; die speziellen Denk- und Empfindungseigenheiten der Betroffenen sowie die Art der offen gezeigten Verhaltensmuster bestimmen den diagnostischen Subtyp, eine häufig nur unter Schwierigkeiten und Vorbehalten zu leistende Einordnung. Leitlinien für die Diagnose einer Persönlichkeitsstörung (gleich welcher Art) sind zum einen eine "deutliche Unausgeglichenheit in den Einstellungen und im Verhalten in mehreren Funktionsbereichen"; hier werden beispielhaft "Affektivität, Antrieb, Impulskontrolle, Wahrnehmen und Denken" sowie "Beziehungen zu anderen" genannt. Von dem auffälligen Verhaltensmuster wird verlangt, daß es mit gewisser Gleichförmigkeit und Dauer auftritt und nicht "auf Episoden psychischer Krankheiten" begrenzt ist; zudem muß es "tiefgreifend" sein und in vielen Situationen "eindeutig unpassend." Die Störung muß – wenigstens im späteren Verlauf – zu "deutlichem subjektivem Leiden" führen; sie ist zudem "meistens mit deutlichen Einschränkungen der beruflichen und sozialen Leistungsfähigkeit" verbunden. Schließlich wird auch noch eine Angabe zum Verlauf gemacht: "Die Störungen beginnen immer in der Kindheit oder Jugend und manifestieren sich auf Dauer im Erwachsenenalter"; insofern ist die Diagnose einer Persönlichkeitsstörung vor dem Alter von 16 oder 17 Jahren "wahrscheinlich unangemessen." Zur Diagnosestellung ist das Vorliegen von wenigstens drei dieser Eigenschaften erforderlich; erwähntermaßen sollen auch die Zustandsbilder "nicht direkt auf beträchtlichere Hirnschädigungen oder -krankheiten oder auf eine andere psychiatrische Störung" zurückzuführen sein (verkürzt und verändert nach ICD-10, S. 225 ff.). Die Diagnostik von Persönlichkeitsstörungen erfolgt in der psychiatrischen Praxis typischerweise anhand der Eigen- und Fremdanamnese und der klinischen Befunderhebung nach eingehendem Gespräch; für Forschungszwecke, etwa zur Gewinnung epidemiologischer Daten, werden zunehmend standardisierte Interviews eingesetzt, beispielsweise das "Diagnostische Interview für Borderline-Patienten", welches bei Fiedler (1997, S. 840) kurz dargestellt ist.

Wie aus der Darstellung der einzelnen Störungsbilder hervorgehen wird, sind die diagnostischen Kriterien für Persönlichkeitsstörungen allgemein und die Subtypen im speziellen mitunter recht ungenau und beeinhalten so unscharfe Begriffe wie "übertrieben" oder "unverhältnismäßig", so daß eine gewisse diagnostische Willkür kaum auszuschließen ist. Tatsächlich wird die Frage der Interrater-Reliabilität (Übereinstimmung verschiedener Experten hinsichtlich der Diagnosen) bei der Klassifikation von Persönlichkeitsstörungen heftig diskutiert (s. Comer 1995, S. 635). Hinzu kommt, daß zur Diagnose der Subtypen die Anzahl der notwendigen Kriterien – wenigstens in der ICD-10 – nicht vorgegeben ist und somit auch diesbezüglich die Festlegung erschwert wird; desweiteren ist problematisch, daß sich die Beschreibungen der einzelnen Subtypen zuweilen nicht unbeträchtlich überschneiden (etwa hinsichtlich Borderline- und dissozialer Persönlichkeitsstörung). Entsprechend sind Doppel- oder gar Dreifachdiagnosen nicht selten: Nach einer bei Davison & Neale (1996, S. 297) dargestellten Untersuchung erfüllten von Personen mit einer Borderline-Persönlichkeitsstörung 55% auch die Kriterien der schizotypischen, 47% die der antisozialen (dissozialen nach ICD-10) und schließlich 57% die der histrionischen Persönlichkeitsstörung. Allerdings wird dies offenbar im Zusammenhang mit der Akzeptanz von Mehrfachdiagnosen zunehmend als geringeres Problem aufgefaßt (s. Fiedler 1997, S. 804). Bedenklicher und ein Hinweis darauf, daß die Diagnostik von Persönlichkeitsstörungen keineswegs bereits als befriedigend gelöst betrachtet werden kann, ist die Tatsache, daß die beiden großen Klassifikationssysteme gerade hinsichtlich der Einteilung von Persönlichkeitsstörungen und der angelegten Kriterien sich beträchtlich unterscheiden: So taucht beispielsweise die narzißtische Persönlichkeitsstörung als Subkategorie zwar im DSM-IV, nicht aber in der ICD-10 auf; auch sind die diagnostischen Kriterien im DSM-IV sehr viel genauer definiert, während in der ICD-10 hier offenbar eine vorzeitige Festlegung gescheut wird. Bemerkenswert ist ebenfalls, daß zwischen den verschiedenen Ausgaben der diagnostisch-klassifikatorischen Systeme die Zuordnung und Einteilung der Persönlichkeitsstörungen raschen und gründlichen Veränderungen unterworfen war, etwa die "zyklothyme Persönlichkeitsstörung" der ICD-9 nach Revision als "Zyklothymia" zu den anhaltenden affektiven Störungen (F34) gerechnet wird und die "passiv-aggressive Persönlichkeitsstörung", welche noch im DSM-III-R vorhanden war, im DSM-IV nicht mehr erscheint (für weitere Veränderungen s. auch Fiedler 1997, S. 808 ff.).

Die erste *bekanntere* und *elaboriertere Theorie* der Charakterbildung (und damit implizit auch der Persönlichkeitsstörungen) wurde von Freud entwickelt, zunächst unsystematisch und ausschließlich auf den "analen Charakter" bezogen in der kleinen Schrift "Charakter und Analerotik" (1908b). Hier führt er jenen Charakter, der durch besondere Ordentlichkeit, Sparsamkeit und Eigensinn gekennzeichnet ist, auf eine "Aufzehrung der Analerotik" zurück: Bei den betreffenden Personen habe in früher Kindheit ein ausgesprochenes analerotisches Interesse bestanden (kenntlich an besonderen Stuhlpraktiken und ausgiebiger Beschäftigung mit dem produzierten Kot), welches in der Latenzzeit sublimiert und zum Aufbau der Gegenkräfte wie Scham, Ekel und Moral verwendet worden sei: "Da nun die Analerotik zu je nen Komponenten des Triebes gehört, die im Laufe der Entwicklung und im Sinne unserer heutigen Kulturerziehung für sexuelle Zwecke unverwendbar werden, läge es nahe, in den bei ehemaligen Analerotikern so häufig hervortretenden Charaktereigenschaften – Ordentlichkeit, Sparsamkeit und Eigensinn – die nächsten und konstantesten Ergebnisse der Sublimierung der Analerotik zu erkennen." (Freud 1908b, S. 205) In der Schrift "Die Disposition zur Zwangsneurose" (1913i), in der die anale Fixierung als begünstigendes Moment für die Ausbildung zwangsneurotischer Symptomatik eingeführt wird (s. 6.4.2), klärt Freud auch die *Beziehung zwischen Charakterbildung und Entwicklung neurotischer Symptomatik*: Etwas vergröbert dargestellt, ist demnach beiden die Erledigung von Wünschen gemeinsam, welche aus der libidinösen Fixierung resultierten; bei der Charakterbildung gelinge dies problemlos durch Reaktionsbildungen und Sublimierung, während bei der Neurose die Wiederkehr des Verdrängten nur unter Symptombildung abgewehrt werden könne. In einer späten Schrift versucht Freud auch die *Erstellung einer Typologie*, indem er einen "erotischen", einen "narzißtischen" und einen "Zwangstypus" einführt, und die Beziehungen zu möglichen Erkrankungen und Abweichungen herstellt: So sei etwa der Zwangstypus zur Entwicklung einer Zwangsneurose disponiert, die narzißtischen Typen hätten eine besondere Disposition zur Psychose, wie sie auch, fügt er hinzu, "wesentliche Bedingungen des Verbrechertums" beistellten (Freud 1931a, S. 513).

Während Freud die Charakterbildung eher beiläufig und letztlich wenig präzis abhandelte, haben spätere Analytiker, auch solche wie etwa Wilhelm Reich, die nur bedingt auf dem Boden der Freudschen Lehre stehen, die Typologie und die Theorie der Charakterneurosen weiterentwickelt; die Idee der *libidinösen Fixierung*, des Mitschleppens sexueller Empfindungen und Eindrücke der Kindheit als Basis der Charakterentwicklung, bleibt dabei häufig erhalten. Auch heute noch stammen wohl die meisten theoretischen Beiträge zu Persönlichkeitsstörungen von analytischer Seite, und die diesbezügliche Begrifflichkeit in den Klassifikationssystemen, etwa die Bezeichnung "narzißtische Persönlichkeitsstörung", spiegelt deutlich diesen Einfluß wider. Allerdings ist das Konzept der Libidofixierung zur Erklärung der Persönlichkeitsstörungen zunehmend von anderen Genesemodellen, insbesondere dem *gestörter Objektbeziehungen* (s.u.), abgelöst worden.

Nachdem mittlerweile nicht-psychoanalytisch orientierte Klinische Psychologen zunehmend ihren anfänglichen Widerstand gegen die Einführung jenes nicht unproblematischen Konstruktes der Persönlichkeitsstörungen aufgegeben haben (s. Fiedler 1997, S. 803 f.), werden auch von dieser Seite Erklärungskonzepte entwickelt, etwa *kognitive*, die unter anderem stärker die Bedeutung *gestörter Aufmerksamkeitsprozesse* oder *verzerrter Einstellungen* betonen; bei diesen Theorien wird im allgemeinen auch *biologischen* Befunden Rechnung getragen, wie übrigens Hans-Jürgen Eysenck sich schon vor vielen Jahren um eine biologisch-psychologische Erklärung der Psychopathie (im Sinne dissozialer Persönlichkeitsstörung) bemüht hat (s.u.). Rein *biologische Erklärungen* von Persönlichkeitsstörungen ähneln prinzipiell denen anderer psychischer Störungen, beispielsweise der Schizophrenie, und konzentrieren sich vornehmlich auf *genetische Faktoren* sowie die *Rolle der Neurotransmitter*.

Freud hatte, anders als zuweilen dargestellt, Charakterveränderungen keineswegs als psychoanalytisch unbehandelbar betrachtet, bezeichnet sie beispielsweise explizit neben den Übertragungsneurosen als Arbeitsgebiet der Psychoanalyse (1923a, S. 226). Andererseits hatte er jedoch das Fehlen von Übertragung als höchst ungünstig für den Erfolg psychoanalytischer Therapie betrachtet (s. 4.2.8), und so müßten seiner Auffassung nach narzißtische Persönlichkeitsstörungen als bestenfalls sehr bedingt psychoanalytisch behandelbar anzusehen sein. Spätere Analytiker, insbesondere jene, die ihren Schwerpunkt auf *Ich-Psychologie* oder *Objektbeziehungstheorie* legen, teilen diese

Auffassung nicht, so daß etwa Borderline- und narzißtische Persönlichkeitsstörungen therapeutisches Interesse gerade von dieser Seite erfahren haben. Jedoch ist man sich offenbar in diesem Punkte einig, daß es hier weniger im Freudschen Verständnis um die Bewußtmachung von Unbewußtem geht, sondern nicht zuletzt die *kognitive Bearbeitung* von (nicht notwendig unbewußten) *Abwehrmechanismen* im Vordergrund steht; im Rahmen einer teilweisen Rückkehr zu der von Freud als generelles Erklärungsprinzip aufgegeben Traumatheorie[3] wird auch wieder die *Auseinandersetzung mit objektiven frühkindlichen Gegebenheiten* (sexuellem Mißbrauch, elterlicher Ablehnung) ein wesentliches therapeutisches Element. Auch die Beschränkung auf wenige Themenbereiche oder Konflikte (Fokaltherapie) ist als Neuerung aufzufassen (s. Fiedler 1995, S. 436). Ein weiterer Unterschied ist, daß anders als Freud, der die Aufgabe des Analytikers nicht in der Hilfe bei der Lebensgestaltung der Patienten sah (etwa Freud 1916-17a, S. 450), sich analytische Therapeuten bei der Behandlung von Persönlichkeitsstörungen diesbezüglich wesentlich *direktiver* verhalten.

Aufgrund der langjährigen selbstauferlegten Zurückhaltung auf dem Gebiet der Persönlichkeitsstörungen haben Verhaltenstherapeuten bis jetzt noch wenig Strategien zu ihrer Behandlung entwickelt. Angesichts der Situationsinvarianz der dabei gezeigten Verhaltensmuster würden auch viele klassische verhaltentherapeutische Techniken wie Stimuluskontrolle oder Konfrontationstherapien nicht oder nur unter Modifikationen anwendbar sein. Vor allem sind es augenblicklich *Trainings sozialer Fertigkeiten*, die insbesondere bei Patienten mit ängstlichen und abhängigen Persönlichkeitsstörungen eingesetzt werden. Auch die Einübung neuer Verhaltensmuster im Falle impulsiver oder dissozialer Persönlichkeitsstörungen sowie Vermittlung von Problemlösungsstrategien kommen zunehmend zum Einsatz (s. Fiedler 1997, S. 875 ff.).

Kognitive Behandlungen von Persönlichkeitsstörungen, die in Anlehnung an die Becksche Therapie der Depression (s. 5.10), vor allem die *Veränderung unangemessener Einstellungen* versuchen, beispielsweise bei Personen mit zwanghafter Persönlichkeitsstörung die Vorstellungen perfekt zu erbringender Leistungen korrigieren, haben in den letzten Jahren immer größere Bedeutung erlangt (s. dazu ausführlich Freeman 1994). Während ihr Erfolg bei zwanghaften oder abhängigen Persönlichkeitsstörungen zwar noch nicht hinreichend dokumentiert ist, aber durchaus für möglich gehalten werden kann, erscheinen Versuche, bei dissozialen Persönlichkeitsstörungen mit

Einsichtstherapien moralische Werte neu zu strukturieren, doch – vorsichtig ausgedrückt – von eher großem Optimismus getragen. *Pharmakologische Therapie* von Persönlichkeitsstörungen wird eher selten angewandt, sicher unter anderem, weil diese vermutlich über viele Jahre, wenn nicht gar lebenslang durchgeführt werden müßte, was man aus verständlichen Gründen, etwa bei Anxiolytikatherapie, scheut. Wenn überhaupt, so kommen üblicherweise die Medikamente zum Einsatz, die auch bei dem entsprechenden Vollbild gegeben würden, also die zur Behandlung der Schizophrenie verwandten *Neuroleptika* eventuell bei schizoider und schizotypischer Persönlichkeitsstörung, *Antidepressiva* nicht nur bei zwangsneurotischer Symptomatik, sondern auch bei zwanghafter Persönlichkeitsstörung. Zur Behandlung impulsiver Persönlichkeitsstörungen wird in jüngster Zeit vorsichtig Lithium empfohlen (Möller 1997, S. 301). Konkretere Vorschläge hinsichtlich Medikamentenauswahl, Dosierung und Dauer der pharmakologischen Therapie von Persönlichkeitsstörungen fehlen weitgehend.

Insgesamt ist zu konstatieren, was auch bei der anschließenden Darstellung der einzelnen spezifischen Persönlichkeitsstörungen deutlich werden wird, daß die therapeutischen Erfolge im allgemeinen sehr begrenzt sind; nicht zuletzt hängt dies sicher damit zusammen, daß vielfach ein Leidensdruck erst in späteren Stadien auftritt, wenn die Behandlung aktueller, aus dem gestörten Verhalten resultierender Schwierigkeiten (Partnerprobleme, Konflikte mit dem Gesetz) gegenüber der Veränderung chronischer Verhaltensmuster in den Vordergrund tritt. Ansonsten ist die *Therapiemotivation* von Patienten mit Persönlichkeitsstörungen, solchen mit histrionischer, ängstlicher und abhängiger ausgenommen, letztlich gering und entsprechend hoch unter anderem die Zahl der Therapieabbrecher. Hinzu kommt, daß die Verhaltensmuster definitionsgemäß schon lange bestehen und deswegen kaum in wenigen Therapiestunden dauerhaft zu beseitigen sind, um so mehr als sie häufig auch entsprechende, nur bedingt reversible Veränderungen der Umgebung der Patienten nach sich gezogen haben (zu einer optimistischeren Einschätzung s. jedoch Fiedler 1995, S. 391 ff.).

Im folgenden seien nun die einzelnen Subtypen von Persönlichkeitsstörungen in ihrer Symptomatik dargestellt und die dazu entwickelten Genesemodelle kurz skizziert, weiter die augenblicklich dabei praktizierten therapeutischen Verfahren knapp erläutert. Die Darstellung der Symptomatik geschieht weitgehend in Anlehnung an ICD-10, bei einigen Störungsbildern auch unter Benutzung des DSM-IV, welches in vielen Fällen schärfere diagnostische Kriterien angibt[4]. Zur Darstellung der Theorie und Therapiemöglichkeiten wird vor allem auf Comer (1995), Davison & Neale (1996) sowie Fiedler (1995; 1997) Bezug genommen. Ausführlicher kommen lediglich dabei die schizoide, die dissoziale, die Borderline- sowie die narzißtische Persönlichkeitsstörung zur Sprache; für alle anderen muß auf die genannte Literatur verwiesen werden.

8.2.2 Spezifische Persönlichkeitsstörungen

Paranoide Persönlichkeitsstörung:
Die paranoide Persönlichkeitsstörung (F60.0 nach ICD-10) ist zum einen durch "übertriebene Empfindlichkeit", häufigen Groll gegenüber anderen und streitsüchtiges, unangemessenes Bestehen auf eigenen Rechten gekennzeichnet; zum anderen fällt sie auf durch extremes Mißtrauen, auch gegen Personen der nächsten Umgebung. Die Häufigkeit der paranoiden Persönlichkeitsstörung wird mit 0,5% bis 2,5% der erwachsenen Bevölkerung angegeben, wobei Männer überwiegen sollen.

Erklärungen zu dieser Persönlichkeitsstörung sind reichlich vage gefaßt und gehen verkürzt dargestellt davon aus, daß das Mißtrauen sich früh aufgrund unbefriedigender Familienzustände entwickelt hat und dann das spätere Verhalten bestimmt, auch wenn sich die Gegebenheiten objektiv gebessert haben.

Die *Therapie der paranoiden Persönlichkeitsstörung* gilt allgemein als sehr schwierig; wenige Betroffene begeben sich überhaupt nur in Behandlung und wenn, so gestaltet sich diese aufgrund des Mißtrauens der Patienten häufig unbefriedigend. Psychodynamische Therapien versuchen grundlegende Konflikte aufzuarbeiten, wobei diese Interventionsform hier noch schlechter als bei anderen Persönlichkeitsstörungen wirken soll. Kognitive Therapien setzen sich zum Ziel, den Patienten das Gefühl für die eigene Kompetenz zu vermitteln und in diesem Rahmen das grundlegende Mißtrauen abzubauen. Medikamentöse Behandlung wird eher selten eingesetzt und gilt als wenig wirkungsvoll (nach Comer 1995, S. 605 f.).

Schizoide Persönlichkeitsstörung und Schizotypie (schizotypische Persönlichkeitsstörung):
Die erstere wird nach ICD-10 mit F60.1 codiert und läßt sich charakterisieren durch emotionale Kühle und affektive Unbeteiligtheit, geringes Interesse an sozialen Kontakten, auch solchen sexueller Art;

die Personen sind gekennzeichnet durch einen bestenfalls kleinen Freundeskreis, was auch nicht weiter bedauert wird, verhalten sich gleichgültig gegenüber Lob und Kritik und fallen durch "deutlich mangelnde Sensibilität im Erkennen und Befolgen gesellschaftlicher Regeln" auf. Dazu paßt gut die Vorliebe für "einzelgängerische" Beschäftigungen und die "übermäßige Inanspruchnahme durch Phantasie und Introspektion"; angemerkt wird auch, daß "wenige oder überhaupt keine Tätigkeiten" den Betreffenden Vergnügen bereiten (verkürzt nach ICD-10, S. 228). Zum Vergleich soll noch einmal die schizotype Störung oder Schizotypie (s. 4.3) erwähnt werden, die im DSM-IV als weitere, schizotypisch genannte Persönlichkeitsstörung aufgelistet wird, nach ICD-10 aber in die Rubrik "Schizophrenie, schizotype und wahnhafte Störungen" (F2) einzureihen ist. Auch sie ist durch affektive Kälte und sozialen Rückzug gekennzeichnet; hinzu kommen neben exzentrischem Verhalten und gekünstelter Sprache Symptome, die an Schizophrenie erinnern, nämlich regelrechte vorübergehende "quasipsychotische Episoden" mit Halluzinationen und ungewöhnliche Wahrnehmungserlebnisse. In der ICD-10 wurde daher dieses eigenständige Syndrom eingeführt und – anders als im DSM-IV – nicht den Persönlichkeitsstörungen zugeordnet, sondern erwähntermaßen klassifikatorisch in die Nähe der Schizophrenie gerückt. Die Prävalenz der schizoiden Persönlichkeitsstörung gilt als unbekannt, Männer scheinen häufiger betroffen und stärker beeinträchtigt. Die schizotypische Persönlichkeitsstörung nach DSM-IV soll bei ungefähr 3% der erwachsenen Bevölkerung festzustellen sein, wieder mit stärkerer Häufung beim männlichen Geschlecht (nach Comer 1995, S. 602 ff.). Unter Verwandten von Schizophrenen kommen die genannten Persönlichkeitsstörungen deutlich gehäuft vor; deshalb und aufgrund der teilweise ähnlichen Symptomatik zählt man sie zu den *Schizophreniespektrumsstörungen* und sieht sie gewissermaßen als abgeschwächte Formen schwerer psychotischer Zustandsbilder an (s. 4.2.5 sowie Süllwold 1995, S. 73 ff.). Im DSM-IV, wo der Versuch unternommen wird, die zahlreichen Persönlichkeitsstörungen zu drei großen Gruppen (Clustern) zusammenzufassen, werden paranoide, schizoide und schizotype Persönlichkeitsstörung zu jenen gerechnet, die "von sonderbarem oder exzentrischem Verhalten" geprägt sind.

Erklärungsansätze der schizoiden Persönlichkeitsstörung (sowie der schizotypischen nach DSM-IV) gehen vielfach von der Nähe zur Schizophrenie aus und postulieren daher ähnliche Genesebedingungen; bezüglich etwa der *kognitiven Störungen*, speziell der Aufmerksamkeitsdefizite, konnten sowohl bei Personen mit schizoider als auch insbesondere mit schizotypischer Störung ähnliche Befunde wie bei schizophrenen Patienten erhoben werden (s. Comer 1995, S. 607 sowie Fiedler 1997, S. 829 und die dort angeführte Literatur). Entsprechende Erklärungsansätze würden dann ähnlich wie bei der Schizophrenie angesichts der Leistungseinschränkungen im kognitiven Bereich psychosoziale Stressoren, welche von der großen Mehrheit toleriert würden, als pathogene Bedingungen ansehen, auf die unter anderem mit sozialem Rückzug reagiert würde. Eher *psychodynamische* Ansätze sehen die Selbstisolation als Folge mangelnder Zuwendung in der Familie.

Therapeutisch scheint die schizoide Persönlichkeitsstörung etwas dankbarer als die paranoide, obwohl auch hier die Patienten selten aus eigenen Stücken in Behandlung kommen und wenn, dann vornehmlich wegen anderer Probleme, etwa Alkoholmißbrauch. Vielen scheinen Einzelsitzungen zu intim; sie profitieren offenbar eher von gruppentherapeutischen Verfahren, da diese einen vergleichsweise sicheren Rahmen für soziale Kontakte bieten. *Kognitiv-verhaltenstherapeutische* Interventionen versuchen, "positive" Gefühle bewußter zu machen, daneben werden auch soziale Fertigkeiten trainiert. Über die geringen Möglichkeiten, mittels solcher Strategien tief verwurzelte Verhaltensmuster und Einstellungen zu ändern, scheint man sich auch in optimistischen Therapeutenkreisen durchaus im klaren zu sein.

Nicht viel anders ist die Situation und die Herangehensweise bei Personen mit schizotypischer Persönlichkeitsstörung: Bewußtmachung positiver Gefühle, Aufbau sozialer Fertigkeiten, wobei hier auch mehr oder weniger direktive psychoedukative Maßnahmen zur Anwendung kommen, beispielsweise Erziehung zur Pünktlichkeit. Mittels kognitiver Methoden sollen die ungewöhnlichen Gedanken und Wahrnehmungserlebnisse bekämpft werden, indem etwa die Patienten Einsicht in deren Unangemessenheit erhalten. Neuroleptische Therapie wird bei diesen der Schizophrenie nahestehenden Störungen ebenfalls eingesetzt, wobei offenbar Personen mit Schizotypie besser ansprechen als solche mit schizoider Persönlichkeitsstörung, insbesondere die Denkstörungen bei der ersten Gruppe so in gewissem Maße zu beeinflussen sind (nach Comer 1995, S. 607 ff.).

Dissoziale Persönlichkeitsstörung[5]:
Diese Persönlichkeitsstörung (F60.2 nach ICD 10) fällt durch eine "große Diskrepanz zwischen dem Verhalten und den geltenden sozialen Normen" auf und läßt sich unter anderem charakterisieren durch "herzloses Unbeteiligtsein gegenüber den Gefühlen anderer", "Verantwortungslosigkeit" und Mißachtung sozialer Regeln, "Unver-

193

mögen zur Beibehaltung längerfristiger Beziehungen" (während keine Schwierigkeiten bestehen, Beziehungen einzugehen), "sehr geringe Frustrationstoleranz und niedrige Schwelle für aggressives, auch gewalttätiges Verhalten." Weiter werden hervorgehoben die "Unfähigkeit zum Erleben von Schuldbewußtsein" oder zum "Lernen aus Erfahrung" – wobei insbesondere Bestrafung keinen entsprechenden Effekt haben soll –, schließlich die Neigung, "andere zu beschuldigen" oder das eigene Fehlverhalten zu rationalisieren (nach ICD-10, S. 229). Die Prävalenz der dissozialen Persönlichkeitsstörung wird mit 1,5% bis 3% der erwachsenen Bevölkerung angegeben, wäre somit ausgesprochen hoch; bei Männern kommt sie dreimal so häufig wie bei Frauen vor. Nicht überraschend ist die Häufigkeit unter Gefängnisinsassen sehr viel größer, vor allem unter jenen, welche wegen Gewalttaten verurteilt wurden; auch besteht ein enger Zusammenhang zwischen Alkoholabusus sowie Mißbrauch anderer psychotroper Substanzen einerseits und Vorliegen einer dissozialen Persönlichkeitsstörungen andererseits, wobei über die Kausalrelationen zu spekulieren bleibt (nach Comer 1995, S. 613).

Von den *Theorien* der antisozialen Persönlichkeitsstörung sind die biologischen am bekanntesten und auch am überzeugendsten empirisch belegt. Sie gehen zunächst von dem Befund einer familiären Häufung dieser Störung aus; dies kann insofern nicht allein über ein ähnliches Milieu erklärt werden, als Adoptionsstudien zeigen, daß diesbezügliche Übereinstimmung eher mit den leiblichen als den Adoptiveltern besteht (s. Davison & Neale 1996, S. 308 f.). Ein wichtiger und wiederholt replizierter Befund bei Personen mit dissozialer Störung ist eine *reduzierte psychophysiologische Grundaktivität*, was sich unter anderem in langsameren EEG-Wellen und verminderter reizgebundener elektrodermaler Aktivität zeigt. Ähnlich wie bei hyperaktiven Kindern (s. 9.4) wird von manchen das antisoziale Verhalten als eine Form der Selbststimulation angesehen. Zu einer erniedrigten Grundaktivität paßt auch die Beobachtung, daß Psychopathen offenbar weniger Angst haben, was sich unter anderem aus gering ausgeprägtem Vermeidungslernen angesichts schmerzhafter Stimuli erkennen läßt. Interessant ist auch der Befund, daß nach Adrenalininjektion zur Hebung des Aktivierungsniveaus Psychopathen besseres Vermeidungslernen zeigen, während bei Normalpersonen unter diesen Umständen eine Verschlechterung der Leistung auftritt (Davison & Neale 1996, S. 310 ff.; dort auch weitere Untersuchungen zum Effekt von Strafe bei Psychopathen).

Etwas in Vergessenheit geraten ist heute der, wenn auch aus verschiedenen Gründen kritisierbare, so doch originelle Versuch

Eysencks (1980), Personen mit antisozialer Persönlichkeit (in diesen Studien fast immer Kriminelle) hinsichtlich der drei *Persönlichkeitsdimensionen Neurotizismus, Extraversion* und *Psychotizismus* einzuordnen. Auf allen drei Achsen weisen diese im Mittel erhöhte Scores auf, zeigen somit gesteigerte emotionale Labilität, höhere Extraversion (damit nach Eysenck schlechtere Konditionierbarkeit, also verminderte Lernfähigkeit) und schließlich stärkere Ausprägung von "toughmindedness", was grob mit Einzelgängertum, Gefühlsarmut, Sensationsgier, Gleichgültigkeit gegenüber Gefahren beschrieben werden könnte (Eysenck 1980, S. 69). Die Ausprägungen auf diesen Dimensionen sind nach Eysenck weitgehend genetisch determiniert und besitzen biologische Korrelate, nämlich Neurotizismus stärkere Aktivierung des Autonomen Nervensystems[6] und Extraversion fehlende Hemmvorgänge in der Formatio reticularis; bezüglich Psychotizismus drückt sich Eysenck (1980, S. 122 f.) zurückhaltender aus, deutet aber die Möglichkeit eines erhöhten Spiegels von Androgenen, also männlichen Sexualhormonen an.

Weniger biologisch ausgerichtete Theorien der antisozialen Persönlichkeit basieren auf der Tatsache, daß Eltern, insbesondere die Väter der Betroffenen, ebenfalls häufig antisoziales Verhalten aufweisen; von verschiedenen Seiten hat man daher *Modellernen* zur Erklärung herangezogen. Eher psychodynamische Ansätze gehen davon aus, daß Kinder, die in diesem Milieu aufwachsen, häufig von ihren Eltern Zurückweisung erfahren und sich daher bald aller Bindungen entledigen. Nicht überraschend ist die *Therapie* der dissozialen Persönlichkeitsstörung besonders schwierig, vor allem weil keine echte diesbezügliche Motivation besteht und die wenigen, die überhaupt zur Behandlung kommen, dies häufig unter Druck von Schule oder Arbeitgeber tun, oft sogar durch Gerichtsbeschluß dazu verpflichtet werden. Abbruchsraten von 70% in solchen Therapien sind deshalb wenig erstaunlich. Die Effizienz der in letzter Zeit verstärkt unternommenen *kognitiv-verhaltenstherapeutischen* Versuche, eine stärker moralische und weniger eigennützige Sichtweise zu vermitteln, ist nicht geklärt. Ebenso steht die Zweckmäßigkeit milieutherapeutischen Vorgehens und diverser Programme, die soziales Engagement fördern sollen, etwa von Überlebenstrainings, in Diskussion (Comer 1995, S. 617). Bei Davison & Neale (1996, S. 319 ff.) sind einige somatische Verfahren geschildert, die bei Psychopathien eingesetzt werden, von Behandlung mit Sedativa bis hin zur Psychochirurgie; besonderer Optimismus ist hierbei nicht gerechtfertigt. Immerhin scheinen Anxiolytika in hoher Dosierung zuweilen aggressionsmindernd zu wirken; Psychopathen, die als Kind an Aufmerksamkeitsstörungen (s. 9.4) litten, profitieren offenbar später von der Gabe von Psychostimulantien. Auch scheint festzustehen, daß Psychopathen häufig in späteren Jahren, etwa ab 40, "zur Ruhe kommen" und sich, aus welchen Gründen immer, besser eingliedern.

Borderline-Persönlichkeitsstörung (emotional instabile Persönlichkeitsstörung vom Borderline-Typus):
Bei der *emotional instabilen Persönlichkeitsstörung* (F60.3) findet sich neben der "wechselnden, instabilen Stimmung" die deutliche Tendenz, "impulsiv", ohne Berücksichtigung der Konsequenzen zu handeln. Die Fähigkeit "vorauszuplanen" ist gering; "Ausbrüche intensiven Ärgers" führen häufig zu "gewalttätigem und explosiblem" Verhalten; dieses wird leicht ausgelöst, wenn andere die impulsiven Handlungen kritisieren oder zu verhindern versuchen. Zwei Unterformen werden in der ICD-10 angeführt, der *impulsive Typus* (F60.30), der im wesentlichen durch die oben beschriebenen Verhaltensweisen charakterisiert ist und der *Borderline Typus* (F60.31). Dieser ist nicht nur durch emotionale Instabilität gekennzeichnet; zusätzlich ist oft das "eigene Selbstbild" unklar und gestört, zudem auch Neigungen und Intentionen wenig eindeutig umrissen; ein "chronisches Gefühl innerer Leere" wird weiter als charakteristisch angesehen. Im Rahmen der Suche nach "intensiven, aber unbeständigen Beziehungen" kommt es zu "wiederholten emotionalen Krisen" mit "übermäßigen Anstrengungen, nicht verlassen zu werden"; dabei werden Suiziddrohungen vorgebracht oder "selbstschädigende Handlungen" vorgenommen. Die Kriterien der "Borderline Persönlichkeitsstörung" im DSM-IV (S. 735 ff.) sind ähnlich, wenn auch genauer ausgeführt; erwähnt werden zusätzlich vorübergehende paranoide Vorstellungen oder dissoziative Symptome, beispielsweise Depersonalisation.

Zu den selbstzerstörerischen Aktivitäten zählen neben Alkohol- und Drogenmißbrauch auch gefährliche Sexualpraktiken, riskantes Fahren und delinquentes Verhalten; Suizid ist mit einer Rate von 8,5% bei einer 15 Jahre umfassenden Katamnese auffallend häufig. Es wird vermutet, daß diese autoaggressiven Akte nicht zuletzt dazu dienen, die Langeweile und das Leeregefühl zu bekämpfen. Die Prävalenz wird auf 2% geschätzt, wobei 75% der Betroffenen Frauen sein sollen. Auffällig ist die familiäre Häufung des Störungsbildes: Unter Angehörigen solcher Personen kommt es fünfmal häufiger als in der Allgemeinbevölkerung vor (nach Comer 1995, S. 618 f.).

Nur zu dem einen Subtypus der emotional instabilen Persönlichkeitsstörung, dem *Borderline Typus* oder der *Borderline Persönlichkeits-*

störung, existieren ausgearbeitere Genesemodelle, die so gut wie ausschließlich psychoanalytischer Provenienz sind und in diesem knapp gesetzten Rahmen nicht adäquat dargestellt werden können; es sei deswegen beispielsweise auf Rohde-Dachser (1995) sowie die Beiträge in Kernberg et al. (1993) verwiesen. Nur soviel soll hier angedeutet werden, daß man eine frühe Beeinträchtigung der *Objektbeziehung* annimmt, also speziell der zu den Eltern. Als besondere konstitutionelle Anfälligkeit für solche Beziehungsstörungen wird eine Unfähigkeit zur Affektregulation in zwischenmenschlichen Beziehungen vermutet, als exogene Faktoren vor allem *frühe traumatisierende* Erlebnisse, wobei hier wieder die Rolle sexuellen Mißbrauchs betont wird. Die Symptome der Borderline-Störung werden so als Selbstschutz vor weiteren traumatischen Erfahrungen im zwischenmenschlichen Bereich aufgefaßt (verkürzt dargestellt nach Fiedler 1997, S. 843 f.). Neuerdings werden einige noch ziemliche vage Hypothesen zu Abweichungen im Transmitterhaushalt vorgebracht, etwa ein Serotoninmangel wie bei der Depression oder eine Dopaminüberaktivität, wie sie erwähntermaßen auch für die Schizophrenie angenommen wird (zu Quellen s. Comer 1995, S. 619).

Von allen Persönlichkeitsstörungen ist die Borderline-Störung offenbar am häufigsten mit *psychoanalytischer Therapie* behandelt worden, wobei hier die klassische Freudsche Analyse mit freier Assoziation nach allgemeiner Überzeugung wenig sinnvoll, möglicherweise geradezu kontraindiziert ist. Statt dessen wird vor allem gezielt am Abbau der angenommenen Ich-Schwäche gearbeitet und dazu die Abwehrhaltungen der Patienten besprochen sowie Neubewertung von anderen und der eigenen Person angeregt, weiter die traumatisierenden Erlebnisse bearbeitet. Einzelheiten können hier nicht dargestellt werden, umso mehr als die therapeutische Vorgehensweise nicht allzu standardisiert erscheint. Hingewiesen sei nur darauf, daß die geschilderte Therapie auch Elemente kognitiver Verfahren beinhaltet und zudem zuweilen einen von Freud abgelehnten direktiven, psychoeduktiven Charakter mit Anleitungen zur Lebensgestaltung annimmt. Die Prognose ist keineswegs günstig, wobei die zahlreichen Therapieabbrüche eine Rolle spielen; von der allgemeinen Instabilität der Beziehungen bei Borderline-Patienten ist die zum Therapeuten nicht ausgenommen. In den letzten Jahren wurde die sogenannte "dialektische Verhaltenstherapie" zur Behandlung von Borderline-Patienten entwickelt und bereits evaluiert. Dabei werden in Einzeltherapie Problembereiche angesprochen und in Gruppensitzungen soziale Fertigkeiten trainiert sowie Möglichkeiten der Kommunikation eingeübt. Verglichen mit einer Standardbehandlung konnte sowohl eine niedrigere drop-out-Rate gefunden wie Verbesserungen in Verhaltensaspekten erreicht werden (nach Fiedler 1995, S. 454 f.). Vereinzelt gute Effekte wurden offenbar mit Psychopharamaka erzielt, speziell Neuroleptika und Antidepressiva; allzu große Erwartungen an eine solche Therapie scheinen aber nicht begründet (dargestellt nach Comer 1995, S. 619 ff.; Davison & Neale 1996, S. 316 ff.; Fiedler 1997, S. 873 ff.; dort auch weitere Details der hier skizzierten Behandlungen).

Histrionische Persönlichkeitsstörung:
Sie wird mit (F60.4) verschlüsselt und entspricht der hysterischen Persönlichkeit der älteren Literatur, welcher Begriff aber umgangssprachlich vorbelastet ist und daher zunehmend aufgegeben wird. Vom lateinischen "histrio" (Schauspieler) abgeleitet, gibt die Bezeichnung bereits wesentliche Hinweise auf das charakteristische theatralische Verhalten mit übertriebenem Gefühlsausdruck und die Sucht, im Mittelpunkt zu stehen; hinzu kommen "leichte Beeinflußbarkeit durch andere Personen oder Umstände" und "oberflächliche und labile" Affektivität. Die Personen geben sich "unangemessen verführerisch in Erscheinung und Verhalten" und zeigen "übermäßiges Interesse an körperlicher Attraktivität" (nach ICD-10, S. 230 f.). Die Prävalenz wird nach Comer (1995, S. 623) auf etwa 2-3% der Erwachsenen geschätzt, wobei Männer und Frauen ähnlich häufig betroffen sein sollen.

Die histrionische Persönlichkeitsstörung entspricht erwähntermaßen der hysterischen Persönlichkeitsstörung oder hysterischen Neurosenstruktur der älteren Literatur; so wurde auch genetisch eine Parallele zur Hysterie gesehen, indem hier wie dort eine ödipale Regression angenommen wurde, die nur im ersteren Fall eine weniger tiefgreifende Symptombildung zur Folge haben sollte. Neuere *psychodynamische Ansätze* unterscheiden sich insofern nicht allzu sehr davon, als nach wie vor für weibliche Betroffene eine Abwendung von der Mutter und Hinwendung zum Vater angenommen wird; dies wird aber weniger auf eine regelrechte ödipale Problematik zurückgeführt, sondern vor allem die Ablehnung des Kindes durch die Mutter hervorgehoben und die theatralische Symptomatik als Versuch betrachtet, beim Vater die kompensatorische Aufmerksamkeit und Zuwendung zu erhalten. *Kognitive* Theorien gehen von einer geringen Einschätzung der eigenen Kompetenzen durch die Betroffenen aus, so daß sie mehr in Äußerlichkeiten ihre Bestätigung suchten und dabei gleichzeitig im Sinne eines Circulus vitiosus noch weiter die Entwicklung kognitiver Fähigkeiten vernachlässigten (verkürzt und verändert nach Comer 1995, S. 623 f.).

Im Gegensatz zu Patienten mit anderen Persönlichkeitsstörungen kommen solche mit histrionischer Persönlichkeitsstörung häufig von selbst in Therapie, und die entsprechende Motivation ist somit höher; jedoch scheint ihre Behandlung ebenfalls nicht einfach zu sein und wird kompliziert durch unvernünftige Ansprüche, Temperamentsausbrüche und die nicht selten im Rahmen der Behandlung unternommene Verführungsversuche (Comer 1995, S. 824). Versucht werden verschiedene Verfahren, neben *psychodynamischer* Therapie auch *kognitive* Methoden, wobei die Wirksamkeit von keiner offenbar bis jetzt durch adäquate Therapievergleichsstudien nachgewiesen ist; immerhin wird in Einzeldarstellungen von guten Erfolgen berichtet.

Narzißtische Persönlichkeitsstörung:
Sie taucht als eigene diagnostische Kategorie in der ICD-10 nicht auf, sondern müßte mit F60.8 (sonstige spezifische Persönlichkeitsstörungen) verschlüsselt werden. Im DSM-IV (S. 743 ff.) ist dieses heute vielfach in der klinisch-psychologischen Literatur behandelte Störungsbild jedoch genauer aufgeführt; es ist im wesentlichen gekennzeichnet durch ein Gefühl der eigenen Wichtigkeit, Großartigkeit und Überlegenheit, gepaart mit mangelndem Einfühlungsvermögen und Überempfindlichkeit gegenüber den Einschätzungen anderer Personen. Diagnostische Kriterien im DSM-IV stellen daher auch übertriebenes Selbstwertgefühl, ausschweifende Erfolgsphantasien, das Gefühl der Einzigartigkeit, überzogenes Anspruchsdenken, die Sucht nach Aufmerksamkeit und Empfindlichkeit gegenüber Kritik dar, daneben Mangel an Einfühlungsvermögen und Ausnutzen zwischenmenschlicher Beziehungen zur Erreichung eigener Ziele (s. auch Fiedler 1997, S. 848 ff.). Die Prävalenz schätzt man auf etwas unter 1%, wobei Männer geringfügig häufiger diese Störung aufweisen. Dissoziale (antisoziale), Borderline-, histrionische und narzißtische Persönlichkeitsstörung werden in der Literatur auch zur Gruppe der "von dramatischem, emotionalem, oder launenhaftem Verhalten geprägten" Persönlichkeitsstörungen zusammengefaßt.
Das Konzept der narzißtischen Persönlichkeitsstörung ist, wie sich bereits aus der Namensgebung ableiten läßt, im wesentlichen von *Analytikern* entwickelt worden, und entsprechend wurden vor allem in diesem theoretischen Rahmen Entstehungsmodelle erstellt. Freud (1914c) hatte den primären Narzißmus (die Ichliebe, benannt nach dem in sein Spiegelbild verliebten Jüngling Narziß der griechischen Mythologie) als erstes Stadium der Objektfindung eingeführt, wo das ganze libidinöse Interesse dem eigenen Ich gelte, bevor es sich zunehmend auf äußere Objekte, beispielsweise die Eltern richte; letzte-

rer Prozeß könne aber wieder rückgängig gemacht werden (sekundärer Narzißmus), was die Grundlage sogenannter narzißtischer Neurosen wie Paranoia, Schizophrenie oder auch Melancholie darstelle (s. dazu auch 4.2.8 und 5.9). Letztlich geht auch die moderne analytische Theorie der narzißtischen Persönlichkeitsstörungen von einem solchen Modell der Objektfindung aus, wobei allerdings der Bezug zur Freudschen Terminologie nicht immer sehr eindeutig ist[8]. Eine ausführlichere Darstellung ist hier nicht möglich, zumal auch offensichtlich unter psychoanalytischen Theoretikern kein großer Konsens über die Genese der narzißtischen Persönlichkeitsstörung besteht und daher eine Einführung in eine Reihe unterschiedlicher Begriffssysteme und Theorien erfolgen müßte. Nach der bekannten Auffassung Kernbergs besteht insofern eine Nähe der narzißtischen zur Borderline-Persönlichkeitsstörung, als erstere bei prinzipiell ähnlichem Entstehungsmechanismus als weniger tiefgreifende Störung aufgefaßt wird. Man könnte es vielleicht vereinfacht so darstellen, daß bei der narzißtischen Persönlichkeitsstörung mittels Größenphantasien eine gewisse Immunisierung gegenüber den tatsächlichen oder angenommenen äußeren Bedrohungen erreicht wird, während es bei der Borderline-Störung zu weitgehendem Rückzug und Zerfall der Persönlichkeit kommt. Ansonsten scheinen sich die Entstehungsbedingungen (konstitutionelle Bereitschaft im Sinne von Defiziten im Interaktionsstil, traumatisierende Erfahrungen als exogene Momente) nicht wesentlich zu unterscheiden. Eine *lerntheoretische* Betrachtung sieht als Faktor der Entstehung hier nicht traumatische Erfahrungen im Elternhaus, sondern geradezu im Gegenteil eine übermäßige Verwöhnung des Kindes und Verstärkung seiner Größenphantasien (s. Comer 1995, S. 627 und die dort zitierte Literatur).

Therapien der narzißtischen Persönlichkeitsstörung werden im wesentlichen von Psychoanalytikern durchgeführt und unterscheiden sich nicht sehr von denen der Borderline-Persönlichkeit, verlaufen also häufig vergleichsweise direktiv; ob man die Patienten mit ihren inadäquaten Größeneinschätzungen konfrontieren soll, ist offenbar unter Therapeuten nicht unumstritten (s. Comer 1995, S. 628). *Kognitive* Therapien versuchen mit der ihnen eigenen Methodik, die Denkweisen der Patienten zu verändern, insbesondere eine realistische Einschätzung der eigenen Möglichkeiten zu erreichen, die Überempfindlichkeit gegenüber Kritik abzubauen und das Einfühlungsvermögen in die Situation anderer zu verbessern. Weder mit psychodynamischen noch kognitiven Verfahren scheinen bisher besondere Erfolge erzielt worden zu sein.

Zwanghafte, ängstliche (vermeidende) und abhängige
Persönlichkeitsstörung:
Eine letzte Gruppe wird überschrieben "angst- und furchtgeprägte Persönlichkeitsstörungen" und umfaßt die selbstunsichere, die dependente und die zwanghafte Persönlichkeitsstörung nach DSM-IV, denen in der ICD-10 im wesentlichen die ängstliche, abhängige und anankastische Persönlichkeitsstörung entsprechen. Sie sollen hier gemeinsam besprochen werden, da sich gewisse Ähnlichkeiten ergeben und zudem zu keiner von ihnen letztlich Bemerkenswertes mitgeteilt werden kann.

Bei Personen mit *anankastischer* (F60.5 nach ICD-10) oder *zwanghafter Persönlichkeitsstörung* nach DSM-IV findet sich übermäßiger Zweifel und Vorsicht, übergroße Gewissenhaftigkeit, Pedanterie, Perfektionismus, weiter Eigensinn und das "unbegründete Bestehen auf der Unterordnung anderer unter eigene Gewohnheiten", schließlich – und hier zeigen sich deutlich Beziehungen zur Zwangsstörung (6.4.1) – "Andrängen beharrlicher und unerwünschter Gedanken oder Impulse." Die *ängstliche (vermeidende) Persönlichkeitsstörung* (F60.6) ist gekennzeichnet durch andauernde Anspannung und Sorge, insbesondere die, in sozialen Situationen "kritisiert oder abgelehnt" zu werden. Die Betroffenen sind auch der Überzeugung, "selbst sozial unbeholfen, unattraktiv und minderwertig im Vergleich mit anderen zu sein" und vermeiden daher zwischenmenschliche Kontakte. Bei der *abhängigen Persönlichkeitsstörung* (F60.7) fällt zum einen die Unfähigkeit auf, Entscheidungen zu treffen, ohne sich diesbezüglich von anderen ausgiebigen Rat und Vergewisserung zu holen, weiter eine übertriebene Unterordnung und Nachgiebigkeit, schließlich die übergroße Angst, verlassen zu werden und auf sich selbst angewiesen zu sein (stark verkürzt nach ICD-10, S. 231 f.). Die Prävalenz der zwanghaften Persönlichkeitsstörung wird mit 1% bis 1,7% der Allgemeinbevölkerung angegeben, wobei Männer doppelt so oft wie Frauen betroffen sind; am häufigsten wird in den USA die Diagnose bei "weißen, gebildeten, erwerbstätigen Männern" gestellt. Vorliegen einer "selbstunsicheren Persönlichkeitsstörung" nach DSM-IV, was weitgehend der ängstlich (vermeidenden) Persönlichkeit nach ICD-10 entsprechend sollte, wird bei 0,5-1% der erwachsenen amerikanischen Bevölkerung angenommen, mit ähnlicher Häufigkeit bei Frauen wie Männern. Über die Prävalenz der abhängigen Persönlichkeitsstörung ist wenig bekannt; man geht jedoch davon aus, daß diesbezüglich keine Geschlechtsunterschiede vorliegen (Angaben nach Comer 1995, S. 628 ff.).

Die *Freudsche Erklärung* der zwanghaften (anankastischen) Persönlichkeitsstörung war schon zu Beginn dieses Abschnitts erwähnt worden: extreme Unterdrückung ursprünglich intensiver Analerotik durch Reaktionsbildungen der Latenzzeit. Spätere im weiteren Sinne psychodynamische Erklärungen sind weniger triebtheoretischer Natur, sondern betonen andere Faktoren wie überkontrollierende Eltern, die starres Festhalten an Normen anerziehen. *Kognitive* Theoretiker weisen auf *verzerrte Einstellungen* bei den Betroffenen hin, etwa die Überbewertung von unbedeutenden Fehlern mit resultierenden Bestrebungen nach Perfektheit (nach Comer 1995, S. 634 f.).

Erklärungsansätze der selbstunsicheren Persönlichkeitsstörung (ungefähr der ängstlich vermeidenden Persönlichkeitsstörung der ICD-10 entsprechend) gehen im wesentlichen übereinstimmend davon aus, daß die Grundlagen dafür in der Kindheit von den Eltern gelegt werden, beispielsweise durch übermäßige Kritik; ob darüber hinaus eine gewisse genetische Prädisposition im Sinne chronischer Ängstlichkeit mit biologischen Korrelaten wie bei den Angststörungen (s. 6.3.2) vorliegt, wird diskutiert. In ähnlicher Weise betonen Genesemodelle der dependenten (abhängigen) Persönlichkeitsstörung vor allem die Rolle früher Erfahrungen, hier im Sinne übermäßiger Behütung und Verhinderung der Selbständigkeit; kognitive Theoretiker weisen auch auf die Fehleinschätzungen der Betroffenen bezüglich eigener Leistungsfähigkeit hin, ohne die Entstehung dieser kognitiven Verzerrungen wiederum zu untersuchen; die ältere bekannte psychoanalytische Erklärung einer oralen Regression in ein Stadium der Behütetheit hat mittlerweile offenbar an Bedeutung verloren (dargestellt verkürzt nach Comer 1995, S. 629 ff.).

Die *Therapien* der drei genannten Persönlichkeitsstörungen sind vergleichsweise ähnlich: bei psychodynamischem Vorgehen Aufarbeitung der angenommenen Konfliktsituationen, im Rahmen kognitiver Therapien Veränderung der verzerrten Einstellungen, etwa des Strebens nach perfektem Handeln bei Personen mit Zwangsstörung. Sowohl bei der ängstlichen wie bei der abhängigen Persönlichkeitsstörung werden zudem noch Selbstsicherheitstrainings durchgeführt. Medikamentös versucht man, zumeist zusätzlich zur psychotherapeutischen Behandlung, die Symptomatik mit Antidepressiva oder Anxiolytika zu bessern. Die Prognose scheint insgesamt eher günstiger als bei den anderen Persönlichkeitsstörungen zu sein, nicht zuletzt wohl deshalb, weil die Betroffenen aufgrund des starken Leidensdrucks im allgemeinen auch eine hohe Therapiemotivation besitzen.

8.3 Störungen der Geschlechtsidentität

Unter Störungen der Geschlechtsidentität (F64) werden in der ICD-10 im wesentlichen der *Transsexualismus* sowie zwei weitere spezielle Formen aufgeführt, der *Transvestitismus unter Beibehaltung beider Geschlechtsrollen* und die Störung der *Geschlechtsidentität im Kindesalter.* Transsexualismus (F64.0) ist durch den Wunsch gekennzeichnet, als "Angehöriger des anderen anatomischen Geschlechtes zu leben und anerkannt" zu werden, meist verbunden mit dem "Gefühl des Unbehagens oder der Nichtzugehörigkeit zum eigenen Geschlecht." Hervorgehoben in der Beschreibung wird weiter der bestehende Wunsch nach "hormoneller und chirurgischer Behandlung, um den eigenen Körper dem bevorzugten Geschlecht soweit wie möglich anzugleichen" (ICD-10, S. 241). Um diese Diagnose zu stellen, muß die veränderte Geschlechtsidentität für mindestens zwei Jahre bestanden haben, darf nicht als Symptom einer anderen psychischen Störung (etwa Schizophrenie) auftreten und nicht auf bekannte biologische Ursachen[9] zurückzuführen sein. Beim *Transvestitismus unter Beibehaltung beider Geschlechtsrollen* (F64.1) wird gegengeschlechtliche Bekleidung getragen, um "zeitweilig die Erfahrung der Zugehörigkeit zum anderen Geschlecht zu erleben", wobei anders als beim Transsexualismus kein Wunsch "nach langfristiger Geschlechtsumwandlung oder chirurgischer Korrektur" besteht. Anzumerken ist, daß das Umkleiden nicht von sexueller Erregung begleitet ist, was für die Unterscheidung vom später zu besprechenden fetischistischen Transvestitismus beachtet werden muß (verkürzt nach ICD-10, S. 241 f.). Die *Störung der Geschlechtsidentität des Kindesalters* (F64.2) zeigt sich lange vor der Pubertät, zumeist in der frühen Kindheit und ist durch ein "anhaltendes und starkes Unbehagen über das angeborene Geschlecht" charakterisiert, zusammen mit dem "starken Wunsch (oder der Beteuerung), zum anderen Geschlecht zu gehören." Es besteht eine "beständige Beschäftigung mit der Kleidung oder den Aktivitäten des anderen Geschlechtes oder eine Ablehnung des eigenen Geschlechtes." In den diagnostischen Leitlinien wird dieses Verhaltensmuster genauer beschrieben: Vom Vorschulalter an beschäftigen sich betroffene Jungen mit "mädchenspezifischen Spielen und Aktivitäten" und tragen häufig "gerne Mädchen- oder Frauenkleider"; weibliche Puppen sind oft ihr Lieblingsspielzeug und "Mädchen gewöhnlich ihre liebsten Spielgefährten." Bei einem Teil läßt dieses feminine Verhalten während in der frühen Adoleszenz nach, weitere weisen später eine homosexuelle Orientierung auf, offensichtlich nur sehr wenige entwickeln Transsexualismus. Mädchen mit dieser Störung haben "typischerweise männliche Spielkameraden" und zeigen "ein lebhaftes Interesse an Sport, rauhem Spiel und Raufereien"; an Spielen, in denen sie weibliche Rollen übernehmen sollen ("Vater-Mutter"-Spiele), haben sie ebensowenig Interesse wie an Puppen. Meistens wird in der Adoleszenz das "übertriebene Verlangen nach männlichen Aktivitäten und Kleidung" aufgegeben, einige "behalten ihre männliche Identifikation" und können später eine "homosexuelle Orientierung" zeigen. Zu betonen ist, daß diese Diagnose nicht leichtfertig gestellt werden darf: Es muß eine "tiefgreifende Störung des normalen Gefühls für Männlichkeit und Weiblichkeit" vorliegen; "bloße Knabenhaftigkeit bei Mädchen und mädchenhaftes Verhalten bei Knaben" ist nicht ausreichend (verkürzt nach ICD-10, S. 242 f.). Transsexualität beobachtet man bei Männern etwa drei- bis viermal so oft wie bei Frauen; unter den ersteren schätzt man die Häufigkeit auf 1 : 30.000, auf ungefähr 1 : 100.000 bei Frauen (Strauß 1996, S. 202). Genaue Daten zur Prävalenz der Störung der Geschlechtsidentität des Kindesalters liegen nicht vor. Sie scheint selten zu sein; wenigstens in Beratungsstellen oder ärztlichen Praxen tauchen mehr Jungen mit dieser Störung auf (ICD-10, S. 243).

Erklärungsversuche des Transsexualismus sind bis jetzt wenig überzeugend ausgefallen. Insbesondere ist es nicht gelungen, konsistent biologische Auffälligkeiten bei den Betroffenen (etwa erhöhte Östrogenspiegel bei transsexuellen Männern, überdurchschnittliche Androgenkonzentrationen bei transsexuellen Frauen) nachzuweisen. Freud selbst hat keine Theorie der gestörten Geschlechtsidentität entwickelt; sein Konzept der *natürlichen Bisexualität*, das gleichzeitig männliche wie weibliche Verhaltensweisen in ein und demselben Individuum annimmt und von libidinösen Interessen sowohl für Personen des eigenen als auch des anderen Geschlechts ausgeht (s. etwa Freud 1905d, S. 44), hätte möglicherweise hierfür als Basis dienen können. Spätere psychodynamische Theorien gehen von bedingenden *Besonderheiten in den Familien* späterer Transsexueller aus (etwa Fehlen des Vaters), ohne daß die Belege hierfür überzeugend wären (Strauß 1996, S. 203). *Lerntheoretische* Auffassungen vor allem der kindlichen Störung der Geschlechtsidentität weisen darauf hin, daß das geschlechtsuntypische Verhalten, etwa Tragen von Mädchenkleidern durch Jungen, häufig von nahen Angehörigen gerne gesehen und verstärkt wurde (Davison & Neale 1996, S. 381).

Psychotherapeutische Versuche, die Betroffenen zur Identifikation mit dem eigenen Geschlecht zu bringen, sind offenbar selten unternommen worden und haben nur dann gewisse Erfolgschancen, wenn ein wirkliches diesbezügliches Bedürfnis besteht; eine gut dokumentierte verhaltenstherapeutische Behandlung, bei der mittels Aversionstherapie sexuelles Empfinden für gleichgeschlechtliche Personen abgebaut und durch klassische Konditionierung entsprechendes Interesse an Personen des anderen Geschlechts erzeugt wurde, findet sich bei Davison & Neale (1996, S. 386 ff.) dargestellt; man wird wohl davon ausgehen können, daß es sich hier um einen ungewöhnlichen Fall handelt. Vielfach drängen die Betroffenen auf die Geschlechtsumwandlung, die zunehmend häufiger durchgeführt wird. Man schätzt, daß in den Vereinigten Staaten sich jährlich etwa 1000 Transsexuelle, vorwiegend Männer, dieser Operation unterziehen. Der eigentlichen Geschlechtskorrektur geht typischerweise eine längere Beobachtungszeit voraus, in der die Stabilität des Wunsches geprüft wird und erste Versuche eines Rollentausches unternommen werden. Danach beginnt eine Phase der Behandlung mit gegengeschlechtlichen Sexualhormonen, die bereits zu gewünschten – noch reversiblen – äußeren Veränderungen führt (beispielsweise Wachsen der Brüste beim Mann). Bei Männern werden dann die äußeren Genitalien weitgehend entfernt und eine künstliche Vagina geschaffen, so daß im Normalfall die Möglichkeit zum heterosexuellen Geschlechtsverkehr gegeben ist. Häufig werden weitere plastische Operationen im Gesichts- und Halsbereich durchgeführt, etwa die Entfernung des Adamsapfels. Bei Frauen läßt sich nur ein kleiner, nicht normal erigierender Penis bilden; immerhin ist zu erreichen, daß ein Urinieren auf öffentlichen Männertoiletten problemlos funktioniert. Es ist nicht einfach, Kriterien für den Erfolg solcher Geschlechtsumwandlungen zu entwickeln; nimmt man das subjektive Urteil der Betroffenen, so betont der weitaus überwiegende Teil, daß sich die Entscheidung für den Eingriff im nachhinein als richtig erwiesen habe (dargestellt nach Davison & Neale 1996, S. 382 ff. sowie Strauß 1996, S. 203 f.).

8.4 Störungen der Sexualpräferenz (Paraphilien[10])

Unter der Rubrik *Störungen der Sexualpräferenz* (F65) werden in der ICD-10 sechs wichtige Formen aufgeführt; hinzu kommt eine Kategorie *multiple Formen der Sexualpräferenz* (F65.6), worunter Kombinationen dieser Störungen ohne besonderes Heraustreten einer einzelnen zu subsumieren sind, weiter eine Restklasse "sonstige *Störungen der Sexualpräferenz*" (F65.8), in die seltenere Varianten wie Nekrophilie oder Sodomie (sexuelle Handlungen an Toten beziehungsweise an Tieren) und Frotteurismus (Erregung durch Reibung der Genitalien an Personen in Menschenansammlungen) einzureihen wären. *Fetischismus* (F65.0) definiert sich als "Gebrauch gegenständlicher Objekte als Stimuli für die sexuelle Erregung und zur sexuellen Befriedigung." Dabei ist zu konstatieren, daß viele Fetische "einen Ersatz für den menschlichen Körper" darstellen, beispielsweise "Kleidungsstücke oder Schuhwerk", weitere gebräuchliche Beispiele "Gegenstände aus Gummi, Plastik oder Leder" sind. Beim *fetischistischen Transvestitismus* (F65.1) wird Kleidung des anderen Geschlechts "hauptsächlich zur Erreichung sexueller Erregung" getragen; im Gegensatz zum in 8.3 erwähnten transsexuellen Transvestitismus hat das Tragen der Kleidung hier deutlich erregende Funktion, sie wird nach eingetretenem Orgasmus und Nachlassen der Erregung wieder abgelegt. Beim *Exhibitionismus* (F65.2) besteht "die wiederholte oder ständige Neigung, das Genitale vor meist gegengeschlechtlichen Fremden in der Öffentlichkeit zu entblößen, ohne zu einem näheren Kontakt aufzufordern oder diesen zu wünschen"; meist wird das Zeigen von "sexueller Erregung" begleitet und kommt es zur Masturbation. Die meisten Exhibitionisten empfinden "ihren inneren Drang als schwer kontrollierbar und persönlichkeitsfremd"; wenn "das Opfer erschrocken, ängstlich oder beeindruckt" ist, erhöht dies häufig die Erregung des Exhibitionisten. Beim *Voyeurismus* (F65.3) findet sich der "Drang, anderen Menschen bei sexuellen Aktivitäten" oder bei Intimitäten, beispielsweise beim Entkleiden, zuzusehen. Es "passiert in der Regel heimlich und führt zu sexueller Erregung und Masturbation." Unter *Pädophilie* (F65.4) versteht man "sexuelle Präferenz für Kinder, die sich zumeist in der Vorpubertät oder im frühen Stadium der Pubertät befinden." Manche der Pädophilen, wird ergänzt, haben nur an Mädchen, andere nur an Knaben Interesse, wieder andere sind sowohl an Mädchen auch auch an Knaben interessiert. Beim *Sadomasochismus* (F65.5) werden "sexuelle Aktivitäten mit Zufügung von Schmerzen, Erniedrigung oder Fesseln" bevorzugt. Wenn die betreffende Person "diese Art der Stimulation gerne" erleidet, handelt es sich um *Masochismus*, wenn sie sie jemand anderem zufügt, um *Sadismus*; oft empfindet die betreffende Person "sowohl bei masochistischen als auch bei sadistischen Aktivitäten sexuelle Erregung" (verkürzt nach ICD-10, S. 244 ff.).

Anzumerken ist, daß für die Stellung einiger dieser Diagnosen ein wiederholtes Auftreten der abweichenden sexuellen Handlungen oder eine gewisse Intensität gegeben sein muß: Ein einmaliger entsprechender Kontakt würde beispielsweise nicht zur Diagnose Pädophilie führen, insbesondere dann nicht, wenn der "Handelnde selbst noch ein Jugendlicher" ist; Fetischismus beziehungsweise Sadomasochismus sollen nach ICD-10 nur diagnostiziert werden, wenn der Fetisch oder die sadomasochistischen Betätigungen die "wichtigste Quelle sexueller Erregung" darstellen oder "für die sexuelle Befriedigung unerläßlich" sind. Eine ähnliche Auffassung hatte zu Beginn des Jahrhunderts bereits Freud vertreten: "In der Mehrzahl der Fälle können wir den Charakter des Krankhaften bei der Perversion nicht im Inhalt des neuen Sexualzieles, sondern in dessen Verhältnis zum Normalen finden", schreibt er in den *Drei Abhandlungen zur Sexualtheorie* und erläutert: "Wenn die Perversion nicht *neben* dem Normalen (Sexualziel und Sexualobjekt) auftritt [...], sondern wenn sie das Normale unter allen Umständen verdrängt und ersetzt hat; in der *Ausschließlichkeit* und in der *Fixierung* also der Perversion sehen wir zu allermeist die Berechtigung, sie als ein krankhaftes Symptom zu beurteilen." (Freud 1905d, S. 60 f.)

Wie zu sehen, wird in der ICD-10 nicht die Homosexualität als psychische Störung aufgeführt und gleiches gilt für die neueren Ausgaben des DSM. Auch die noch im DSM-III als Störungsbild betrachtete "ich-dystone Homosexualität" (eine Neigung, unter der die betreffende Person leidet und die sie zugunsten einer heterosexuellen Orientierung aufgeben möchte), taucht in den späteren Revisionen nicht mehr auf.

Über die Häufigkeit von Störungen der sexuellen Präferenz liegen keine verläßlichen Angaben vor. Weitgehende Übereinstimmung besteht darin, daß Paraphilien wie Exhibitionismus, Voyeurismus, Fetischismus fast ausschließlich bei Männern vorkommen, zumeist heterosexuellen, Pädophilie sowohl bei hetero- wie homosexuellen Männern, selten bei Frauen. Lediglich unter Masochisten gibt es einen gewissen Anteil von weiblichen Betroffenen, der jedoch ebenfalls weit unter dem der Männer bleibt; Schätzungen nehmen eine Geschlechterverteilung von etwa 1 : 20 an. Sadismus und Masochismus finden sich sowohl in homosexuellen wie heterosexuellen Beziehungen; 85% der Betroffenen sollen jedoch ausschließlich oder vorwiegend heterosexuell orientiert sein (Zahlen nach LoPiccolo 1995, S. 524 ff. sowie Davison & Neale 1996, S. 387 ff.). Zu beachten ist, daß diese Angaben sich auf stark abweichendes und mit gewisser Ausschließlichkeit praktiziertes Verhalten beziehen; in Andeutungen dürften beispielsweise sadistische und masochistische Sexualpraktiken nicht selten zu finden sein, und hierbei ist möglicherweise auch die Verteilung zwischen den Geschlechtern weniger extrem.

Überzeugende *biologische Erklärungsansätze* zu den Paraphilien existieren nicht; insbesondere ist es nicht gelungen, an betroffenen Personen Auffälligkeiten etwa im Hormonsystem oder zentralnervöse Besonderheiten nachzuweisen. Die wesentlichen diskutierten Entstehungsmodelle sind daher *psychologischer* Art. Das erste und am genauesten ausgearbeitete, zudem nach wie vor auch das eigenständigste und originellste, wurde von Freud in den *Drei Abhandlungen zur Sexualtheorie* (1905d) sowie in der gleichzeitig publizierten Fallgeschichte Dora ("Bruchstück einer Hysterie-Analyse"; 1905e) entwickelt und später, etwa in den *Vorlesungen zur Einführung in die Psychoanalyse* (1916-17a), präzisiert. Danach sind Perversionen[11] dadurch gekennzeichnet, daß Partialtriebe sich verselbständigt haben, deren Befriedigung bei Erwachsenen im Normalfall nur der weiteren Vorbereitung des Geschlechtsaktes dient. Da diese Partialtriebe in der üblichen kindlichen Entwicklung deutlich zutage treten, dann aber sich dem "Primat der Genitalien" unterordnen, ergeben sich Perversionen als *Entwicklungshemmungen*: So heißt es etwa prägnant in der *Selbstdarstellung* (1925d, S. 63), der psychoanalytischen Auffassung erklärten sich auch die "absonderlichsten und abstoßendsten Perversionen als Äußerungen von sexuellen Partialtrieben, die sich dem Genitalprimat entzogen haben und wie in den Urzeiten der Libidoentwicklung selbständig dem Lusterwerb" nachgingen. Bedingungen für eine solche *Fixierung* sind einerseits konstitutionelle Gegebenheiten, beispielsweise besondere Ausprägung erogener Zonen, andererseits gewisse Erlebnisse der Kinderjahre (wobei Freud nach wie vor beispielsweise dem Mißbrauch durch Erwachsene diesbezügliche ätiologische Bedeutung zuweist); hinzu kommt in oder nach der Pubertät eine Frustration in der normalen Sexualentwicklung, welche die *Regression*, die manifeste Rückkehr zu der nie vollständig aufgegebenen (fixierten) Sexualpraktik begünstigt. Anders als bei der Neurose, wo die regressiven Wünsche verdrängt werden, kommen diese bei der Perversion in den bewußten Phantasien oder in Handlungen zum Ausdruck. Allerdings versäumt es Freud, dieses allgemeine Entstehungsmodell an den einzelnen sexuellen Abweichungen genauer zu explizieren. Unternimmt er Erklärungen spezieller Perversionen, so weichen diese zuweilen nicht unwesentlich von diesem generellen Schema ab: Sadismus und Masochismus werden beispielsweise in komplizierten Gedankengängen auf eine Mischung von Sexual- und (teils nach außen gewendetem) Todestrieb erklärt (s. dazu genauer Köhler 1993, S. 89 ff.). Spätere analytische Auffassungen, wie sie knapp bei Strauß (1996, S. 207 f.) resümiert sind, betonen weniger die Fixierung von Partialtrieben als die Bedeutung unter anderem von

Sexualängsten und Selbstwertproblematik, die sich in den sexuellen Abweichungen manifestieren soll. Generell gehen psychologische Erklärungsansätze der Pädophilie (die von Freud im übrigen wenig Interesse erfahren hatte) von einer Versagensangst beim sexuellen Kontakt mit Erwachsenen aus; ob Pädophile in ihrer Kindheit selbst überzufällig häufig Opfer sexuellen Mißbrauchs waren, ist entgegen einer sind nicht selten vorgebrachten Auffassung keineswegs geklärt (Davison & Neale 1996, S. 391).

Lerntheoretische Erklärungen insbesondere von Fetischismus und Sadomasochismus gehen von einem mehr oder weniger zufälligen Zusammentreffen entsprechender Stimuli (Objekte, Schmerzreize) mit sexueller Erregung aus, nehmen also für die Entstehung eine *klassische Konditionierung* an; Laboruntersuchungen zeigen, daß neutrale Reize, wiederholt mit erregenden Stimuli präsentiert, tatsächlich bis zu einem gewissen Grade später allein Erregung hervorrufen können (Davison & Neale 1996, S. 388). Ob diese Ergebnisse auf die komplexeren Alltagssituationen problemlos übertragen werden können und ob sich solche Konditionierungen verläßlich in der Lerngeschichte nachweisen lassen, bleibt zu überprüfen; auch wäre zu klären, warum die gelernte sexuelle Reaktion offensichtlich die unkonditionierte so sehr an Intensität übertrifft, daß der neutrale Stimulus schließlich dem unkonditionierten vorgezogen wird. Auch *Modellernen*, bezüglich Sadismus beispielsweise durch die einschlägige pornographische Literatur, wird diskutiert.

Somatische Therapien bei Personen mit gestörter Sexualpräferenz zielen in der Regel nicht darauf ab, spezifisch die sexuelle Praktik zu ändern oder eine Abkehr von den bevorzugten Sexualobjekten zu weniger problematischen zu bewirken, sondern versuchen generell eine Dämpfung des Sexualtriebes, insbesondere im Falle von Delinquenz oder starkem subjektiven Leiden. Hier werden bevorzugt *Antiandrogene* eingesetzt, etwa Cyproteron (Androcur®), welches die Testosteronwirkung herabsetzt ("chemische Kastration"); eine Debatte über die Anwendung der irreversiblen chirurgischen Kastration kann hier nicht erfolgen. Wiederholt hat man auch *psychochirurgische Eingriffe* vorgenommen, speziell die Zerstörung gewisser Areale im Hypothalamus, denen man, im wesentlichen aufgrund von Tierversuchen, eine stimulierende Wirkung auf das männliche Sexualverhalten zuschreibt. Über die Wirkungen und Nebenwirkungen dieser höchst problematischen Eingriffe ist heftig diskutiert worden; sie werden heute, wenn überhaupt, nur sehr selten durchgeführt.

Psychoanalytische Therapie von Störungen der Sexualpräferenz scheint wenig praktiziert zu werden oder wurde – hier kann man nur die Anmerkungen aus anderen Kapiteln wiederholen – nicht ausreichend dokumentiert und evaluiert; zudem liegen Paraphilien nach dem Freudschen Genesemodell bewußte Wünsche zugrunde, so daß Verfahren zur Aufhebung der Verdrängung wenig Sinn machen würden. Psychologische Behandlung sexueller Abweichungen geschieht im allgemeinen mittels *verhaltenstherapeutischer Methoden*, häufig kombiniert mit einsichtsorientierten Verfahren oder Familientherapie. Aversionstherapie wurde und wird offenbar auch heute noch eingesetzt bei Fetischismus, Exhibitionismus, Sadismus oder Pädophilie, wobei die Präsentation des erregenden Stimulus mit einem aversiven Reiz (Schmerz, unangenehmen Gerüchen, Übelkeit erzeugenden Substanzen) kombiniert wird, eine Vorgehensweise, deren Wirksamkeit zumindest in Einzelfällen belegt worden ist. Als Varianten der Aversionstherapie sind bei Paraphilien auch verdeckte Sensibilisierung (gleichzeitiges Vorstellen des als Stimulus zu verändernden erregenden Objektes und unangenehmer Reize) und "masturbatorische Sättigung" eingesetzt worden (anhaltendes Vorstellen des erregenden Objektes über den masturbatorisch herbeigeführten Orgasmus hinaus). Ein weiteres Verfahren zur Veränderung der sexuellen Präferenz ist die "orgasmische Neuorientierung", bei der die Klienten sich mit Bildern des unerwünschten Stimulus (etwa von Kindern) erregen und während der Onanie konventionelle Reize (beispielsweise eine nackte erwachsene Person) präsentiert bekommen, so daß sich die sexuelle Erregtheit damit verbinden kann. Weniger mechanische Behandlungsmethoden, etwa bei Exhibitionisten und Pädophilen, sind *Stimuluskontrolle* zur Vermeidung der das unerwünschte Verhalten auslösenden Situationen sowie *Einüben von Bewältigungsstrategien*. Wie leicht einzusehen, ist eine adäquate Evaluation dieser Therapien schwierig, nicht zuletzt wegen des Problems, geeignete Kontrollstichproben zu rekrutieren; insofern differieren auch die Einschätzungen der Wirksamkeit erheblich (nach LoPiccolo 1995, S. 524 ff. sowie Davison & Neale 1996, S. 309 ff.; dort auch genauere Darstellung einzelner Verfahren und weitere Literaturhinweise).

9. Intelligenzminderung, Entwicklungsstörungen und psychische Störungen mit Beginn in Kindheit und Jugend

9.1 Vorbemerkungen

In den letzten drei Abschnitten von Kapitel V der ICD-10 sind Störungen aufgelistet, die entweder bereits in der Kindheit einsetzen oder sich vor allem auf das Kindes-und Jugendalter beschränken. Es handelt sich dabei zum einen um die verschiedenen Schweregrade von *Intelligenzminderung* (F7), die in Abgrenzung von den Demenzen dadurch gekennzeichnet ist, daß nie in der Entwicklung ein normales Intelligenzniveau erreicht worden war. Im Abschnitt *Entwicklungsstörungen* (F8) werden zum einen psychische Störungen angeführt, die sich im Gegensatz zur Intelligenzminderung auf einzelne "umschriebene" Leistungsbereiche beschränken; dazu gehören etwa Störungen in der Entwicklung des Sprechens (Artikulationsstörungen) und der Sprache (Ausdrucks- und Verständnisschwierigkeiten), Lese-, Rechtschreib- und Rechenstörungen sowie Entwicklungsstörungen der motorischen Funktionen. In diesen Abschnitt wurde auch der *frühkindliche Autismus* aufgenommen, der unter anderem zusammen mit dem Rett- und dem Aspergersyndrom unter "tiefgreifende Entwicklungsstörungen" (F84) subsumiert wird, eine augenblicklich offenbar nur wenig klar konzipierte Subgruppe, deren Zuordnung zu den oben genannten "umschriebenen" Entwicklungsstörungen ebenfalls nicht sofort einsichtig ist. Abschnitt F9 schließlich ist überschrieben "Verhaltens- und emotionale Störungen mit Beginn in der Kindheit und Jugend" und umfaßt Störungen, die sich weniger auf Leistung und Intelligenz als auf *Verhalten und Empfinden* beziehen. Dazu gehören unter anderem die *hyperkinetischen Störungen, Störungen des Sozialverhaltens* und *emotionale Störungen im Kindesalter* (Phobien, soziale Ängstlichkeit), Tics und einige weitere, beispielsweise Enuresis (Einnässen), Enkopresis (Einkoten) oder Stottern. Die Gründe für die Zusammenfassung dieser recht heterogenen Symptombilder können hier nicht diskutiert werden und scheinen auch in der ICD-10 nicht ausreichend dargelegt.

Von den zahlreichen, in den letzten drei Abschnitten der ICD-10 angeführten Störungen seien nur einige wenige herausgegriffen, die einerseits gewisse zahlenmäßige Bedeutsamkeit haben, zu denen andererseits auch einige interessante Forschungsergebnisse vorliegen.

9.2 Intelligenzminderung

Intelligenzminderung wird nach ICD-10 (S. 254) eingeführt als eine "sich in der Entwicklung manifestierende, stehen gebliebene oder unvollständige Entwicklung der geistigen Fähigkeiten, mit besonderer Beeinträchtigung von Fertigkeiten, die zum Intelligenzniveau beitragen, wie z.B. Kognition, Sprache, motorische und soziale Fähigkeiten." Es findet sich eine Beeinträchtigung des Anpassungsverhaltens, welches aber bei leichter Intelligenzminderung "in geschützter Umgebung mit Unterstützungsmöglichkeiten" nicht notwendig auffällt.

Die Diagnose einer Intelligenzminderung soll aufgrund des klinischen Eindrucks, des Anpassungsverhaltens (gemessen am "kulturellen Hintergrund des Individuums") und der psychometrischen Leistungsfähigkeit gestellt werden, wobei die Problematik einer einheitlichen Intelligenzdefinition und einer validen Messung, insbesondere bei zusätzlichen spezifischen Behinderungen, sehr genau reflektiert wird; insofern wird auch geraten, die zur Abgrenzung der einzelnen Schweregrade angegebenen IQ-Werte nicht zu starr anzuwenden. Auf der Anwendung standardisierter Verfahren basiert gleichwohl wesentlich die Diagnose; letztere müsse ohne diese "vorläufig" bleiben (verkürzt nach ICD-10, S. 255).

Bei der *leichten Intelligenzminderung* (F70) wird Sprache zwar verzögert erworben, jedoch in solchem Umfang, daß sie für tägliche Anforderungen und normale Konversation ausreicht; auch sind die Betroffenen meist in der Lage, sich selbst zu versorgen (etwa ohne Hilfe zu essen, sich anzuziehen) und können häusliche und praktische Tätigkeiten durchführen. Im schulischen Bereich ergeben sich Schwierigkeiten, besonders hinsichtlich Lesen und Schreiben, die meisten können später für einfache, praktische Arbeiten angelernt werden. In standardisierten Intelligenztests werden Scores für den Intelligenzquotienten (IQ-Werte) im Bereich zwischen 50 bis 69 als Hinweis für leichte Intelligenzminderung angesehen. Früher und teilweise noch heute häufig benutzte Bezeichnungen sind Debilität oder leichte Oligophrenie[1]. *Mittelgradige Intelligenzminderung* (F71) ist durch IQ-Werte zwischen 35 und 49 gekennzeichnet; Sprachverständnis und Sprachgebrauch werden verzögert und nur in begrenztem Maße erworben; bei vielen ist Selbstversorgung nicht möglich, einige Betroffene "benötigen lebenslange Beaufsichtigung." Einfache praktische Tätigkeiten unter Aufsicht können im Erwachsenenalter meist verrichtet werden; Fähigkeit zu Kontakten und einfachen sozialen Aktivitäten besteht. Bei einem gewissen Anteil finden sich Epilepsie sowie "neurologische und körperliche Behinderungen", nicht selten werden frühkindlicher Autismus oder andere tiefgreifende Entwicklungsstörungen beobachtet. Bei der *schweren Intelligenzminderung* (F72) liegt der Intelligenzquotient im Bereich von 20 bis 34, das Leistungsniveau im allgemeinen entsprechend niedriger als bei der mittelgradigen Intelligenzminderung; motorische Schwächen und andere Ausfälle sind häufiger und schwerer. Bei Personen mit *schwerster Intelligenzminderung* (F73) wird ein Intelligenzquotient von weniger als 20 angenommen, was letztlich mehr auf Schätzungen als psychometrischen Untersuchungen beruht, da die Betroffenen "so gut wie unfähig sind, Aufforderungen oder Anweisungen zu verstehen oder sich danach zu richten." Die meisten sind "immobil oder sehr in ihrer Bewegungsfähigkeit eingeschränkt, inkontinent und zumeist nur zu sehr rudimentären Formen nonverbaler Kommunikation fähig"; sie benötigen "ständige Hilfe und Überwachung." Schwere körperliche Defizite mit Beeinträchtigungen der Motorik und von Seh- und Sinnesfunktionen sind häufig (verkürzt und vereinfacht nach ICD-10, S. 256 ff.).

Die *Häufigkeit* von geistiger Behinderung beziehungsweise Intelligenzminderung, also der Anteil von Personen mit einem IQ von 70 oder weniger beträgt nach Davison & Neale (1996, S. 530 ff.) in den USA circa 2,5%. Der Großteil davon (etwa 85%) ist nur leicht behindert, weist also Intelligenzquotienten von 50 oder mehr auf; Angehörige der unteren Einkommensschichten sind deutlich überrepräsentiert, die familiäre Häufung hier sehr ausgeprägt. Adoptionsstudien zeigen einerseits, daß die Intelligenz der leiblichen Eltern zweifellos einen gewissen Einfluß auf das intellektuelle Niveau Heranwachsender hat, andererseits lassen sich aus manchen Untersuchungen auch deutliche Belege für die diesbezügliche Bedeutung einer anregenden Umwelt ableiten (Comer 1995, S. 706 f.). Die sehr viel selteneren mäßigen und schweren geistigen Behinderungen sind hingegen weitgehend gleich über die Schichten verteilt. In der Population der Kinder und Jugendlichen sind Knaben doppelt so häufig wie Mädchen betroffen.

Bei etwa 25% der Fälle von Intelligenzminderung findet man bekannte *organische Ursachen*, wobei dieser Anteil bei den mittleren und schweren Formen deutlich höher liegt. Dazu gehören *Erbkrankheiten*, *Chromosomenstörungen*[2], weiterhin *Intrauterine* oder im Verlauf des *Geburtsvorganges eingetretene* Schädigungen, schließlich nach der Geburt vor allem *Infektionskrankheiten* und nicht zuletzt *Unfälle*. Die bekannteste Erbkrankheit in diesem Zusammenhang ist die (letztlich eher seltene) *Phenylketonurie*, eine rezessiv vererbte

Stoffwechselstörung, bei der durch Fehlen eines Enzyms die Aminosäure Phenylalanin nicht in Tyrosin verwandelt werden kann. Die erhöhte Konzentration von Phenylalanin beeinträchtigt die Myelinscheidenbildung und führt damit zu irreparablen Schäden im Zentralnervensystem; Metaboliten der Aminosäure häufen sich im Urin an und verleihen diesem einen charakteristischen Geruch. Mittels eines routinemäßig durchgeführten Tests des Urins läßt sich das Vorliegen der Krankheit sehr früh feststellen und durch konsequente phenylalaninarme Ernährung Schaden verhindern oder zumindest deutlich begrenzen. Die häufigste chromosomale Ursache von Intelligenzminderung ist das dreifache Vorhandensein des 21. Chromosoms (Trisomie 21); bei diesem sogenannten *Down-Syndrom*, auch Mongolismus genannt, finden sich neben zumeist leichter bis mittlerer Intelligenzminderung typische körperliche Erscheinungen wie Kleinwuchs, Mongolenfalte (Epikanthus), kurze und breite Hand, große Zunge; die Lebenserwartung ist typischerweise reduziert, aber im Laufe der letzten Jahrzehnte offenbar gestiegen und hängt nicht zuletzt von guten Pflegebedingungen ab. Die Wahrscheinlichkeit für Trisomie 21 steigt deutlich mit dem Alter der Mutter an, ist möglicherweise auch bei Kindern (sehr) betagter Väter erhöht.

Als intrauterine Schädigungen mit der Folge von geistiger Behinderung sind Infektionen der Mutter zu nennen (am bekanntesten dabei wohl die *Rötelnembryopathie*, daneben aber auch ähnliche Wirkungen auf den Fötus bei Toxoplasmose oder Syphilis), Alkoholmißbrauch der Schwangeren (*fötales Alkoholsyndrom* oder *Alkoholembryopathie*, s. 3.2.5), weiter serologische Unverträglichkeiten im ABO- oder im Rhesussystem. Hinzu kommen Schädigungen durch Sauerstoffmangel während einer verlängerten oder komplizierten Geburt und mechanische Verletzungen. Spätere exogene Faktoren für Intelligenzminderung sind frühkindliche Infektionen, insbesondere verschiedene Formen von *Hirnhautentzündung* (Meningitis), Ernährungsstörungen[3], und erwähntermaßen nicht selten auch Unfälle. Die nicht über die genannten Faktoren erklärbaren Formen von Intelligenzminderung werden zuweilen genuin genannt und betreffen vor allem leichtere Schweregrade; man nimmt hier einen multifaktoriellen Erbgang an, betont aber gleichzeitig die diesbezügliche Schädigung wenig anregender Umwelt oder sonst belastender Milieubedingungen (dargestellt im wesentlichen nach Comer 1995, S. 699 ff.; Davison & Neale 1996, S. 529 ff.; Möller 1997, S. 361 ff.).

Auf die Möglichkeit, intellektuelle Einschränkungen im Rahmen der Phenylketonurie durch diätetische Maßnahmen bis zu einem gewissen

Grade zu verhindern, war bereits oben hingewiesen worden. Gründliche Untersuchungen Schwangerer testen nicht nur serologische Unverträglichkeiten, sondern richten das Augenmerk auch auf eventuelle Infektionen; in diesem Rahmen sei auf die Rötelnimpfung von Frauen mit Kinderwunsch und fehlenden Antikörpern hingewiesen. Weiter besteht sinnvolle Prävention auch in der deutlichen Aufklärung der Öffentlichkeit über die Folgen größeren Alkoholkonsums Schwangerer, ebenso des Gebrauchs anderer psychotroper Substanzen wie beispielsweise Cannabisprodukten und Kokain. Erwähnt sei, daß durch Fruchtwasseruntersuchung neben erblichen Stoffwechselstörungen auch Chromosomenaberrationen bereits in einem frühen fötalen Stadium bestimmt werden können.

Medikamentöse Therapie geistiger Behinderung ist nicht sehr gebräuchlich. Für Möglichkeiten und Erfolgsaussichten von Förderungsmaßnahmen sei auf Lehrbücher der Pädagogischen Psychologie verwiesen; über entsprechende Programme in den USA sowie einzelne Ansätze (etwa computergestütztes Lernen oder kognitiv-verhaltenstherapeutisches Training von Problemlösefähigkeiten) berichten Comer (1995, S. 710 ff.) sowie Davison & Neale (1996, S. 545 ff.).

9.3 Frühkindlicher Autismus

In Abschnitt 8 der ICD-10 findet sich eine Rubrik "tiefgreifende Entwicklungsstörungen", die einerseits durch Beeinträchtigung von sozialer Interaktion und Kommunikation charakterisiert sind, andererseits durch ein "eingeschränktes, stereotypes, sich wiederholendes Repertoire von Interessen und Aktivitäten" auffallen. Meist besteht eine "gewisse allgemeine kognitive Beeinträchtigung", die Störungen sind "jedoch durch das Verhalten definiert, das nicht dem Intelligenzalter des Individuums" entspricht[4]; weiter wird darauf hingewiesen, daß in den "meisten Fällen von frühester Kindheit" an eine "auffällige Entwicklung" besteht, die Störungen fast ausnahmslos "seit den ersten 5 Lebensjahren" manifest sind.

Als erste, zahlenmäßig sicher weitaus bedeutendste und auch am klarsten beschreibbare "tiefgreifende Entwicklungsstörung" wird der *frühkindliche Autismus* (F84.0) genannt, definiert durch eine "abnorme oder beeinträchtigte Entwicklung" und Manifestation vor dem dritten Lebensjahr. Sie ist durch eine "gestörte Funktionsfähigkeit" in drei Bereichen charakterisiert, nämlich der "sozialen Interaktion, der Kommunikation und in eingeschränktem repetitiven Verhalten." In den diagnostischen Leitlinien wird dies ausgeführt: Die Beeinträchtigungen der sozialen Interaktionen zeigen sich danach unter anderem "in Form einer unangemessenen Einschätzung sozialer und emotionaler Signale wie z.B. im Fehlen von Reaktionen auf Emotionen anderer Menschen"; als Zeichen gestörter Kommunikation werden unter anderem angeführt: "Fehlen eines sozialen Gebrauchs vorhandener sprachlicher Fähigkeiten", "Fehlen von Gegenseitigkeit im Gesprächsausdruck", "geringe Flexibilität im Sprachausdruck und ein relativer Mangel an Kreativität und Phantasie im Denkprozeß", weiter mangelnde "emotionale Resonanz auf verbale und nonverbale Annäherungen anderer Menschen", beeinträchtigter Gebrauch von Sprachmelodie und begleitender Gestik als Hilfsmittel der Kommunikation. Als weiteres Charakteristikum werden "eingeschränkte, sich wiederholende und stereotype Verhaltensmuster, Interessen und Aktivitäten" genannt, was sich in der Tendenz zeigt, "große Teile alltäglicher Aufgaben starr und routiniert" auszuführen; die Kinder bestehen nicht selten darauf, "bestimmte Handlungsroutinen in bedeutungslosen Ritualen" auszuführen, "stereotype Beschäftigungen mit Daten, Fahrtrouten oder Fahrplänen" können vorkommen, motorische Stereotypien sind häufig; betont wird der "Widerstand gegenüber Veränderungen" von Handlungsabläufen und Merkmalen der Umgebung (etwa der Wohnungseinrichtung). Es werden einige weitere, weniger spezifische als die oben aufgeführten Charakteristika genannt, so die Neigung zu Selbstverletzung; betont wird, daß Autismus bei jedem Intelligenzniveau vorkommen könne, in etwa drei Viertel der Fälle jedoch "deutliche Intelligenzminderung" bestehe (stark verkürzt nach ICD-10, S. 282 f.).

Versucht man, diese vergleichsweise trockene und abstrakte Beschreibung etwas zu illustrieren, so fällt bei Begegnung mit autistischen Kindern zunächst wohl vor allem die *mangelnde Emotionalität und Kontaktfreudigkeit* auf, das *Ignorieren* der anderen (Hindurchsehen), die *mangelnde Reaktion auf Ansprechen*, das *Vermeiden von körperlicher Berührung* durch Verrenkungen des Körpers; häufig haben die Kinder statt dessen große Affinität zu leblosen Objekten, etwa Maschinen; sprachliche Äußerungen, sofern überhaupt vorgebracht, dienen nicht der Mitteilung. Im Verhalten fallen *stereotype*, endlos wiederholte *Bewegungen* auf; berichtet wird übereinstimmend von dem *Beharren auf Bestehendem*, etwa gleichen Grußformeln, gleichen Wegen, gleicher räumlicher Anordnung der Möbel; kleinste Veränderungen werden mit Zeichen von Wut oder Verzweiflung beantwortet. Insofern sind die Kinder durchaus nicht apathisch reaktionslos, wie man es zuweilen bei Intelligenzminderung erwarten würde; außerdem wird häufig betont, daß sie vielfach keineswegs den Eindruck geistig Behinderter machten, oft sogar auffällig hübsch seien; insbesondere ist die motorische Entwicklung häufig unauffällig. Gleichwohl weisen viele auch *neurologische Störungen* auf, leiden beispielsweise häufig an *Epilepsie*.

Im Gegensatz zu früher geäußerten Ansichten besteht bei autistischen Kindern sehr häufig eine Intelligenzminderung, die sich vor allem in Aufgaben bemerkbar macht, die sprachliche Fähigkeiten erfordern, weniger in solchen, bei denen es um visuell-räumliches Denken geht. Jedoch sind die oft zitierten Fälle spezieller Hochbegabung, etwa in puncto Rechenfähigkeiten ("idiots savants"), letztlich ziemliche Seltenheiten; üblich ist unterdurchschnittliches Abschneiden in allen Teilen von Intelligenztests.

Typischerweise beginnt die Störung sehr früh, äußert sich teils schon in den ersten Lebensmonaten durch fehlenden emotionalen Kontakt zu den Bezugspersonen. Die Prognose ist im allgemeinen schlecht: Etwa die Hälfte lernt überhaupt nicht zu sprechen; einigen, mittlerweile bereits etwas älteren Untersuchungen zufolge können nur etwa 5-20% der Betroffenen später ein leidlich angepaßtes Leben führen, der Großteil ist auf Hilfe angewiesen oder gar dauerhaft in Institutionen untergebracht.

Die Störung ist letztlich eher selten (etwa eines von 2000 Kindern), wobei rund 80% davon Knaben sind. Entgegen zuweilen vorgebrachten Behauptungen sind offenbar Kinder aus den oberen Einkommensklassen nicht häufiger betroffen, vielmehr scheinen diesbezüglich keine Schichtunterschiede zu bestehen. Angesichts der Seltenheit der Störung sind Nachweise der familiären Häufung nicht einfach zu erbringen; man wird jedoch davon ausgehen können, daß unter Geschwistern autistischer Kinder die Erkrankungshäufigkeit fünfzigfach größer als in der Allgemeinbevölkerung ist. Auch liegt die Konkordanzrate bei eineiigen Zwillingen deutlich höher als bei zweieiigen (dargestellt nach Davison & Neale 1996, S. 550 ff.); etwa 10 % bis 20% der Geschwister autistischer Kinder zeigen "eher subtile Beeinträchtigungen von Kommunikations- bzw. Sozialverhalten oder stereotype Verhaltensweisen" (Rios 1996, S. 381).

Die nosologische Einordnung des 1943 von Leo Kanner zuerst beschriebenen Syndroms (daher auch die Bezeichnungen Kannersches Autismus-Syndrom oder Kanner-Syndrom) ist unklar. Zunächst wurde es als eine kindliche Form der Schizophrenie aufgefaßt, wovon man aber weitgehend abgekommen ist. Seit der dritten Ausgabe des DSM wird es als "tiefgreifende Persönlichkeitsstörung" unter "Störungen, die gewöhnlich zuerst im Kleinkindalter, in der Kindheit oder der Adoleszenz diagnostiziert werden" in Achse I eingeordnet; auch in der ICD-10 ist es erwähntermaßen als "Entwicklungsstörung" unter F8 zu codieren. Die Ätiologie ist nach wie vor weitgehend ungeklärt. Die häufige Vergesellschaftung mit neurologischen Symptomen wie insbesondere Epilepsie und einige neuroradiologische Befunde (Hinweise auf mögliche Unterentwicklung von Teilen des Kleinhirns oder Gebieten der Großhirnrinde) legen zumindest für einen Teil der Fälle die Annahme einer *hirnorganischen Störung* nahe, wobei deren Ursache wiederum zu klären bleibt; die Rolle *genetischer* Faktoren oder *intrauteriner Schädigungen* (etwa bei Rötelnembryopathie) wird dabei diskutiert. Offen ist auch, ob sich die wiederholt festgestellte *erhöhte Serotoninaktivität* bei den betroffenen Kindern sicher bestätigen läßt und welche pathogenetische Bedeutung ihr zukommt. Die biologischen Erklärungsansätze haben in den letzten Jahren die lange favorisierten und auch in Laienkreisen verbreiteten psychologischen Entstehungsmodelle zurückgedrängt; ausgehend von den ersten Beschreibungen, die Kanner von den Eltern autistischer Kinder gegeben hatte, nämlich als kalt, überintellektuell und abweisend, wurde diesen (beziehungsweise etwas verbrämter: deren Interaktion mit den Kindern) die Schuld an der Entstehung der Störung angelastet: Die Kinder zögen sich aufgrund dieser Abweisung in ihre eigene Welt zurück, eine Ansicht, die etwa Bruno Bettelheim überzeugend zu vertreten wußte. Systematischere Untersuchungen der Eltern autistischer Kinder im Vergleich zu Eltern von Kindern mit anderen Behinderungen haben aber den Kannerschen Eindruck nicht bestätigen können; auch spricht das sehr frühe Auftreten der Störung sowie die immer deutlicher erkannten zusätzlichen somatischen Symptome gegen eine allzu gewichtige Rolle psychologischer Umweltfaktoren. Eine interessante, aber noch zu präzisierende und empirisch zu untermauernde Hypothese sieht frühkindlichen Autismus als primäre Störung der Aufmerksamkeit an, würde ihn damit möglicherweise wieder mehr in die Richtung der Schizophrenie (s. 4.2.6) rücken.

Eine standardmäßige *medikamentöse Behandlung* von frühkindlichem Autismus existiert nicht. Zuweilen werden Neuroleptika eingesetzt, insbesondere Haloperidol, vor allem bei aggressivem und selbstverletzendem Verhalten. Die Wirksamkeit von Serotoninantagonisten, die unter der Annahme einer Überaktivität dieses Transmittersystems zur Anwendung kommen (s.o.), sowie von Opiatrezeptorenblockern ist noch nicht eindeutig geklärt. Die augenblicklich gängigsten Therapiemethoden sind *operante Verfahren*, die Ausformung erwünschten Verhaltens mit systematischer Belohnung versuchen; die Schwierigkeit ist hier nicht zuletzt, einerseits überhaupt Interesse bei den Kindern zu finden, andererseits auch, geeignete Verstärker zu entwickeln, da solche sozialer Natur wie emotionale Zuwendung hier zumindest anfangs wenig Wirkung zeigen sollten. Immerhin weisen einige kontrollierte Studien mit diesen Verfahren Verbesserung intellektueller Fähigkeiten und Zunahme sozialer Kontakte nach (dargestellt nach Comer 1995, S. 694 ff. sowie Davison & Neale 1996, S. 558 ff.; s. auch Rios 1996, wo das therapeutische Vorgehen genauer beschrieben ist).

9.4 Hyperkinetische Störungen und Störungen des Sozialverhaltens

Als erste Untergruppe von Abschnitt 9 der ICD-10 werden die *hyperkinetischen Störungen* genannt (F90), als zweite *Störungen des Sozialverhaltens* (F91); da beide häufig gemeinsam auftreten, seien beide hier zusammen besprochen, wobei der Schwerpunkt aber eindeutig auf den hyperkinetischen Störungen liegen soll[1]. Diese Gruppe wird in der ICD-10 charakterisiert durch "frühen Beginn, die Kombination von überaktivem, wenig modulierten Verhalten mit deutlicher Unaufmerksamkeit und Mangel an Ausdauer bei Aufgabenstellungen"; als "Kardinalsymptome" werden in den diagnostischen Leitlinien "beeinträchtigte Aufmerksamkeit" und "Überaktivität" genannt. Erstere zeigt sich darin, daß "Aufgaben vorzeitig abgebrochen und Tätigkeiten nicht beendet" werden; die Kinder wechseln "häufig von einer Aktivität zur anderen." "Überaktivität" bedeutet "exzessive Ruhelosigkeit, besonders in Situationen, die relative Ruhe" verlangten. Sie kann sich "im Herumlaufen oder Herumspringen äußern, im Aufstehen, wenn dazu aufgefordert wurde, sitzenzubleiben, in ausgeprägter Redseligkeit und Lärmen oder im Wackeln und Zappeln." Um die Diagnose zu stellen, sollten Beeinträchtigung der Aufmerksamkeit und Überaktivität, gemessen am Alter und Intelligenzniveau, extrem ausgeprägt sein; beides sollte auch in mehr als einem situationalen Kontext vorkommen (also nicht ausschließlich zu Hause oder im Klassenraum); erwartet wird weiter, daß die Auffälligkeiten früh begonnen haben (vor dem 6. Lebensjahr) und von "längerer Dauer" sind. Einige Begleitmerkmale stützen die Diagnose, werden aber nicht als notwendig erachtet: "Distanzlosigkeit in sozialen Beziehungen, Unbekümmertheit in gefährlichen Situationen und impulsive Mißachtung sozialer Regeln (sie äußert sich in Einmischung in oder Unterbrechung von Aktivitäten anderer oder vorschnellem Beantworten noch nicht vollständig gestellter Fragen oder in der Schwierigkeit zu warten, bis man an der Reihe ist)." Lernstörungen und motorische Ungeschicklichkeit sollten nicht Bestandteil der Diagnose sein, auch wenn sie häufig mit den genannten Auffälligkeiten zu finden sind; sie sollten getrennt verschlüsselt werden. Regelrechte Störungen des Sozialverhaltens (welche deutlich über die geschilderte "Distanzlosigkeit in sozialen Beziehungen" hinausgehen), werden weder als "Ein- noch Ausschlußkriterien für die Diagnose" betrachtet (stark verkürzt nach ICD-10, S. 293 ff.). Je nachdem, ob zusätzlich Störungen des Sozialverhaltens vorhanden sind, wird die *einfache Aktivitäts- und Aufmerksamkeitsstörung* (F90.0) von der *hyperkinetischen Störung des Sozialverhaltens* (F90.1) unterschieden; für die letztere Diagnose müssen sowohl die Kriterien für eine hyperkinetische Störung wie die einer Störung des Sozialverhaltens (s.u.) erfüllt sein. Anders als es die vornehmlich auf kindliches Verhalten bezogenen obigen Beschreibungen vermuten lassen, kann die Diagnose einer hyperkinetischen Störung ebenso bei Erwachsenen gestellt werden und wäre mit denselben Codenummern zu verschlüsseln; viele Personen mit hyperkinetischen Störungen in der Kindheit legen dieses Verhalten auch später nicht ab (s.u.).

Störungen des Sozialverhaltens (F91) sind "durch ein sich wiederholendes und andauerndes Muster dissozialen, aggressiven und aufsässigen Verhaltens" charakterisiert. Das gezeigte abweichende Verhalten solle "schwerwiegender sein als gewöhnlicher kindischer Unfug oder jugendliche Aufmüpfigkeit"; einzelne "dissoziale oder kriminelle Handlungen" sind allein kein Grund für die Diagnose, für die ein "andauerndes Verhaltensmuster" gefordert ist. Als Beispiele für Verhaltensweisen, welche die Diagnose begründen, werden angegeben: "Extremes Maß an Streiten oder Tyrannisieren, Grausamkeit gegenüber anderen Menschen oder gegenüber Tieren, erhebliche Destruktivität gegen Eigentum, Feuerlegen, Stehlen, häufiges Lügen, Schulschwänzen und Weglaufen von zu Hause, ungewöhnlich häufige oder schwere Wutausbrüche und Ungehorsam." Jedes dieser Beispiele ist "bei erheblicher Ausprägung" ausreichend für die Diagnose; "isolierte dissoziale Handlungen" genügen hingegen nicht. Weiter soll die Diagnose nur gestellt werden, wenn die Dauer des oben beschriebenen Verhaltens mindestens sechs Monate beträgt (verkürzt nach ICD-10, S. 297 ff.).

Angaben zur Häufigkeit der hyperkinetischen Störung schwanken aufgrund der divergierenden Definitionen und teils unscharfen Beschreibungen erheblich. Eine realistische Schätzung dürfte sein, daß etwa 3-5% der Kinder daran leiden; für die etwas weiter gefaßte "minimale cerebrale Dysfunktion" (s. Anmerkung 5) gibt Möller (1997, S. 371) eine Prävalenz von über 10% an. Jungen sind übereinstimmend von diesen Störungen häufiger betroffen, wobei das Verhältnis etwa 4:1 beträgt. Die Angaben dürften sich im wesentlichen auf Schulkinder beziehen; im Vorschulalter ist man mit der Diagnose sehr zurückhaltend (ICD-10, S. 295). Daten zur Prävalenz bei Erwachsenen liegen kaum vor; man geht aber davon aus, daß mehr als 70% der Kinder mit Hyperaktivitätsstörung die Symptome auch noch im Erwachsenenalter aufweisen. Die auch in der ICD-10 hervorgehobene Vergesellschaftung mit Lernstörungen zeigen etwa 20-25% der betroffenen Kinder; die Diagnosen Verhaltensstörungen (wohl im Sinne von Störungen des Sozialverhaltens) und hyperkinetische Störung sollen sich in 30% bis 90% der Fälle überlappen. Die Prävalenz solcher "Verhaltensstörungen" wird recht hoch geschätzt: 6% bis 16% der Jungen, zwischen 2% und 9% der Mädchen unter 18 Jahren nach bei Comer (1995, S. 686) angeführten Zahlen, 8% der Jungen und etwa 3% der Mädchen zwischen 4 und 16 Jahren nach einer Studie, welche bei Davison & Neale (1996, S. 500) dargestellt ist. Die Prognose des kindlichen antisozialen Verhaltens ist insgesamt gesehen nicht gut; immerhin werden aber aus Kindern mit antisozialen Störungen in weniger als der Hälfte der Fälle antisoziale Erwachsene. Familiäre Häufung der Hyperaktivität ist gut belegt; Konkordanzraten von 51% für eineiige, von 33% für zweieiige Zwillinge werden berichtet (Zahlen im wesentlichen nach Comer 1995, S. 683 ff. sowie Davison & Neale 1996, S. 493 ff.).

Als Grundlage der hyperkinetischen Störungen nimmt man *cerebrale Aktivitätsdefizite* an, insbesondere in den frontalen Arealen, was aber offenbar bis jetzt keineswegs in aller Eindeutigkeit durch einschlägige neuroradiologische Studien (etwa PET-Untersuchungen) gezeigt wurde. Vermutungen gehen dahin, daß das hyperaktive Verhalten der Eigenstimulation dient (daher auch die Therapie mit Psychostimulantien, s.u.). Die Ursachen sind wenig erforscht; neben einer möglicherweise genetischen Komponente wären wohl intrauterine, perinatale und frühkindliche Schädigungen zu diskutieren. In den letzten Jahren ist auch die Vorstellung verursachender *Umweltgifte* populär geworden, etwa Lebensmittelzusätzen diesbezügliche Schädlichkeit nachgesagt worden; zudem wurde – ebenfalls auf letztlich schwacher empirischer Basis – erhöhte Bleikonzentration in der Atemluft angeschuldigt. Psychologische Genesetheorien hyperkinetischer Störungen, wie sie bei Comer (1995, S. 689) sowie Davison & Neale (1996, S. 497 f.) dargestellt sind, gehen wenig über alltagspsychologische

Erklärungsversuche hinaus; nicht versäumt wird, darauf hinzuweisen, daß die Beachtung durch die Umwelt die Störung aufrecht erhalten kann. Die Ursache antisozialen Verhaltens bei Kindern ist noch weniger geklärt; entsprechende Diskussionen basieren eher auf vorgefaßten Anschauungen als auf sicheren Befunden. Die Vergesellschaftung mit hyperkinetischen Störungen läßt eine gewisse, ätiologisch ungeklärte Rolle neurophysiologischer Vorgänge annehmen; gleichzeitig ist es unstreitbar, daß negative Umwelteinflüsse (broken homes, Alkoholismus in der Familie, mangelnde positive Modelle) eine quantitativ schwer abzuschätzende Rolle spielen.

Die *medikamentöse Therapie* der Aufmerksamkeitsstörungen geschieht typischerweise mit *Psychostimulantien* der Amphetamingruppe, wobei Methylphenidat (Ritalin®) hier am gebräuchlichsten ist. Nachweislich vermindert sich durch diese Substanzen, die bei Erwachsenen das Aktivitätsniveau steigern (s. 3.5), bei auffälligen Kindern das hyperkinetische Verhalten (paradoxe Reaktion); man vermutet, daß durch die induzierte cerebrale Aktivitätserhöhung die Notwendigkeit der Eigenstimulation entfällt, ein Modell, welches jedoch in der letzten Zeit etwas in Frage gestellt wurde (Davison & Neale 1996, S. 497); eingesetzt werden daneben Neuroleptika und Antidepressiva (Knölker & Schulte-Markwort 1996, S. 250). Auch *Diätmaßnahmen* werden empfohlen ("Feingold-Diät", bei der insbesondere auf Lebensmittelzusätze verzichtet wird); anfangs euphorisch propagiert, scheinen sie mittlerweile an Popularität eingebüßt zu haben. Psychologische Therapie hyperkinetischer Störungen basiert vornehmlich auf *operanten Prinzipien*, nämlich Belohnung erwünschten und Negierung beziehungsweise Bestrafung fehlangepaßten Verhaltens; Erfolge scheinen vor allem dann nachzuweisen, wenn gleichzeitig eine pharmakologische Behandlung durchgeführt wird. Eine spezifische medikamentöse Therapie kindlicher Störungen des Sozialverhaltens existiert nicht; liegen zusätzlich Hyperaktivitätsstörungen vor, wäre möglicherweise der Einsatz von Psychostimulantien zu erwägen. Über psychologische Methoden zur Behandlung der Störungen, etwa einsichtsorientierte Verfahren zur Modifikation von Fehleinschätzungen, Üben von Problemlösefähigkeiten oder Strategien zu verbesserter Selbstkontrolle berichten Davison & Neale (1996, S. 504); ob diese in spezifischen Settings sicher teilweise erfolgreichen Interventionen außerhalb eines solchen Rahmens praktikabel und effizient sind, bleibt zu klären.

10. Anmerkungen

Kapitel 1

1 Im Versuch, Freuds zahlreiche wissenschaftliche Prioritätsansprüche als un-
berechtigt hinzustellen, hat man Janets tatsächliche Leistung weit übertrieben.
Ich bin darauf an verschiedenen Stellen eingegangen (Köhler 1990, S. 160 ff;
Köhler 1996, S. 70 ff.); man vergleiche dazu auch 6.6.2 sowie Fußnote 18 in
Kapitel 6.

2 So wurde die neuroleptische Wirkung von Chlorpromazin 1952 bei der Suche
nach Antihistaminika erkannt, der stimmungsaufhellende Effekt der MAO-
Hemmer bei der Behandlung mit Tuberkulostatika beobachtet; die psychotrope Wirkung von Lithiumsalzen wurde ebenfalls durch einen Zufall festgestellt.

Kapitel 2

1 Die früher übliche Unterscheidung zwischen Morbus Alzheimer im Sinne von
präseniler Demenz und der senilen Demenz vom Alzheimer-Typ mit ähnli
chen neuropathologischen Veränderungen ist heute weitgehend aufgegeben;
es handelt sich wohl um verschiedene Verlaufsformen ein- und derselben
Krankheit (s. Möller 1997, S. 166). Auch der Terminus "Demenz vom Alzheimer-Typ" (DAT), der zuweilen zur Bezeichnung sowohl der präsenilen
wie senilen Demenz mit den Symptomen der Alzheimer-Krankheit verwendet
wird (etwa Gutzmann 1996, S. 69 ff.), taucht im Vokabular der ICD-10 nicht
auf.

2 Die Creutzfeldt-Jakob-Krankheit ist in den letzten Jahren in das öffentliche
Interesse gerückt, da die pathologisch-anatomischen Veränderungen im wesentlichen der bovinen spongiformen Enzephalopathie (BSE) entsprechen,
die möglicherweise durch Prionen, kleine Proteinkörperchen, hervorgerufen
wird; zur Diskussion steht, ob und wie diese Erreger vom Rind auf den Menschen übertragen werden.

3 Die früher übliche Unterscheidung zwischen Parkinsonsyndrom als charakte-
rististischer Symptomkombination (Tremor, Rigor, Akinesie) im Rahmen
mehrerer Erkrankungen mit Veränderung der Dopaminaktivität einerseits und
Parkinsonscher Krankheit andererseits, bei der es zu einer möglicherweise
genetisch angelegten Degeneration der Substantia nigra mit Untergang dopaminerger Neurone kommt, wird zunehmend aufgegeben. In diesem Sinne
wäre es vielleicht zweckmäßiger zu sagen, daß in Begleitung des Parkinsonsyndroms auch häufig eine Demenz auftritt.

Kapitel 3

1 Der schlecht definierte Begriff "Droge" taucht in der ICD-10 nicht auf. Droge, in der Pharmakologie im allgemeinen als Synonym für Pflanzenprodukt verwendet, wird in der Suchtforschung in Laienkreisen zumeist im Sinne von rauscherzeugender Substanz gebraucht, jedoch üblicherweise nicht auf die legalen psychotropen Substanzen wie Alkohol und Tabak angewendet. Droge ist daher in der Regel eine Bezeichnung für illegale psychotrope Substanzen, insbesondere Opioide und Kokain. Die Verschwommenheit und Vorbelastetheit des Begriffs Droge dürfte ihn bald aus dem wissenschaftlichen Sprachgebrauch verschwinden lassen.

2 In psychiatrischen Lehrbüchern wird nicht selten der Begriff "exogene Psychose" verwendet, der in der ICD-10 nicht zu finden ist. Es handelt sich um psychopathologische Auffälligkeiten (beispielsweise Veränderungen der Wahrnehmung), die auf äußere Bedingungen, etwa Verletzungen, Infektionen oder Substanzeinnahme zurückgeführt werden können. Der Alkoholrausch, deutlicher noch die Intoxikationen mit Kokain oder Halluzinogenen, wären Beispiele für exogene Psychosen, ebenso Delirium tremens oder Alkoholhalluzinose.

3 Diese Schilderung bedenklicher körperlicher und psychischer Veränderungen, die im wesentlichen nicht Folge mäßigen Alkoholgenusses, sondern exzessiven Trinkens über Jahre und Jahrzehnte sind, sollte nicht den Eindruck erwecken, daß Alkohol nur schädlich sein kann. Im Gegenteil ist nachgewiesen, daß Alkohol, insbesondere wohl Rotwein mit seinem hohen Anteil von Polyphenolen, die Konzentration des LDL-Cholesterins im Blut senkt und so der Gefäßsklerose, speziell an den Koronarien, entgegenwirkt; möglicherweise wird auch die Blutgerinnung verändert mit der geringeren Gefahr von Thrombosebildungen; entsprechend gilt nach ziemlich übereinstimmender Meinung der mäßige Genuß von Wein (etwa wohl 1-2 Gläser/Tag) nicht nur als unschädlich, sondern sogar als wirksame Vorbeugung gegen Koronarsklerose und Herzinfarkt.

4 Die Bezeichnung Korsakow-Syndrom wird in der psychiatrischen Literatur unterschiedlich benutzt, zum einen als Synonym für organisches Psychosyndrom, also in der Bedeutung von Demenz, zum anderen als Synonym für amnestisches Syndrom allgemein, zum dritten zur Bezeichnung des amnestischen Syndroms bei Alkoholismus.

5 Alkoholabusus wie Genuß anderer psychotroper Substanzen kann auch eine Demenz bedingen, die in der ICD-10 vom amnestischen Syndrom unterschieden wird und mit F1x.73 zu codieren ist.

6 "Alkaloid" ist nicht einfach zu erläutern. Es muß genügen, daß es sich um zumeist ringförmige basische Moleküle mit Stickstoffanteil handelt, die im wesentlichen in Pflanzen gefunden werden und auf das Nervensystem von Tieren wirken. Sie dienen wohl dem Schutz, etwa vor Gefressenwerden. Einige wichtige psychotrope Substanzen sind Alkaloide, neben den natürlichen Opioiden auch Nikotin und Kokain.

7   Morphin ist von Morpheus, dem griechischen Gott des Schlafes, abgeleitet. Die Bezeichnung Morphium, vom Entdecker Sertürner gewählt, wird heute eher umgangssprachlich verwendet und kommt zugunsten von Morphin aus dem Gebrauch.

8   Die anatomischen und physiologischen Grundlagen der Schmerzleitung seien nur angedeutet: Die von den Nociceptoren ("Schmerzrezeptoren") ausgehenden Fasern zur Leitung des dumpfen, langsamen Schmerzes (protopathische Sensibilität) treten im Hinterhorn in das Rückenmark ein und werden dort auf ein zweites Neuron umgeschaltet. Dieses zieht nach Kreuzung zum Thalamus, das dort entspringende dritte Neuron zum somatosensorischen Cortex. Absteigende Fasern von der Formatio reticularis enden an der Synapse von erstem und zweitem Neuron und dämpfen dort mittels endogener Opioide die Übertragung; Rezeptoren für endogene Opiate können von den wesentlich stärkeren nicht-endogenen Opioiden besetzt und damit die Erregungsübertragung über das physiologische Maß hinaus reduziert werden. Daneben gibt es Bahnen der epikritischen Sensibilität (zur Leitung des scharfen, schnellen Schmerzes); Opioide nehmen darauf offenbar nicht Einfluß (Snyder 1994, S. 55).

9   Subsumierung unter Sedativa scheint bei den Opioiden ebensowenig sinnvoll wie bei Alkohol. Beide werden in der ICD-10 als eigenständige Stoffklassen behandelt.

10 Barbiturate haben offensichtlich eine euphorisierende Wirkung und ähneln darin dem Alkohol. Der vorgegebene Raum gestattet nicht, auf diese theoretisch interessante, klinisch jedoch zunehmend unbedeutendere Substanzgruppe einzugehen.

11 Der aufgenommene Stoff ist im wesentlichen nicht mehr Kokain, sondern das schwächere Ecgonin, welches nur eine aktivitätssteigernde, keine euphorisierende Wirkung hat; insofern wird diese Art des Genusses gegenüber dem Kokainkonsum als vergleichsweise harmlos erachtet (von Scheidt 1982). Übrigens wurde Coca-Cola früher aus den Blättern des Coca-Strauches hergestellt und enthielt Kokain; heute werden dazu Blätter einer Coca-Unterart verwendet, denen man das Kokain entzogen hat (Scheffer 1982).

12 Lesenswerte Beschreibungen der Kokainwirkung finden sich in frühen Publikationen Sigmund Freuds (etwa "Über Coca" aus dem Jahre 1884); Freud hatte selbst über etwa drei Jahre Kokain konsumiert und auch andere zum Gebrauch angehalten. Aufgeschreckt durch Mißbrauch und körperliche Schäden eines Kollegen, dem er Kokain therapeutisch empfohlen hatte, zudem in Fachkreisen angegriffen, stellte er den Konsum völlig ein. Mehrere kritische Autoren haben fälschlich daraus abgeleitet, das Lehrgebäude der Psychoanalyse sei einem toxisch geschädigten Gehirn entsprungen; ich bin auf diese sogenannte Kokainepisode im ersten Band meiner Monographie über das Werk Freuds eingegangen (Köhler 1990, S. 19 f.).

13 Ein Großteil der Amphetamine ist in Deutschland aus dem Handel genommen worden, der Rest unter das Betäubungsmittelgesetz gestellt worden. Bekanntere Präparate sind Captagon® (Fenetyllin) oder Ritalin® (Methylphenidat);

Indikationen sind neben hyperkinetischen Störungen hauptsächlich die Narkolepsie (Schlafanfälle). Zur Appetitzügelung werden sie nicht mehr empfohlen. Hier kommen andere sympathomimetische Stoffe zum Einsatz, deren psychostimulierende Wirkung nicht zu vernachlässigen ist (s. Benkert 1995, S. 116 f.).

14 *Halluzinationen* (Trugwahrnehmungen) sind Wahrnehmungen, die nicht durch einen äußeren Gegenstand ausgelöst werden, bei denen dieser aber für den Betroffenen zu existieren scheint. Bei *Pseudohalluzinationen* wird der nicht vorhandene Gegenstand zwar wahrgenommen, jedoch an seiner Existenz gezweifelt. *Illusionen* werden durch ein vorhandenes Objekt ausgelöst, entsprechen ihm aber nicht. Beispiel sind illusionäre Verkennungen im Delir, etwa von Gegenständen als Personen. Bei *Derealisationserlebnissen* scheint alles unwirklich, wie nur vorgestellt, bei *Depersonalisationserlebnissen* wird der eigene Körper als fremd, nicht zur eigenen Person gehörig erlebt.

15 Die Terminologie scheint uneinheitlich: Oft wird als Ecstasy nur das 3,4-Methylen-Dioxymethamphetamin (MDMA) bezeichnet, zuweilen dieses sowie andere Amphetaminderivate (Methoxyamphetamine) ähnlicher Wirkung. MDMA wirkt offensichtlich serotoninagonistisch, hat eine schwach hemmende Wirkung auf die Monoaminoxydase und die Wiederaufnahme von Dopamin und Noradrenalin. Todesfälle unmittelbar nach Einnahme werden mit erhöhter Serotoninaktivität erklärt, die Neurotoxizität durch Zerstörung serotonerger Nervenendigungen (s. Fritze 1997).

16 Bei den Acetylcholinrezeptoren im vegetativen Nervensystem unterscheidet man nikotin- und muskarinerge. Die ersten werden nicht nur durch Acetylcholin, sondern auch Nikotin erregt und sitzen im wesentlichen im zweiten Neuron der sympathischen und parasympathischen Bahnen. Nikotin führt daher zu erhöhter Feuerungsrate im zweiten Neuron und verstärkter Aktivität des Effektororgans. In höheren Dosen blockiert es die Weiterleitung, so daß die Wirkungen schwächer ausfallen als bei Nichtkonsum. Da die Acetylcholinrezeptoren der motorischen Endplatte nikotinerg sind, finden sich auch dosisabhängige motorische Effekte, etwa Muskelrelaxation.

Kapitel 4

1 Es ist zu betonen, daß hier Demenz in anderem Sinne verwendet wird als bei der Bezeichnung "dementielles Syndrom". Gedächtnisstörungen und Einschränkung der intellektuellen Fähigkeiten finden sich bei Schizophrenie typischerweise nicht, auch nicht im schizophrenen Residualzustand. Auffällig ist hier ein Rückzug aus sozialen Aktivitäten, zunehmende Interessen-und Antriebslosigkeit sowie affektive Gleichgültigkeit; nach ICD-10 (S. 103) können sich bei der Schizophrenie jedoch "im Laufe der Zeit" gewisse, nicht näher spezifizierte "kognitive Defizite" entwickeln.

2 Der Name Schizophrenie ist mißverständlich und insofern unglücklich. Auch gebildete Laien sind nicht selten der Auffassung, das Charakteristikum der Schizophrenie sei eine Persönlichkeitsspaltung im Sinne des Vorliegens meh-

rerer abwechselnd agierender, unterschiedlicher Persönlichkeiten. Tatsächlich ist dieses im Vergleich zur Schizophrenie extrem seltene Störungsbild den dissoziativen Störungen (nach früherer Terminologie: der Hysterie) zuzuordnen (s. 6.6).

3   Der problematische Psychosebegriff taucht in der ICD-10 nicht mehr auf. Der Terminus "psychotisch" wird, wenn auch in eingeschränkter Bedeutung, weiter verwendet und bezeichnet wahnhafte und halluzinatorische Symptomatik.

4   Die sprachlichen Produkte Schizophrener erinnern an die Resultate der von Freud beschriebenen Traumarbeit: Auch dort werden Verdichtungen vorgenommen in Form des Zusammenziehens von Worten oder Verschmelzens von Vorstellungen; Verschiebungen, Ersetzungen von Vorstellungen durch assoziativ oft nur locker damit verbundene andere, verleihen dem Trauminhalt den Charakter des Wirren, Unzusammenhängenden (vgl. Köhler 1995, S. 31 ff.).

5   Paranoia (von griechisch: para = neben und nous = Denken) bedeutet Wahn im allgemeinen, wird aber häufig nur in der Bedeutung "Verfolgungswahn" gebraucht.

6   An sich ist der auf Bleuler zurückgehende Begriff Ambivalenz anders definiert, nämlich als Nebeneinanderbestehen gegensätzlicher Gefühlsregungen. In der psychiatrischen Terminologie wird er eher im oben eingeführten Sinne gebraucht.

7   Katatonie, Katalepsie und flexibilitas caerea scheinen nicht eindeutig definiert. Katatonie bezeichne hier allgemein das Auftreten deutlicher psychomotorischer Symptome, gleich ob bewegungsarm oder in Form verstärkter Motorik, Katalepsie Verharren in bestimmten Stellungen, flexibilitas caerea (wächserne Biegsamkeit) die leichte passive Formbarkeit der Stellungen.

8   Wenig kongruent mit der Definition der Minussymptomatik subsumiert Gaebel (1996) darunter auch die Störungen der Psychomotorik. Hingegen passen nach Davison & Neale (1996, S. 453) weder inadäquate Affekte noch katatone Symptomatik in die eine oder andere der Kategorien, und Comer (1995, S. 549) bildet neben den Gruppen der Positiv- und der Negativsymptomatik noch eine eigene für die psychomotorischen Symptome; ICD-10 (S. 105) rechnet zu den negativen Symptomen nicht nur Affektverflachung, sondern auch inadäquate Affekte, nicht die katatonen Symptome.

9   Für Außenstehende ist schwer nachvollziehbar, aufgrund welches der Kriterien (Symptomatologie oder Erstmanifestationsalter) die diagnostische Zuordnung erfolgt; möglicherweise ist das praktische Problem insofern kleiner, als bei frühzeitig eintretenden Schizophrenien affektive Symptomatik häufig das Bild bestimmt. Man findet für die Bezeichnung zwei Herleitungen: Hebephrenie als in der Jugend (griechisch: hebe) auftretende Schizophrenie oder als schizophrene Störung mit vorwiegend läppisch-witzelnder Symptomatik (nach dem albern-schalkhaften Verhalten von Hebe, der Göttin der Jugend).

10   Mittels Computertomographie (CT) lassen sich, wie mit Kernspintomographie, nur strukturelle Veränderungen darstellen, etwa Ventrikelerweiterungen.

Bei der Positronenemissionstomographie (PET) werden radioaktiv markierte Stoffe zugeführt, deren Weg aufgrund der emittierten Strahlung verfolgt werden kann. Durch markierte 2-Desoxyglukose beispielsweise, die sich mangels Abbaumöglichkeiten in den Zellen anhäuft, lassen sich aktivierte Areale darstellen. PET wird in der Schizophrenieforschung auch für Rezeptorbindungsstudien eingesetzt, indem mittels radioaktiv markierten Dopamins oder Neuroleptika Bindungsorte und Dichte der Bindungsstellen bestimmt werden.

11 Diese Sachverhalte werden verständlicher, wenn man zwischen Ätiologie und Pathogenese unterscheidet. Als *Ätiologie* einer Krankheit faßt man die Bedingungen zusammen, unter denen sie sich mit erhöhter Wahrscheinlichkeit entwickelt; beispielsweise wäre die Ätiologie der Leberzirrhose langjähriger Alkoholkonsum oder chronisch verlaufende Infektion mit dem Hepatitis B-Virus. Hätte der Alkoholkonsum nicht stattgefunden oder wäre die Infektion nicht eingetreten, wäre mit gewisser Wahrscheinlichkeit auch keine Leberzirrhose entstanden. Die *Pathogenese* der Zirrhose besteht unter anderem in der entzündlichen Zerstörung des Lebergewebes und Ersetzung durch Bindegewebsfasern. Es wäre nicht korrekt zu sagen, die entzündliche Zerstörung sei Ursache der Zirrhose. In diesem Sinne ist die Dopaminhypothese eine Vermutung über die Pathogenese, nicht die Ätiologie.

12 Erwähntermaßen liegt die Schwierigkeit darin, daß diese Studien zumeist an lange erkrankten und über Jahrzehnte mit Neuroleptika behandelten Personen erfolgen; die zahlenmäßige Zunahme der Dopaminrezeptoren kann man mit mindestens derselben Berechtigung als Effekt der Therapie auffassen.

13 Eine Überblicksarbeit, die Entstehungstheorien einer Anzahl psychischer Störungen skizziert, kann hier nicht detaillierter sein. Eingehen auf diese Genesemodelle hätte eine Einführung in die komplizierte und in sich nicht widerspruchsfreie Freudsche Narzißmustheorie erfordert (s. dazu Köhler 1993, S. 27 ff. und S. 234 ff. sowie Köhler 1995, S. 65 ff.).

14 Das Konzept der *Basisstörungen* oder *Basissymptome* – nicht zu verwechseln mit den Bleulerschen Grundsymptomen der Schizophrenie – findet zunehmend größere Beachtung (s. hierzu Kraemer & Möller 1994, S. 17 ff.). Es handelt sich dabei um nicht unbedingt auffällige kognitive Defizite, insbesondere Störungen der Informationsaufnahme und Verarbeitung, bei deren Vorliegen prinzipiell tolerierbare Umweltreize zur Entwicklung auffälliger Symptome wie Wahn oder Halluzinationen führen können. Auf diesem Hintergrund sind Verfahren zur Verbesserung kognitiver Fähigkeiten bei der Therapie Schizophrener begründet (s. 4.2.9).

15 Der Begriff Borderline-Persönlichkeit wird heute in anderem Sinne verwendet: Es handelt sich um Personen, die vor allem durch emotionale Instabilität gekennzeichnet sind; auffällig ist die Neigung zu intensiven, aber wenig stabilen Beziehungen; die Unterschiede zur Schizotypie mit sozialem Rückzug sind deutlich (s. 8.2.2).

Kapitel 5

1 Ein mit Hormonveränderungen zusammenhängendes depressives Syndrom stellt die *postpartale Depression* (Kindbettdepression) dar; die Pathogenese ist unklar, medikamentöse Therapie meist nicht erforderlich. Umstritten ist, ob es eine "klimakterische Depression" gibt; möglicherweise handelt es sich um ein zufälliges Zusammentreffen einer depressiven Episode mit hormoneller Umstellung.

2 Monophasisch (entsprechend biphasisch, multiphasisch) bezieht sich auf die Zahl der Episoden; die Bezeichnungen unipolar (monopolar) und bipolar geben Hinweise auf die Richtung von Stimmung und Antrieb im Falle von mehr als einer Episode: Eine unipolare (rezidivierende) depressive Störung ist durch eine Folge von ausschließlich depressiven Phasen gekennzeichnet; analog wäre eine unipolar manische Störung definiert (wobei der Begriff allerdings in der ICD-10 nicht auftaucht, s. 5.4). Bei einer bipolaren affektiven Störung ist mindestens je eine manische und depressive Episode zu beobachten. Selten gibt es auch Störungen, bei denen innerhalb ein- und derselben Phase im Wechsel depressive und manische Symptomatik zu finden ist; die Bezeichnung dafür lautet "gemischte Episode einer bipolaren affektiven Störung" oder "gemischte affektive Episode".

3 Nach Haug (1996a, S. 143) hat das Erstmanifestationsalter depressiver Störungen einen Häufigkeitsgipfel um das 30., einen zweiten nach dem 60. Lebensjahr; nach Möller (1997, S. 224) beginnen rezidivierende depressive Störungen im Mittel im fünften Lebensjahrzehnt. Schuld an diesen Diskrepanzen ist wohl, daß in den deutschen Daten besonders endogen depressive Phasen berücksichtigt wurden, in den amerikanischen auch leichtere, nach alter Terminologie reaktiv depressive Verläufe. Dieselbe Unsicherheit ergibt sich hinsichtlich Häufigkeit depressiver Störungen.

4 Versuche, durch Vorstufen der Transmitter depressive Syndrome zu bessern, sind wenig überzeugend ausgefallen. L-Tryptophan als Vorstufe des Serotonin wurde als Antidepressivum eingesetzt, hat aber die Erwartungen nicht erfüllt und wurde wegen Nebenwirkungen aus dem Handel genommen (Gastpar 1996, S. 298). Umgekehrt hat man durch tryptophanarme Diät Depressionen hervorrufen können (s. Davison & Neale 1996, S. 272), ein noch nicht hinreichend replizierter Befund.

5 Auch Veränderungen anderer Hormonsysteme wurden mit Depression in Verbindung gebracht, etwa Störungen der Achse Hypothalamus-Hypophyse-Schilddrüse; in jüngster Zeit hat sich die Forschung, angeregt durch Tagesschwankungen bei depressiven Patienten und dem Effekt von Lichtexposition, auf das *Melatonin* konzentriert, das Hormon der Zirbeldrüse. In Zeiten vermehrter Dunkelheit wird mehr Melatonin ausgeschieden, und es kommt zu Verlangsamung biologischer Funktionen, als deren pathologische Steigerung man die Depression ansieht (s. Comer 1995, S. 312). Derzeit handelt es sich nicht um mehr als eine Hypothese, zu der immerhin die saisonalen Stimmungstiefs vieler depressiver Personen passen würden.

6 Auf die Befunde der Life event-Forschung bei Depressiven kann hier nicht eingegangen werden (s. dazu Hautzinger 1997, S. 181 ff.). Offensichtlich finden sich tatsächlich vor Ausbruch depressiver Episoden gehäuft aversive Lebensereignisse, wobei allerdings die generell negative Sicht neutraler oder gar positiver Vorkommnisse bei Depressiven zu berücksichtigen ist.

7 Weitere "biologische" oder "somatische" Verfahren, die zuweilen zur Anwendung kommen, sind Elektrokrampfbehandlung, therapeutischer Schlafentzug und Lichttherapie. *Elektrokonvulsivbehandlung* oder *Elektrokrampftherapie* (EKT), deren Einzelheiten, Indikationen, Kontraindikationen und Nebenwirkungen bei Haug (1996b) dargestellt sind, wird im wesentlichen nur noch zur Behandlung therapieresistenter schwerer Depressionen eingesetzt; dabei sollen die Response-Raten auch jener Patienten hoch sein, deren Symptomatik sich unter Antidepressiva wenig verändert.
Eine oft wirksame Maßnahme bei depressiven Zuständen diverser Genese stellt *Schlafentzug* dar (auch "Wachtherapie" oder "Nachttherapie" genannt). Beim totalen Schlafentzug werden die Patienten für eine Nacht wachgehalten, worauf sich häufig am folgenden Tag eine Besserung einstellt, die aber oft nach der nächsten nicht durchwachten Nacht zurückgeht; deshalb werden mehrere Schlafentzüge pro Woche durchgeführt, neben totalen auch partielle, vorzugsweise mit Wecken in der zweiten Nachthälfte (für Einzelheiten s. Haug 1996b). Die Wirkungsweise dieser meist mit antidepressiver Medikation kombinierten Therapie ist zu wenig geklärt, um hier eine ausführlichere Diskussion zu rechtfertigen (s. dazu etwa Carlson 1991, S. 597 ff.).
Lichttherapie wird hauptsächlich bei Patienten mit saisonal abhängigen Depressionsformen eingesetzt und hat hier deutliche Erfolge, was für die übrigen depressiven Syndrome umstritten ist. Die Patienten werden dabei täglich, vorzugsweise morgens, circa eine Stunde künstlichem Licht ausgesetzt, dies etwa für eine Woche. Die Mechanismen sind nicht geklärt; diskutiert wird ein verstärkter Reiz auf die "Zeitgeber", die den circadianen Rhythmus kontrollieren (Carlson 1991, S. 600).

8 Daneben haben die Antidepressiva, insbesondere einige trizyklische Substanzen und selektive Serotonin-reuptake-Hemmer, andere Indikationen wie Angstzustände, Zwangsverhalten, Eßstörungen, Entzugssymptomatik und Schmerzzustände. Nicht nur die Bezeichnung ist somit mißverständlich; auch die Einteilung der Antidepressiva, die in der Literatur teils nach der Struktur (etwa trizyklisch und tetrazyklisch), teils nach dem Wirkprinzip (beispielsweise Serotonin-reuptake-Hemmer, MAO-Hemmer), teils nach historischen Gesichtspunkten (Antidepressiva der "ersten" und der "zweiten Generation") erfolgt, ist nicht befriedigend gelöst.

9 Maprotilin (Ludiomil®) nimmt eine Zwischenstellung zwischen den tri- und tetrazyklischen Antidepressiva ein. Es scheint selektiv noradrenerg zu wirken; sein Effekt auf den Antrieb ist nach Gastpar (1986, S. 283) im wesentlichen neutral. Nachdem selektive Serotonin-Wiederaufnahme-Hemmer wie Fluoxetin (Fluctin®) ähnlich neutral wirken, scheint die Zuordnung der beiden Transmittersysteme zu psychomotorischer Dämpfung und Aktivierung alles andere als einfach zu sein.

Kapitel 6

1   Angemerkt wird in der ICD-10 (S. 157), daß "manche Agoraphobiker wenig
    Angst erleben, da es ihnen ständig gelingt, phobische Situationen zu vermei-
    den."

2   Ganz andere Zahlen werden bei Comer (1995, S. 199) präsentiert, nämlich
    eine Ein-Jahres-Prävalenz von 8,0% für soziale Phobien, was fast der dreifa-
    chen Häufigkeit der Agoraphobie ohne Panikstörung (2,8%) und der mehr als
    dreifachen der Panikstörung (2,3%) entspricht; offensichtlich wurden hier an-
    dere diagnostische Kriterien angelegt.

3   Diese Fallgeschichte des "kleinen Hans" ist vielfach kritisiert worden, am
    schärfsten von Wolpe & Rachman (1979). Ich bin in meinem Buch *Anti-
    Freud-Literatur von ihren Anfängen bis heute. Zur wissenschaftlichen Fun-
    dierung von Psychoanalyse-Kritik* (Köhler 1996, S. 115 ff.) darauf eingegan-
    gen. Tatsächlich leisten sich die Autoren in der Darstellung der Freudschen
    Fallgeschichte nicht zu entschuldigende tendenziöse Fehler; ihre lerntheoreti-
    sche Alternativerklärung einer traumatischen Angstkonditionierung wird den
    Eigenheiten des Falles nicht annähernd gerecht; zudem wird die Reihenfolge
    bei der Entwicklung der Symptomatik völlig ignoriert.

4   Der Versuch war übrigens keineswegs so gelungen wie oft dargestellt (s.
    Köhler 1996, S. 128): Zunächst mußten die Untersucher ein lautes Geräusch
    (Schlag auf eine Eisenstange) nicht weniger als siebenmal mit der Präsenta-
    tion einer Ratte paaren, bis der Knabe bereits beim Anblick des Tieres zu
    schreien begann; nach zehn Tagen war die konditionierte Reaktion gelöscht
    worden, so daß man sich zu einer Auffrischung entschloß; wieder einen Mo-
    nat später war die Reaktion deutlich schwächer, und nachdem die Mutter den
    Knaben zu diesem Zeitpunkt aus dem Krankenhaus nahm, ist der weitere
    Verlauf der Phobie nie verfolgt worden. Daß Albert durch Gegenkonditionie-
    rung von den Experimentatoren wieder von seiner gelernten Phobie befreit
    wurde, ist ein frommes wissenschaftliches Märchen.

5   Tatsächlich entstehen traumatische Phobien nach einem einzigen Erlebnis,
    etwa einem Autounfall; die Frage ist jedoch, ob dies durch klassische Kondi-
    tionierung erklärt werden muß.

6   Es gibt selten auch eine reine Verlangsamung von Tätigkeiten ohne Wieder-
    holung, die bei Männern häufiger ist (ICD-10, S. 166). Ob diese "primary
    obsessional slowness", bei der offenbar Widerstand gegen die Handlung fehlt,
    nach den obigen Kriterien als Zwangssymptom betrachtet werden dürfte,
    bleibt zu diskutieren.

7   Im Falle schwerer Zwangshandlungen sind die Betroffenen zu wenig sonsti-
    gen Leistungen fähig, können etwa bei Kontrollzwang kaum mehr das Haus
    verlassen, weil sie immer neue Überprüfungen vornehmen müssen. Bei aus-
    geprägtem Waschzwang reinigen sich manche über hundertmal täglich die
    Hände, oft mit scharfen Mitteln, so daß bedenkliche Schäden resultieren.

8   Eine anders erscheinende, bei Betrachtung sich jedoch als weitgehend äquivalent erweisende Definition gibt Reinecker (1994a, S. 5). Danach berichten Personen mit Zwängen "über einen *inneren*, subjektiven *Drang*, bestimmte Dinge zu denken oder zu tun", leisten "zumindest einen gewissen Widerstand gegen den Gedanken bzw. gegen die Ausführung der Handlung" und besitzen "Einsicht in die Sinnlosigkeit ihrer Gedanken und Handlungen." Ähnlich bei Möller (1997, S. 260), der Zwänge einführt als "Inhalte oder Handlungen, die sich immer wieder aufdrängen, vom Kranken als irrational erkannt werden, aber nicht unterdrückt werden können." Er betont, daß sie "als dem Patienten zugehörig" empfunden werden.

9   Zwangshandlungen können also zweierlei Funktionen haben: Einige dienen direkt der Abwehr des verdrängten Impulses (Beispiel Waschzwang); andere haben sich bewährt, eine unangenehme Zwangsvorstellung, die Produkt einer Abwehr darstellt, aus dem geistigen Blickfeld zu verscheuchen. Auf die Beziehungen zwischen magischen Praktiken, religiös-zeremoniellen Ritualen und Zwangssymptomen hat Freud wiederholt hingewiesen, insbesondere in *Totem und Tabu* (1912-13a).

10   Psychochirurgische Eingriffe bei Zwangsstörungen sind zwar viel seltener geworden, werden aber in schweren Fällen offenbar noch durchgeführt. Früher wurde insbesondere die Leukotomie praktiziert, Durchtrennung von Fasern, die Teile des Frontallappens mit anderen Hirnregionen verbinden; augenblicklich zieht man anscheinend die Cingulotomie vor, die Entfernung weißer Substanz aus dem Gyrus cinguli (Davison & Neale 1996, S. 171). Das Cingulum scheint den erwähnten anatomisch-funktionellen Kreis zu stimulieren, der unter anderem Basalganglien, Thalamus und frontalen Cortex verbindet; seine Aktivierung kann stereotype Bewegungen auslösen, die Zwangshandlungen ähnlich sind (s. Volk 1994, S. 100 f.).

11   Hier unterscheiden sich ICD-10 und DSM-IV. Während die akute Belastungsreaktion nach ICD-10 binnen weniger Minuten, längstens nach drei Tagen abklingt, kann die akute Belastungsstörung nach DSM-IV (S. 493) bis vier Wochen anhalten. "Posttraumatische Belastungsstörung" nach ICD-10 umfaßt also etwa das, was nach DSM-IV entweder unter akute oder posttraumatische Belastungsreaktion fällt.

12   Erhöhtes Erregungsniveau einerseits und die allgemeine Stumpfheit andererseits scheinen schwer vereinbar. Die akute Steigerung des Aktivitätsniveaus dürfte sich auf die Konfrontation mit dem Trauma in der Erinnerung beziehen, die Stumpfheit ein generelles Charakteristikum darstellen.

13   Bekanntlich war es der Wiederholungszwang, beispielsweise das ständige Wiedererinnern traumatisierender Erlebnisse, der Freud dazu brachte, seine These von der ausschließlichen Gültigkeit des Lustprinzips zu revidieren und seine spekulative Todestriebtheorie zu entwickeln.

14   Der Sachverhalt ist noch komplizierter: In seinen frühen Schriften verwendete Freud den Begriff Hysterie zunächst sowohl für Störungen der Empfindung und Motorik als auch für veränderte Bewußtseinszustände. Aus theoretischen Gründen trennte er aber bald die motorisch-sensorischen Störungen von de-

nen des Bewußtseins ab und faßte die ersten unter dem Begriff "Konversionshysterie" (Konversion als Umwandlung psychischer Energie in körperliche
Symptome), die zweiten unter Dissoziationshysterie (Dissoziation im Sinne
von Auseinanderfallen von Bewußtseinszuständen) zusammen. Später gab er
diese Unterscheidung wieder auf und benutzte den Begriff Konversionshysterie für beides (in Abgrenzung zur Angsthysterie); die ICD-10 verwendet den
Terminus Hysterie wegen erheblicher inhaltlicher und emotionaler Vorbela-
stung gar nicht mehr und spricht statt dessen von dissoziativen Störungen, allerdings nicht ohne Konversionsstörungen in Klammern zu setzen..

15 Als typisches Beispiel werden oft die beiden Persönlichkeiten von Dr. Jekyll
und Mr. Hyde in der Stevensonschen Geschichte angeführt. Auch Anna O.,
Breuers berühmte Patientin, ist insofern als "double personalité" anzusehen,
als sie in einem somnolenten Zustand Erinnerungen produzierte, die ihr im
Wachbewußtsein verschlossen waren (s. Köhler 1990, S. 88 ff.). Im übrigen
ist die Existenz multipler Persönlichkeiten keineswegs eindeutig abgesichert;
auf jeden Fall gilt das Phänomen als selten. Erwähntermaßen hat diese "Persönlichkeitsspaltung" nichts mit der Persönlichkeitsspaltung bei der Schizophrenie zu tun (s. 4.1).

16 Die in Comer (1995, S. 644 ff.) sowie Davison & Neale (1996, S.198 ff.)
präsentierten Daten müssen mit aller Vorsicht zur Kenntnis genommen werden. Danach wäre die Lebenszeitpravalenz für die dissoziative Fugue etwa
0,2%, die von multipler Persönlichkeit sogar 1,3%. Übereinstimmung
herrscht, daß in speziellen Gruppen wie Soldaten mit extremer Felderfahrung
oder sexuell mißbrauchten Kindern das Erkrankungsrisiko deutlich höher ist.

17 Hysterie kommt von griechisch hystera = Gebärmutter; der Name deutet
schon an, daß man sie vor allem als eine Frauenkrankheit betrachtete und ihre
Genese mit Störungen sexueller Funktionen in Zusammenhang brachte.

18 Janet hatte später behauptet, er habe die Verdrängungstheorie der Neurosen
vor Freud entwickelt, und diese These wurde auch von dem Wissenschafts-
historiker Ellenberger (1973, S. 749) vertreten; tatsächlich aber haben Janets
Einengung des Bewußtseinsfeldes und das Freudsche Verdrängungskonzept
nichts gemeinsam, wie ich ausführlich durch Textvergleich belegt habe
(Köhler 1990, S. 171 ff.). Im übrigen hatte Freud Janets Vorarbeiten, insbesondere die Rückführung hysterischer Symptome auf unbewußte Gedanken,
wiederholt anerkannt (für Belege s. Köhler 1996, S. 71 ff.) und bezüglich dieses letzten Punktes nie Priorität reklamiert.

19 Verschiedentlich wurde behauptet, Anna O. habe nicht an Hysterie, sondern
an tuberkulöser Meningitis gelitten. Unter anderem hatte aber der renom-
mierte Psychiater von Krafft-Ebing die Breuersche Diagnose bestätigt, ebenso
die Ärzteschaft eines Sanatoriums, in das die Patientin später verlegt wurde.
Auch der Charakter der Symptome, insbesondere das rasch wechselnde Zustandsbild sowie der Verlauf, sprechen eindeutig gegen tuberkulöse Hirnhautentzündung (s. Köhler 1990, S. 336 ff.).

20 Die Aufgabe der Verführungstheorie durch Freud ist wiederholt, teilweise
wohl absichtlich, falsch dargestellt worden. Freud hatte nie sexuellen Miß-

brauch von Kindern und dessen pathogene Rolle geleugnet, sondern nur insofern eine Einschränkung vorgenommen, als er die Entstehung von Hysterie ohne Mißbrauch für möglich hielt und letztlich auch in den meisten Fällen für wahrscheinlicher ansah. In meinem Buch *Anti-Freud-Literatur von ihren Anfängen bis heute* (Köhler 1996, S. 100 ff.) habe ich mich mit der Aufgabe der Verführungstheorie und den dabei aufgetretenen Mißverständnissen befaßt.

21 Es liegen mittlerweile zahlreiche, bei Comer (1995, S. 404) zusammengestellte Untersuchungen vor, die zeigen, daß bei Konversionsstörungen die Diagnose oft zu voreilig gestellt wurde, daß im weiteren Verlauf erklärende organische Befunde erhoben werden konnten; ähnliches wäre für die Somatisierungsstörung und die somatoforme Schmerzstörung zu erwarten.

22 Im übrigen herrscht hier terminologische Uneinheitlichkeit. Während in der ICD-10 dissoziative bzw. Konversionsstörungen von den somatoformen Störungen klar unterschieden werden, führt das DSM-IV (S. 509 ff.) unter somatoformer Störung sowohl die Somatisierungs- als auch die Konversionsstörung auf.

Kapitel 7

1 Der gewichtsreduzierende Effekt von Laxantien ist bestenfalls gering, da sie im allgemeinen auf die Dickdarmaktivität wirken und die wesentlichen kalorischen Stoffe schon im Dünndarm resorbiert werden. Diuretika schwemmen lediglich Wasser aus und führen daher nur zu kurzfristigem Gewichtsverlust, nicht selten mit dem Nebeneffekt einer vermehrten Ausscheidung wichtiger Elektrolyte wie Kalium; weitere Elektrolytverluste resultieren aus dem Laxantienabusus.

2 Die Kriterien des DSM-IV (S. 613 ff.) sind ebenfalls nur bedingt nützlich: Bei Bulimie werden im Schnitt mindestens zwei Eßanfälle pro Woche über einen Zeitraum von wenigstens drei Monaten gefordert, bei Anorexie das Ausbleiben von drei Monatsblutungen hintereinander, wodurch wohl nicht letzte Eindeutigkeit geschaffen wird; immerhin sind auch bei Patientinnen mit Bulimie vermehrt Zyklusstörungen zu beobachten (s. Laessle & Pirke 1997, S. 603). In der Praxis scheint sich die Unterscheidung zu bewähren, Patientinnen mit entsprechender Symptomatik und extremem Untergewicht als Anorektikerinnen, normal- oder leicht untergewichtige Patientinnen als Bulimikerinnen zu betrachten (Laessle & Pirke 1997, S. 600). Bulimie ist also keineswegs das Gegenteil von Anorexie, hat auch nichts mit Freßsucht im Sinne ungehemmten Konsumierens zu tun; im Gegenteil sind die viele Bulimikerinnen sogar (mäßig) untergewichtig.

3 Die sichere Feststellung ist nicht einfach. Die absolute Schlafdauer ist wenig aussagekräftig, da manche Personen wenig Schlaf benötigen und dabei voll leistungsfähig sind. Auch die Aussagen der Betroffenen sind mit Zurückhaltung zur Kenntnis zu nehmen, denn Untersuchungen im Schlaflabor ergeben zuweilen, daß die tatsächliche Schlafdauer oder Qualität unterschätzt wird. Aufschlüsse liefert hier nur die Polysomnographie, die Aufzeichnung psycho-

physiologischer Parameter während des Schlafes (s. dazu Schulz & Paterok 1997, S. 657 ff.).

4   Narkolepsie, gekennzeichnet durch imperative Schlafanfälle während des Tages mit plötzlichem Absinken des Muskeltonus, wird nicht unter dieser Rubrik klassifiziert, sondern zu den Erkrankungen des Nervensystems gerechnet. Die Anfälle dauern wenige Sekunden bis einige Minuten und treten häufig im Anschluß an kurze, starke Affekte auf. Der Tonusverlust kann so heftig sein, daß die Betroffenen zu Boden sinken; bei leichteren Formen kommt es zu "weichen Knien" und kurzfristigen Gangstörungen. Die seltene Erkrankung weist möglicherweise eine Immunpathogenese auf; deutliche familiäre Häufung spricht für eine genetische Komponente. Die Therapie besteht in der Gabe von ZNS-Stimulantien, etwa Amphetaminen (nach Schulz & Paterok 1997, S. 677 ff.).

5   Die Schlafapnoe, ebenfalls als neurologische Erkrankung aufgefaßt, ist gekennzeichnet durch wiederholte, längere Atempausen während des Nachtschlafes; sie ist die häufigste Ursache für die Schläfrigkeit am Tage. Bei der zentralen Form setzt kurzfristig die zentralnervöse Stimulierung der Atemmuskulatur aus, bei der obstruktiven kann die Luft in den oberen Atemwegen zeitweise nicht befördert werden. Die Prävalenz ist mit 1-2% ausgesprochen hoch, Männer sind deutlich häufiger betroffen. Die Therapie besteht in Überdruckbeatmung mittels einer Atemmaske; daneben wird eine Beseitigung der Hindernisse in den Atemwegen angestrebt, teilweise operativ (stark verkürzt nach Schulz & Paterok 1997, S. 680 ff.).

6   Es wurde vorgeschlagen, als "sexuelle Dysfunktionen" die organisch bedingten Funktionsstörungen der Sexualität zu bezeichnen, als "funktionelle Sexualstörungen" jene, bei denen psychische Ursachen angenommen werden; "sexuelle Funktionsstörungen" sollte als Oberbegriff für beides verwendet werden (Fahrner & Kockott 1994, S. 459). Offenbar hat sich diese Terminologie nicht durchgesetzt.

7   Unklar ist hier, ob es sich um Orgasmus beim Geschlechtsverkehr oder Orgasmus generell handelt. Bei einem unbestimmten Prozentsatz der Frauen bleibt dieser zwar aufgrund der Penetration und der Penisbewegungen aus, kann jedoch durch manuelle Klitorisstimulation nachgeholt werden. Es handelt sich hier um die teilweise unsachlich diskutierte Frage, ob es einen klitoralen und einen vaginalen Orgasmus gibt. Mittlerweile spricht einiges dafür, daß die Intensität des Orgasmus durch alleinige Klitorisreizung ebenso groß ist wie wenn er durch die Bewegungen des Penis in der Scheide zustande kommt (vgl. Davison & Neale 1996, S. 422).

Kapitel 8

1   Im DSM-IV sind die Persönlichkeitsstörungen nicht auf Achse I zu finden, sondern auf Achse II zur Klassifizierung stärker überdauernder Eigenheiten.

2 Neben der Gruppe der spezifischen Persönlichkeitsstörungen (F60) findet sich in der ICD-10 die der "kombinierten und sonstigen Persönlichkeitsstörungen" (F61), wo Symptombilder einzuordnen sind, die in den Kategorien von F60 keinen rechten Platz finden. Der Übersichtlichkeit halber wird eine kleine Ungenauigkeit begangen und "spezifische Persönlichkeitsstörungen" mit "Persönlichkeitsstörungen" gleichgesetzt.

3 Es sei noch einmal betont, daß Freud keineswegs das Vorkommen kindlichen Mißbrauchs geleugnet hat, sondern nur objektive Traumen als verzichtbares ätiologisches Moment psychischer Störungen ansah (s. dazu ausführlich Köhler 1990, S. 180 ff.). Man kann lediglich sagen, daß in der Psychoanalyse nach Freud die Aufdeckung traumatischer Eindrücke relativ zur Bewußtmachung infantil-sexueller Wünsche im typischen Fall eine untergeordnete Bedeutung erhält.

4 Erwähntermaßen finden sich diesbezügliche Unterschiede der Klassifikationssysteme: Im DSM-IV gibt es eigene Kategorien "narzißtische" und "Borderline"-Persönlichkeitsstörung, die in der ICD-10 Unterkategorien bilden oder einer Restklasse zugeordnet werden; auch sind die diagnostischen Kriterien im DSM-IV im allgemeinen strenger, ist beispielsweise das Zutreffen einer Mindestanzahl von Merkmalen gefordert, während in der ICD-10 unverbindlich lediglich charakteristische Einstellungen oder Verhaltensweisen aufgelistet werden.

5 Im DSM-IV wird der Terminus "antisoziale Persönlichkeitsstörung" verwendet. Er deckt sich teilweise mit dem älteren Psychopathiebegriff, welcher jedoch von verschiedenen Autoren auch als Synonym für Persönlichkeitsstörung allgemein verwendet wird (s. Fiedler 1997, S. 800). Vielfach wird Psychopathie und antisoziale Persönlichkeitsstörung weitgehend austauschbar gebraucht, wobei strenggenommen nur bei der zweiten die Konflikte mit den gesellschaftlichen Normen einen besonderen Stellenwert haben; Psychopath im älteren Verständnis bezeichnet nur einen gefühlskalten, impulsiven Menschen (s. Davison & Neale 1996, S. 306 f.).

6 Dies paßt wenig zu Befunden verminderter autonomer Reaktionen bei antisozialen Persönlichkeiten. Es ist zu ergänzen, daß letzteres vor allem für die elektrodermale Aktivität gilt, während bezüglich kardiovaskulärer Parameter die Verhältnisse komplizierter sind (s. Davison & Neale 1996, S. 314).

7 Anzumerken ist, daß der Begriff "Borderline-Störung" unterschiedlich verwendet wird, so daß man sich bei Kenntnisnahme einschlägiger Literatur zunächst unbedingt einen sicheren Eindruck von der dort verwendeten Terminologie verschaffen muß. Früher wurde "Borderline-Störung" oder "Borderline-Psychose" ("Grenzpsychose") zumeist als Grenzfall zwischen schizophrener Psychose und neurotischer Symptomatik aufgefaßt und sollte durch schizophrene Minussymptome wie Ambivalenz oder Autismus gekennzeichnet sein, während akzessorische Symptome, etwa voll ausgebildete paranoid-halluzinatorische Episoden, fehlen sollten; sie würde am ehesten wohl der Schizotypie im heutigen Sprachgebrauch entsprechen. Bei der "Borderline-Persönlichkeitsstörung" nach DSM-IV oder der emotional instabilen Persön-

lichkeitsstörung vom Borderline-Typus nach ICD-10 ist hingegen die konzeptuelle Nähe zur Schizophrenie und den verwandten Störungen fast ganz verloren gegangen; hier wird vor allem die unkontrollierte Impulsivität hervorgehoben sowie die Neigung zu intensiven, aber unbeständigen Beziehungen, fast konträr zum mangelnden Interesse an sexuellen Erfahrungen bei der schizoiden Persönlichkeitsstörung.

8   Auch das Freudsche Narzißmuskonzept ist bei genauerem Hinsehen verschwommen und bietet innere Widersprüche (s. dazu Köhler 1993, S. 27 ff., knapper bei Köhler 1995b, S. 65 ff.), was von Freud durch die Neuheit der Betrachtungsweise entschuldigt wird. Bedauerlicherweise ist es von den folgenden Analytikergenerationen keineswegs präzisiert worden und kann heute noch wesentlich schlechter allein durch die Literatur vermittelt werden, erschließt sich, wenn überhaupt, offenbar nur im Rahmen des therapeutischen Handelns. Auch gilt es zu beachten, daß die neuere Begrifflichkeit teilweise von der Freudschen abweicht, narzißtische Neurose etwa, von Freud im Sinne von Psychose verwendet, mittlerweile vielfach weitgehend als Synonym für narzißtische Persönlichkeitsstörung gebraucht wird.

9   Biologische Ursachen könnten Anomalien der Geschlechtschromosomen sein, etwa das Fehlen eines X-Chromosoms (Turner-Syndrom) oder das Vorhandensein zweier X-Chromosomen neben einem Y-Chromosom (Klinefelter-Syndrom). Während hier (wenn auch verkümmert) Keimdrüsen und äußere Genitalien nur eines Geschlechts vorliegen, sind bei den *echten Zwittern* männliche und weibliche Keimdrüsen vorhanden. Dieser echte Hermaphroditismus ist wesentlich seltener als der *Pseudohermaphroditismus*, bei dem neben Keimdrüsen ausschließlich eines Geschlechts körperliche Merkmale des anderen zu beobachten sind, etwa Zwischenformen von weiblichen und männlichen äußeren Genitalien. Die vielfältigen Ursachen des (Pseudo)hermaphroditismus können hier nicht diskutiert werden.

10   Der Terminus Paraphilien, von griechisch: para = neben und philein = lieben, also Abweichungen hinsichtlich Art und Objekt sexueller Praxis, wird vielfach der umständlichen Bezeichnung "Störungen der Sexualpräferenz" vorgezogen.

11   Freud verwendet "Perversion" als eingeführten terminus technicus zur Beschreibung einer Abweichung von einem (fiktiven) normalen Sexualverhalten, benutzt den Begriff aber ohne moralische Wertung: Von den sexuellen Perversionen müsse man "ohne Entrüstung reden" können, meint er und bemerkt: "Ein Stückchen weit, bald hier, bald dort, überschreitet jeder von uns die fürs Normale gezogenen engen Grenzen in seinem eigenen Sexualleben. Die Perversionen sind weder Bestialitäten noch Entartungen im pathetischen Sinne des Wortes." (Freud 1905e, S. 210)

Kapitel 9

1   Oligophrenie (von griechisch: oligos = wenig und phren = Verstand) ist eine auch heute nicht seltene Bezeichnung, daneben wird häufig auch "Schwach-

sinn" verwendet; für leichte Formen war zudem die Bezeichnung Debilität, für mittlere Imbezillität, für schwerste Idiotie in Gebrauch. Heute setzen sich die von den Systemen ICD und DSM empfohlenen, weniger herabsetzenden Bezeichnungen "Intelligenzminderung" oder "geistige Behinderung" durch.

2   Der Unterschied zwischen Erbkrankheiten und Chromosomenstörungen (Chromosomenaberrationen) liegt darin, daß im ersten Fall bereits das Erbgut eines oder beider Elternteile pathologisch verändert ist, im zweiten bei der Bildung der Keimzellen Chromosomen überzählig entstehen, verloren gehen oder partiell zerstört werden. Zu den Chromosomenstörungen, die Intelligenzminderung zugrunde liegen können, gehören neben Down-Syndrom unter anderem Klinefelter-und Turner-Syndrom mit überzähligen oder fehlenden Geschlechtschromosomen (s. Anmerkung 9 in Kapitel 8), Trisomien von Chromosom 13 oder 18 und das cri-du-chat-Syndrom, wo ein Stück von Chromosom 5 fehlt. Eine weitere in diesem Zusammenhang wichtige Chromosomenaberrration ist *fragiles X*, bei der ein X-Chromosom leicht auseinanderbricht.

3   Gelegentlich liegt Intelligenzminderung eine Schilddrüsenunterfunktion zugrunde (Kretinismus), welche teils angeboren ist, teils aus extremem Jodmangel resultiert.

4   Diese Aussage ist wohl so zu verstehen, daß hier weniger typisch eine eventuelle Intelligenzminderung ist als vielmehr Verhaltensweisen (beispielsweise etwa die kommunikativen Störungen), die durch erstere nicht zu erklären sind.

5   Hier liegt erhebliche terminologische Uneinheitlichkeit vor. Zuweilen wird der Begriff "Verhaltensstörungen" für beide Kategorien gebraucht, zuweilen nur für eine der beiden. Der häufig zu findende umfassendere Terminus "minimale cerebrale Dysfunktion" (MCD) bezeichnet eine angenommene leichte hirnorganische Schädigung, die sich typischerweise in hyperkinetischen Symptomen und Störungen des Sozialverhaltens, gelegentlich auch Teilleistungsstörungen äußert (s. etwa Möller 1997, S. 371 ff.). In den Systemen ICD-10 und DSM-IV taucht dieser Begriff nicht auf.

11. Literatur

Barondes, S.H. (1995; amer. Originalausg. 1993) *Moleküle und Psychosen. Der biologische Ansatz in der Psychiatrie.* Heidelberg: Spektrum.

Bateson, G., Jackson, D., Haley, J. & Weakland, J. (1956) Toward a theory of schizophrenia. *Behavioral Science* 1, 251-264.

Beck, A.T. (1967) *Depression: Clinical, experimental and theoretical aspects.* New York: Harper & Row.

Bengel, J. & Landji, Z. (1996) Symptomatik, Diagnostik und Therapie der Posttraumatischen Belastungsstörung. *Zeitschrift für Klinische Psychologie, Psychopathologie und Psychotherapie* 44, 129-149.

Benkert, O. (1995) *Psychopharmaka: Medikamente, Wirkung, Risiken.* München: Beck.

Benkert, O. & Hippius, H. (1995) *Psychiatrische Pharmakotherapie.* 6. Auflage. Heidelberg: Springer.

Benkert, O. & Lenzen-Schulte, M. (1997) *Zwangskrankheiten: Ursachen, Symptome, Therapien.* München: Beck.

Bühringer, G. (1994) Mißbrauch und Abhängigkeit von illegalen Drogen und Medikamenten. In: Reinecker, H. (Hrsg.) *Lehrbuch der Klinischen Psychologie.* 2. Auflage. Göttingen: Hogrefe, S. 299-325.

Bühringer, G. (1996) Schädlicher Gebrauch und Abhängigkeit von psychoaktiven Substanzen. In: Margraf, J. (Hrsg.) *Lehrbuch der Verhaltenstherapie. Band 2: Störungen.* Berlin: Springer, S. 215-245.

Bühringer, G. & Küfner, H. (1997) Drogen- und Medikamentenabhängigkeit. In: Hahlweg, K. & Ehlers, A. (Hrsg.) *Psychische Störungen und ihre Behandlungen.* Göttingen: Hogrefe, S. 514-588.

Carlson, N.R. (1991) *Physiology of behavior.* 4th edition. Boston: Allyn & Bacon.

Comer, R.J. (1995; amer. Originalausg. 1995) *Klinische Psychologie.* Heidelberg: Spektrum.

Davison, G.C. & Neale, J.M. (1996; amer. Originalausg. 1996) *Klinische Psychologie.* 4. Auflage. Weinheim: Psychologie Verlags Union.

Dilling, H., Mombour, W. & Schmidt, M.H. (Hrsg.) (1993; engl. Originalausg. 1992) *Internationale Klassifikation psychischer Störungen. ICD-10 Kapitel V (F).* 2. Auflage. Bern: Huber.

Dittmann, V. & Stieglitz, R.-D. (1996) Persönlichkeits- und Verhaltensstörungen Erwachsener. In: Freyberger, H.J. & Stieglitz, R.-D. (Hrsg.) *Kompendium der Psychiatrie und Psychotherapie.* 10. Auflage. Basel: Karger, S. 217-232.

Driessen, M., Dierse, B. & Dilling, H. (1994) Depressive Störungen bei Alkoholismus. In: Krausz, M. & Müller-Thomsen, T. (Hrsg.) *Komorbidität – Therapie von psychiatrischen Störungen und Sucht: Konzepte für Diagnostik, Behandlung und Rehabilitation.* Freiburg im Breisgau: Lambertus, S. 35-49.

DSM-IV Diagnostisches und Statistisches Manual Psychischer Störungen (hrsg. von Saß et al. 1996) Göttingen: Hogrefe (s. auch Saß et al. 1996).

Ehlers, A. & Margraf, J. (1994) Agoraphobien und Panikanfälle. In: Reinecker, H. (Hrsg.) *Lehrbuch der Klinischen Psychologie.* 2. Auflage. Göttingen: Hogrefe, S. 117-156.

Elbert, T. & Rockstroh, B. (1990) *Psychopharmakologie*. Heidelberg: Springer.

Ellenberger, H. (1973; amer. Originalausg. 1970) *Die Entdeckung des Unbewußten*. Bern: Huber.

Eysenck, H.J. (1980; engl. Originalausg. 1964) *Kriminalität und Persönlichkeit*. Frankfurt/M.: Ullstein.

Fahrner, E.-M. & Kockott, G. (1994) Funktionelle Sexualstörungen. In: Reinecker, H. (Hrsg.) *Lehrbuch der Klinischen Psychologie*. 2. Auflage. Göttingen: Hogrefe, S. 459-478.

Fiedler, P. (1995) *Persönlichkeitsstörungen*. 2. Auflage. Weinheim: Psychologie Verlags Union.

Fiedler, P. (1997) Persönlichkeitsstörungen. In: Hahlweg, K. & Ehlers, A. (Hrsg.) *Psychische Störungen und ihre Behandlungen*. Göttingen: Hogrefe, S. 799-900.

Fiedler, P. & Mundt, Ch. (1997) Dissoziative Störungen, vorgetäuschte Störungen und Störungen der Impulskontrolle. In: Hahlweg, K. & Ehlers, A. (Hrsg.) *Psychische Störungen und ihre Behandlungen*. Göttingen: Hogrefe, S. 355-436.

Freeman, A. (1994) Kognitive Verhaltenstherapie bei Persönlichkeitsstörungen. In: Hautzinger, M. (Hrsg.) *Kognitive Verhaltenstherapie bei psychischen Erkrankungen*. Berlin: Quintessenz, S. 219-242.

Freud, S. (1940-1952) *Gesammelte Werke*. Frankfurt/M.: S. Fischer; abgekürzt als GW, die Bandnummer ist mit römischen Ziffern bezeichnet. Die nachfolgende Bibliographie basiert auf der *Freud-Bibliographie und Werkkonkordanz*.

(1884e) Ueber Coca. *Zentralblatt für gesamte Therapie* 2, 289-314.

(1895b [1894]) Über die Berechtigung, von der Neurasthenie einen bestimmten Symptomenkomplex als 'Angst-Neurose' abzutrennen. GW I, S. 315-342.

(1896c) Zur Ätiologie der Hysterie. GW I, S. 425-459.

(1905d) *Drei Abhandlungen zur Sexualtheorie*. GW V, S. 33-145.

(1905e [1901]) Bruchstück einer Hysterie-Analyse. GW V, S. 161-286.

(1908b) Charakter und Analerotik. GW VII, S. 203-209.

(1909b) Analyse der Phobie eines fünfjährigen Knaben. GW VII, S. 241-377.

(1911c [1910]) Psychoanalytische Bemerkungen über einen autobiographisch beschriebenen Fall von Paranoia (Dementia paranoides). GW VIII, S. 239-316.

(1912d) Über die allgemeinste Erniedrigung des Liebeslebens (Beiträge zur Psychologie des Liebeslebens II). GW VIII, S. 78-91.

(1912-13a) *Totem und Tabu*. GW XI.

(1913i) Die Disposition zur Zwangsneurose. GW VIII, S. 442-452.

(1914c) Zur Einführung des Narzißmus. GW X, S. 137-170.

(1916-17a [1915-1917]) *Vorlesungen zur Einführung in die Psychoanalyse*. GW XI.

(1916-17g [1915]) Trauer und Melancholie. GW X, S. 427-446.

(1919a [1918]) Wege der psychoanalytischen Therapie. GW XII, S. 183-194.

(1923a [1922]) "Psychoanalyse" und "Libidotheorie". GW XIII, S. 209-233.

(1925d [1924]). *Selbstdarstellung*. GW XIV, S. 31-96.

(1931a) Über libidinöse Typen. GW XIV, S. 509-513.

Freyberger, H.J. & Stieglitz, R.-D. (1996) Neurotische, somatoforme und Belastungsstörungen. In: Freyberger, H.J. & Stieglitz, R.-D. (Hrsg.) *Kompendium der Psychiatrie und Psychotherapie*. 10. Auflage. Basel: Karger, S. 169-184.

Fritze, J. (1997) Ecstasy und Analoga. Modedrogen ohne therapeutischen Nutzen. *Deutsches Ärzteblatt* 94, C-1427-1428.

Fromm-Reichmann, F. (1948) Notes on the development of treatment of schizophrenia by psychoanalytic therapy. *Psychiatry* 11, 263-273.

Gaebel, W. (1996) Schizophrenien und wahnhafte Störungen. In: Freyberger, H.J. & Stieglitz, R.-D. (Hrsg.) *Kompendium der Psychiatrie und Psychotherapie.* 10. Auflage. Basel: Karger, S. 112-135.

Gastpar, M. (1996) Psychopharmakologische Behandlung. In: Freyberger, H.J. & Stieglitz, R.-D. (Hrsg.) *Kompendium der Psychiatrie und Psychotherapie.* 10. Auflage. Basel: Karger, S. 275-298.

Gebhardt, R. & Stieglitz, R.-D. (1996) Schizophrenie. In: Linden, M. & Hautzinger, M. (Hrsg.) *Verhaltenstherapie.* 3. Auflage. Berlin: Springer, S. 373-380.

Gutzmann, H. (1996) Organische (und symptomatische) psychische Störungen. In: Freyberger, H.J. & Stieglitz, R.-D. (Hrsg.) *Kompendium der Psychiatrie und Psychotherapie.* 10. Auflage. Basel: Karger, S. 58-85.

Hahlweg, K. (1996) Schizophrenie. In: Margraf, J. (Hrsg.) *Lehrbuch der Verhaltenstherapie. Band 2: Störungen.* Berlin: Springer, S. 255-282.

Haug, H. J. (1996a) Affektive Störungen. In: Freyberger, H.J. & Stieglitz, R.-D. (Hrsg.) *Kompendium der Psychiatrie und Psychotherapie.* 10. Auflage. Basel: Karger, S. 136-168.

Haug, H.-J. (1996b) Andere biologische Verfahren. In: Freyberger, H.J. & Stieglitz, R.-D. (Hrsg.) *Kompendium der Psychiatrie und Psychotherapie.* 10. Auflage. Basel: Karger, S. 299-307.

Hautzinger, M. (1994) Kognitive Verhaltenstherapie bei Depressionen. In: Hautzinger, M. (Hrsg.) *Kognitive Verhaltenstherapie bei psychischen Erkrankungen.* Berlin: Quintessenz, S. 39-62.

Hautzinger, M. (1996) Depressionen. In: Linden, M. & Hautzinger, M. (Hrsg.) *Verhaltenstherapie.* 3. Auflage. Berlin: Springer, S. 367-372.

Hautzinger, M. (1997) Affektive Störungen. In: Hahlweg, K. & Ehlers, A. (Hrsg.) *Psychische Störungen und ihre Behandlungen.* Göttingen: Hogrefe, S. 156-241.

Hautzinger, M. & DeJong-Meyer, R. (1994) Depressionen. In: Reinecker, H. (Hrsg.) *Lehrbuch der Klinischen Psychologie.* 2. Auflage. Göttingen: Hogrefe, S. 177-218.

Hautzinger, M. & DeJong-Meyer, R. (1996) Wirksamkeit psychologischer Therapie bei Depressionen. Zeitschrift für *Klinische Psychologie* 25 (Nr. 2: Themenheft).

Hoffmann, N. (1994) Kognitive Verhaltenstherapie bei Zwangsstörungen. In: Hautzinger, M. (Hrsg.) *Kognitive Verhaltenstherapie bei psychischen Erkrankungen.* Berlin: Quintessenz, S. 99-116.

Hoffmann, S.O. & Hochapfel, G. (1995) *Neurosenlehre, Psychotherapeutische und Psychosomatische Medizin* 5. Auflage. Stuttgart: Schattauer.

ICD-10 Internationale Klassifikation psychischer Störungen. Kapitel V (F). 2. Auflage. (hrsg. von Dilling et al. 1993) Bern: Huber (s. auch Dilling et al 1993).

Jacobi, C. (1994) Kognitive Verhaltenstherapie bei Eßstörungen. In: Hautzinger, M. (Hrsg.) *Kognitive Verhaltenstherapie bei psychischen Erkrankungen.* Berlin: Quintessenz, S. 159-182.

Jacobi, C., Thiel, P. & Paul, Th. (1996) *Kognitive Verhaltenstherapie bei Anorexia und Bulimia nervosa*. Weinheim: Psychologie Verlags Union.

Janet, P. (1889) *L'Automatisme psychologique*. Paris: Alcan.

Karlsson, J.L. (1994) Century of schizophrenia genetics – a review. *Neurology, Psychiatry and Brain Research* 2, 135-139.

Kernberg, O.F., Selzer, M.A., Koenigsberg, H.W., Carr, A.C. & Appelbaum, A.H. (1993; amer. Originalausg. 1989) *Psychodynamische Therapie bei Borderline-Patienten*. Bern: Huber.

Knab, B. (1989) *Schlafstörungen*. Stuttgart: Kohlhammer.

Knölker, U. & Schulte-Markwort, M. (1996) Psychische Störungen des Kindes- und Jugendalters. In: Freyberger, H.J. & Stieglitz, R.-D. (Hrsg.) *Kompendium der Psychiatrie und Psychotherapie*. 10. Auflage. Basel: Karger, S. 241-268.

Köhler, Th. (1990) *Das Werk Sigmund Freuds. Band 1*. 2. Auflage. Heidelberg: Asanger.

Köhler, Th. (1993) *Das Werk Sigmund Freuds. Band 2*. Heidelberg: Asanger.

Köhler, Th. (1995a) *Psychosomatische Krankheiten. Eine Einführung in die Allgemeine und Spezielle Psychosomatische Medizin*. 3. Auflage. Stuttgart: Kohlhammer.

Köhler, Th. (1995b) *Freuds Psychoanalyse. Eine Einführung*. Stuttgart: Kohlhammer.

Köhler, Th. (1996) *Anti-Freud-Literatur von ihren Anfängen bis heute. Zur wissenschaftlichen Fundierung von Psychoanalyse-Kritik*. Stuttgart: Kohlhammer.

Köhler, Th. & Dahme, B. (1996) Psychobiologische Grundlagen der Psychotherapie. In: Senf, W. & Broda, M. (Hrsg.) *Praxis der Psychotherapie*. Stuttgart: Thieme, S. 242-249.

Kommerell, B., Pfleiderer, Th. & Stiehl, A. (1990) Krankheiten der Leber. In: Schettler, G. & Greten, H. (Hrsg.) *Innere Medizin. Band 2*. 8. Auflage. Stuttgart: Thieme, S. 231-316.

Kraemer, S. & Möller, H.-J. (1994) Kognitive Verhaltenstherapie bei schizophrenen Störungen. In: Hautzinger, M. (Hrsg.) *Kognitive Verhaltenstherapie bei psychischen Erkrankungen*. Berlin: Quintessenz, S. 13-38.

Krausz, M. & Dittmann, V. (1996) Störungen durch psychotrope Substanzen. In: Freyberger, H.J. & Stieglitz, R.-D. (Hrsg.) *Kompendium der Psychiatrie und Psychotherapie*. 10. Auflage. Basel: Karger, S. 86-111.

Kryspin-Exner, I. (1994) Alkoholismus. In: Reinecker, H. (Hrsg.) *Lehrbuch der Klinischen Psychologie*. 2. Auflage. Göttingen: Hogrefe, S. 267-297.

Küfner, H. & Bühringer, G. (1997) Alkoholismus. In: Hahlweg, K. & Ehlers, A. (Hrsg.) *Psychische Störungen und ihre Behandlungen*. Göttingen: Hogrefe, S. 437-513.

Laessle, R.G.. (1994) Eßstörungen. In: Reinecker, H. (Hrsg.) *Lehrbuch der Klinischen Psychologie*. 2. Auflage. Göttingen: Hogrefe, S. 363-389.

Laessle, R.G. & Pirke, K.-M. (1997) Eßstörungen. In: Hahlweg, K. & Ehlers, A. (Hrsg.) *Psychische Störungen und ihre Behandlungen*. Göttingen: Hogrefe, S. 589-654.

Laessle, R.G., Wurmser, H. & Pirke, K.M. (1996) Eßstörungen. In: Margraf, J. (Hrsg.) *Lehrbuch der Verhaltenstherapie. Band 2: Störungen*. Berlin: Springer, S. 191-214.

Laing, R.D. (1974; amer. Originalausg. 1959) *Das geteilte Selbst*. Köln: Kiepenheuer & Witsch.

Lewinsohn, P.M., Antonuccio, D.O., Steinmetz, J.L. & Teri, L. (1984) *The coping with depression course*. Eugene OR: Castalia.

Linden, W. (1996) Agoraphobie und Panikerkrankung. In: Linden, M. & Hautzinger, M. (Hrsg.) *Verhaltenstherapie*. 3. Auflage. Berlin: Springer, S. 347-352.

LoPiccolo, J. (1995) Sexuelle Funktionsstörungen. In: Comer, R.J. *Klinische Psychologie*. Heidelberg: Spektrum, S. 501-523.

Lüllmann, H., Mohr, K. & Ziegler, A. (1990) *Taschenatlas der Pharmakologie*. Stuttgart: Thieme.

Margraf, J. & Becker, E. (1997) Angststörungen. In: Hahlweg, K. & Ehlers, A. (Hrsg.) *Psychische Störungen und ihre Behandlungen*. Göttingen: Hogrefe, S. 242-307.

Margraf, J. & Schneider, S. (1996) Paniksyndrom und Agoraphobie. In: Margraf, J. (Hrsg.) *Lehrbuch der Verhaltenstherapie. Band 2: Störungen*. Berlin: Springer, S. 1-28.

Masters, W.H. & Johnson, V.E. (1970) *Human sexual inadequacy*. Boston: Little, Brown (deutsch 1973 unter dem Titel *Impotenz und Anorgasmie*, Frankfurt/M.: Goverts)

Möller, H.J. (1997) *Psychiatrie. Ein Leitfaden für Klinik und Praxis*. 3. Auflage. Stuttgart: Kohlhammer.

Möller, H.J., Kissling, W., Stoll, K.-D. & Wendt, G. (1989) *Psychopharmakotherapie. Ein Leitfaden für Klinik und Praxis*. Stuttgart: Kohlhammer.

Mowrer, O.H. (1939) A stimulus-response analysis of anxiety and its role as a reinforcement agent. *Psychological Review* 46, 553-556.

Öst, L.G. (1996) Spezifische Phobien. In: Margraf, J. (Hrsg.) *Lehrbuch der Verhaltenstherapie. Band 2: Störungen*. Berlin: Springer, S. 29-42.

Petry, J. (1994) Kognitive Verhaltenstherapie bei Alkoholismus. In: Hautzinger, M. (Hrsg.) *Kognitive Verhaltenstherapie bei psychischen Erkrankungen*. Berlin: Quintessenz, S. 137-158.

Petry, J. (1996) Alkoholismus. In: Linden, M. & Hautzinger, M. (Hrsg.) *Verhaltenstherapie*. 3. Auflage. Berlin: Springer, S. 403-413.

Pfingsten, U. (1994) Kognitive Verhaltenstherapie bei sozialen Ängsten, Unsicherheiten und Defiziten. In: Hautzinger, M. (Hrsg.) *Kognitive Verhaltenstherapie bei psychischen Erkrankungen*. Berlin: Quintessenz, S. 117-136.

Pfingsten, U. (1996) Soziale Ängste. In: Linden, M. & Hautzinger, M. (Hrsg.) *Verhaltenstherapie*. 3. Auflage. Berlin: Springer, S. 353-359.

Pinel, J.P. (1993) *Biopsychology*. 2nd edition. Boston: Allyn & Bacon.

Reinecker, H. (1993) *Phobien. Agoraphobien, soziale und spezifische Phobien*. Göttingen: Hogrefe.

Reinecker, H. (1994a) *Zwange. Diagnose, Theorien und Behandlung*. 2. Auflage. Bern: Huber.

Reinecker, H. (1994b) Agoraphobien und Panikanfälle. In: Reinecker, H. (Hrsg.) *Lehrbuch der Klinischen Psychologie*. 2. Auflage. Göttingen: Hogrefe, S. 91-115.

Rey E.R. & Thurm, I. (1994) Schizophrenien. In: Reinecker, H. (Hrsg.) *Lehrbuch der Klinischen Psychologie*. 2. Auflage. Göttingen: Hogrefe, S. 503-526.

Rief, W. (1995) *Multiple somatoforme Symptome und Hypochondrie.* Bern: Huber.

Rief, W. (1996) Somatoforme Störungen. In: Linden, M. & Hautzinger, M. (Hrsg.) *Verhaltenstherapie.* 3. Auflage. Berlin: Springer, S. 387-393.

Rief, W. & Hiller, W. (1992) *Somatoforme Störungen. Körperliche Symptome ohne organische Ursache.* Bern: Huber.

Riemann, D., Schramm, E. & Dreßing, H. (1994) Kognitive Verhaltenstherapie bei Schlafstörungen. In: Hautzinger, M. (Hrsg.) *Kognitive Verhaltenstherapie bei psychischen Erkrankungen.* Berlin: Quintessenz, S. 183-201.

Rios, P. (1996) Autismus. In: Margraf, J. (Hrsg.) *Lehrbuch der Verhaltenstherapie. Band 2: Störungen.* Berlin: Springer, S. 381-392.

Rohde-Dachser, Ch. (1995) *Das Borderline-Syndrom.* 5. Auflage. Bern: Huber.

Salkovskis, P.M. (1985) Obsessional-compulsive problems: A cognitive-behavioral analysis. *Behaviour Research and Therapy* 23, 571-583.

Salkovskis, P.M. (1996) Somatoforme Störungen. In: Margraf, J. (Hrsg.) *Lehrbuch der Verhaltenstherapie. Band 2: Störungen.* Berlin: Springer, S. 163-190.

Salkovskis, P.M. (1997) Somatoforme Störungen. In: Hahlweg, K. & Ehlers, A. (Hrsg.) *Psychische Störungen und ihre Behandlungen.* Göttingen: Hogrefe, S. 308-354.

Saß, H., Wittchen, H.-U. & Zaudig, M. (Hrsg.) (1996; amer. Originalausg. 1994) *Diagnostisches und Statistisches Manual Psychischer Störungen DSM-IV.* Göttingen: Hogrefe.

Schandry, R. (1989) *Lehrbuch Psychophysiologie. Körperliche Indikatoren psychischen Geschehens.* 2. Auflage. München: Urban & Schwarzenberg.

Scheffer, K.-G. (1982) Coca in Südamerika. In: Völger, G. & von Welck, K. (Hrsg.) *Rausch und Realität. Drogen im Kulturvergleich.* Reinbek: Rowohlt Taschenbuch Verlag, S. 754-769.

vom Scheidt, J. (1982) Kokain. In: Völger, G. & von Welck, K. (Hrsg.) *Rausch und Realität. Drogen im Kulturvergleich.* Reinbek: Rowohlt Taschenbuch Verlag, S. 682-691.

Schlüter-Dupont, L. (1990) *Alkoholismus-Therapie. Pathogenetische, psychodynamische, klinische und therapeutische Grundlagen.* Stuttgart: Schattauer.

Schmidt, L. (1997) *Alkoholkrankheit und Alkoholmißbrauch.* 4. Auflage. Stuttgart: Kohlhammer.

Schneider, S. & Margraf, J. (1994) Kognitive Verhaltenstherapie bei Angstanfällen und Agoraphobien. In: Hautzinger, M. (Hrsg.) *Kognitive Verhaltenstherapie bei psychischen Erkrankungen.* Berlin: Quintessenz, S. 63-98.

Schröder, B. & Hahlweg, K. (1994) Kognitive Verhaltenstherapie bei Partnerschaftsproblemen. In: Hautzinger, M. (Hrsg.) *Kognitive Verhaltenstherapie bei psychischen Erkrankungen.* Berlin: Quintessenz, S. 243-262.

Schultes, R.E. (1982) Einführung in die Botanik der wichtigsten pflanzlichen Drogen. In: Völger, G. & von Welck, K. (Hrsg.) *Rausch und Realität. Drogen im Kulturvergleich.* Reinbek bei Hamburg: Rowohlt Taschenbuch Verlag, S. 46-73.

Schulz, H. & Paterok, B. (1997) Schlafstörungen. In: Hahlweg, K. & Ehlers, A. (Hrsg.) *Psychische Störungen und ihre Behandlungen.* Göttingen: Hogrefe, S. 655-711.

Seligman, M.E.P. (1971) Phobias and preparedness. *Behavior Therapy* 2, 307-320.

Seligman, M.E.P. (1979; amer. Originalausg. 1975) *Erlernte Hilflosigkeit.* München: Urban & Schwarzenberg.

Snyder, S.H. (1994; amer. Originalausg. 1986) *Chemie der Psyche. Drogenwirkungen im Gehirn.* Heidelberg: Spektrum.

Steil, R. & Ehlers, A. (1996) Die Posttraumatische Belastungsstörung: Eine Übersicht. *Verhaltensmodifikation und Verhaltensmedizin* 17, 169-212.

Stieglitz, R.-D. & Baumann, U. (Hrsg.) (1994) *Psychodiagnostik psychischer Störungen.* Stuttgart: Enke.

Stieglitz, R.-D. & Freyberger, H.J. (1996) Klassifikation und diagnostischer Prozeß. In: Freyberger, H.J. & Stieglitz, R.-D. (Hrsg.) *Kompendium der Psychiatrie und Psychotherapie.* 10. Auflage. Basel: Karger, S. 24-45.

Strauß, B. (1996) Sexuelle Störungen. In: Freyberger, H.J. & Stieglitz, R.-D. (Hrsg.) *Kompendium der Psychiatrie und Psychotherapie.* 10. Auflage. Basel: Karger, S. 201-216.

Süllwold, L. (1995) *Schizophrenie.* 3. Auflage. Stuttgart: Kohlhammer.

Szasz, Th. (1974; amer. Originalausg. 1963) *Die Fabrikation des Wahnsinns.* Olten: Walter.

Thomä, H. & Kächele, H. (Hrsg.) (1997) *Lehrbuch der psychoanalytischen Therapie Band 2: Praxis.* 2. Auflage. Heidelberg: Springer.

Ullmann, L.P. & Krasner, L. (1975) *A psychological approach to abnormal behavior.* 2nd edition. Englewood Cliffs, NJ: Prentice Hall.

Unland, H. (1996) Raucherentwöhnung. In: Margraf, J. (Hrsg.) *Lehrbuch der Verhaltenstherapie. Band 2: Störungen.* Berlin: Springer, S. 245-254.

Volk, S. (1994) Neurobiologische Grundlagen. In : Süllwold, L., Herrlich, J. & Volk, S. (Hrsg.) *Zwangskrankheiten. Psychobiologie, Verhaltenstherapie, Pharmakotherapie.* Stuttgart: Kohlhammer, S. 99-103.

Watson, J.B. & Rayner, R. (1920) Conditioned emotional reactions. *Journal of Experimental Psychology* 3, 1-14.

Watzl, H. & Rist, F. (1997) Schizophrenie. In: Hahlweg, K. & Ehlers, A. (Hrsg.) *Psychische Störungen und ihre Behandlungen.* Göttingen: Hogrefe, S. 1-155.

Weinberger, D.R. (1987) Implications of normal brain development for the pathogenesis of schizophrenia. *Archives of General Psychiatry* 44, 660-669.

Wittling, W. (1994) Neuropsychologische Störungen. In: Reinecker, H. (Hrsg.) *Lehrbuch der Klinischen Psychologie.* 2. Auflage. Göttingen: Hogrefe, S. 527-564.

Wolpe, J. & Rachman, S. (1979; engl. Originalausg. 1973) Psychoanalytischer »Beweis« Eine Kritik anhand von Freuds Fall des Kleinen Hans. In: Eysenck, H.J. & Wilson, G.D. (Hrsg.) *Experimentelle Studien zur Psychoanalyse Sigmund Freuds.* Wien: Europaverlag, S. 379-407.

Zimmer, D. (1997) Funktionelle Sexualstörungen. In: Hahlweg, K. & Ehlers, A. (Hrsg.) *Psychische Störungen und ihre Behandlungen.* Göttingen: Hogrefe, S 723-798.

12. Register

Thomas Köhler

Freuds Psychoanalyse: Eine Einführung

1995. 157 Seiten
Kart. DM 28,- / SFr 28,- / ÖS 219,-
ISBN 3-17-012 728-4

Unter laufendem Bezug auf die Originalschriften werden die wichtigsten Inhalte
der Freudschen psychoanalytischen Theorie wiedergegeben. Dabei wird auf eine
knappe, jedoch formal korrekte und in keinem Fall unzulässig simplifizierende
Darstellung Wert gelegt.

Thomas Köhler

Psychosomatische Krankheiten

Eine Einführung in die Allgemeine und Spezielle Psychosomatische Medizin.
3. überarbeitete und erweiterte Auflage

1995. 316 Seiten
Kart. DM 32,- / SFr 32,- ÖS 250,-
ISBN 3-17-013041-2
Urban-Taschenbuch, Band 367

Das Buch resümiert kritisch den augenblicklichen Erkenntnisstand über psychische Anteile bei der Entstehung sogenannter "psychosomatischer" Krankheiten.
Auch psychologische Interventionsmethoden und ihre Effizienz werden diskutiert.

Thomas Köhler

Anti-Freud-Literatur

von ihren Anfängen bis heute. Zur wissenschaftlichen Fundierung von
Psychoanalyse-Kritik

1996. 179 Seiten
Kart. DM 38,- / SFr 38,- / ÖS 277,-
ISBN 3-17-014207-0

Der Autor unternimmt eine kritische Betrachtung und Systematisierung der Anti-
Freud-Literatur. Es ergibt sich, daß die Angriffe auf Freud zumeist auf dem Boden
einer fundamentalen Unkenntnis der psychoanalytischen Theorie geschehen und
oft in erschreckendem Ausmaß die Regeln des wissenschaftlichen Diskurses ver-
letzen.